傅树京 著

# 校长—教师
# 互动行为研究

教育科学出版社
·北京·

# 前言
|

　　教育的价值是带给人们美好的希望，管理的价值是让这种美好希望得以实现。教育是影响人的活动，教育的内在性是要让人们具有深层的生活激情，让他们有追求幸福生活的信心与能力，让他们真正成为富有生活情趣的人。教育给了人们希望后，还必须帮助人们实现这些美好希望，这样他们才能继续产生希望，所以，管理的真谛就是让人们的希望得以成功实现。教育与管理的价值向我们揭示了，在教育与管理领域，需要教育者之间、管理者之间、教育者和管理者之间相互交流、相互作用，所以校长与教师的互动至关重要。

　　社会正在高速发展，社会的发展要求教育培养出高质量的人才。学校肩负着继承和发展社会文化传统的使命，这一使命需要通过培养人来完成。学校教育要培养德智体美劳全面发展的社会主义建设者和接班人，这需要通过思想碰撞、感情交流、灵魂对话来实现。中小学的教育工作具有权变性，这一特点要求中小学校长与教师有更多的接触与相互影响，需要校长与教师有共同目的、共同理念、共同信念。这些都是建立在碰撞、交流与对话基础之上的，都离不开互动，尤其离不开校长与教师的互动。

　　因此，校长与教师的良好互动是社会发展的需要，是提高教育质量的需要，也是校长、教师和学生实现自身价值的需要。然而，现实中校长与教师的互动行为存在不足，例如，互动不充分、互动水平不高等。本书的最终目的是提升校长与教师的互动水平，通过二者的良好互动，更好地实现教育目标，进而达成培养社会需要的人才的目的。

　　本书在描述了校长－教师互动行为现象后，对这种现象进行了归类研究，将其分为体制化互动和非体制化互动，并对其特点进行了揭示，对二者的存在性进行了分析；本书还就校长－教师互动行为对领导效能的影响进行了探索，发现体制化互动有利于学校任务的完成，非体制化互动有利于领导效能的提升，且分析了这一发现的原因；本书还阐明了校长与教师的理想互动模式，指出了实现这种互动模式过程中的问题，分析了问题产生的原因，提出了扩大非体制化互动的建议及实施策略。

通过对校长－教师互动行为的研究，让双方明晰互动的意义与价值，了解目前中小学校长与教师的互动状态、互动中的问题，探讨校长－教师互动行为对领导效能的影响，阐明理想的互动模式及提高互动水平的策略，为改进校长与教师的合作关系提供理论指导。所以，该研究有助于促使校长与教师建立与教育目标一致的、共同认可的教育认知，促使双方相互认同与接受，实施有利于学校发展和学生成长的教育行为。该研究还会促使校长与教师建立良好的尊重、信任关系，让双方在这种积极、健康、友好的关系中满足自己的需要，实现各自的教育理想；帮助校长了解如何指导教师工作，如何引导教师成长，如何使教师产生组织公平感、形成组织公民行为、提高工作积极性；同样也帮助教师了解如何与校长交往，如何支持校长的工作，如何得到校长的支持。总之，校长－教师互动行为研究可以促进学校改进、提升校长领导力、提高教师队伍建设品质。

不仅如此，该研究还可以起到充实、丰富校长－教师互动理论研究的作用。本书借助互动理论、领导理论等构建了互动维度和领导效能研究框架，并进行了运用；借鉴领导－成员交换理论，提出了体制化与非体制化互动等概念，同时对概念进行了阐述；就互动类型及影响效应等提出一些命题，并对命题进行了证明。这些研究不仅会对实践者的行为产生理论指导作用，还会促进校长－教师互动理论的形成。另外，本书还运用交换理论、组织功能理论、双重系统理论、领导理论等解释了互动行为现状及影响效应等，扩展了这些理论的使用领域。

# 第一章
# 校长－教师互动行为研究的总体阐述

第一章主要明确本研究涉及的相关事项，以便为后续研究做好基础性准备，包括研究问题的提出、研究意义的阐述、研究思路与方法的使用，对核心概念进行界定，对相关的文献进行述评，对研究中使用的理论进行阐述等内容。

# 一、研究问题

本研究的主题是"校长－教师的互动行为"，这一研究要解决的是中小学校长与教师互动不充分、互动水平不高的问题。通过研究，促使校长与教师形成良好的互动，从而提升学校领导效能，达成教育目标，满足校长与教师需要，促进学生全面发展。为什么要解决此问题？此问题提出的背景是什么？研究此问题的价值是什么？下面将给予阐述。

## （一）研究问题的提出

为什么要研究中小学校长－教师互动行为？校长与教师之间的互动真的存在上面提到的问题吗？这些问题真的需要解决吗？答案是肯定的。社会学理论认为，互动是社会存在与发展的内在要求。社会学家道尔·P. 约翰逊（Doyle P. Johnson）说："社会现实是由人们相互间互动过程的现实构成的。"[①]社会学家乔治·齐美尔（Georg Simmel）认为："社会是由人们相互间互动过程实现的。"[②]领导理论认为，领导活动"是个体影响一群个体实现共同目标的一个过程"[③]，是"领导者在一定的环境下，对组织战略目标的规划及其既定目标，对被领导者进行统御和指引的行为过程"[④]。这表明，作为社会组织的中小学，作为领导者的校长与被领导者的教师，彼此之间的互动是客观存在的。那么，他们之间的互动存在问题吗？需要解决吗？答案也是肯定的。校长－教

① 约翰逊. 社会学理论 [M]. 南开大学社会学系，译. 北京：国际文化出版公司，1988：321.
② 刘少杰. 国外社会学理论 [M]. 北京：高等教育出版社，2006：78.
③ 诺思豪斯. 领导学：理论与实践：第二版 [M]. 吴荣先，等译. 南京：江苏教育出版社，2002：2.
④ 王乐夫. 领导学：理论、实践与方法：第三版 [M]. 北京：高等教育出版社，2006：36.

师互动行为的研究是实践改善与提升的需要，是理论构建与丰富的需要。

## 1．实践需要

互动是中小学最基本、最普遍的现象。学校秩序的维持、任务的完成，学校的发展和个体的成长都是通过互动来实现的，互动水平在一定程度上决定了学校的发展速度。校长与教师之间应该存在充分的相互交流、相互作用，但是现实中一些学校的校长与教师之间相互不了解、不认同，互动不到位。校长的办学理念是有意义的，但是教师不理解；教师的教育教学设想是有价值的，但是校长不清楚。由于双方之间交流不够，相互的影响自然也不够，校长只在办公室从事管理等工作，教师只在教室从事教育教学工作，彼此不管对方的想法，双方的相互依赖性没有充分孕育出来。这种现象影响了校长与教师的发展，制约了学校品质的提升。下面的两个案例就说明了这一问题。

### 案例 1-1：忙忙碌碌的朱校长

HUN 省 X 市 D 中学是一所拥有学生 1600 人左右、教职工 85 人的中等规模的公立初中，近年来其排名一直处于该市的中等水平。朱校长上任以来，致力于将学校提升到上等水平的初中行列，为此，他在实现学校目标和满足教师需要方面实施了很多新举措。

首先，制定了严格的管理制度。严格考勤制度，要求教师每天坐班，不能迟到和早退，否则扣除奖金；严格课堂教学质量，每天早上第一节课上课之前，要求每个教师上交当天的教案，经检查并且盖章才能上课；严格作业质量，根据不同学科制定每天必须布置作业的数量，定期检查；采取末位淘汰制，如果该教师所教班级学期期末联考名列最后一名，第一次扣发工资，连续两次，则自动落聘；……

其次，为满足教师需要做了一些实事。原来的学校只有一间小平房当作食堂，又黑又破，用餐高峰的时候学生连吃饭的座位都找不到，而教师则根本不愿意去食堂吃饭，他们要么回到办公室凑合吃点，要么去学校外面的小饭店随便吃点。为此，朱校长几乎天天跑教育局争取经费，一年后，一栋三层的食堂落成了，第一层是学生食堂，干净明亮；第二层是教师食堂，教师每餐只要交 3 元钱就可以吃得非常有营养；第三层是报告厅，以后大型的活动都可以在这里举办。

在做了这么多事情以后，朱校长本以为学校会上一个台阶，教师们也会感谢他。可是结果却恰恰相反，不仅学校地位没有提高，而且教师的抱怨也越来越厉害。教师认为，这种管理太呆板，阻碍了教学的创造性，使教师苦于应付书面的教案而不是实际的教学；尽管校长费尽苦心给教师们盖了食堂，可是教师们却在私下里议论校长在工程中捞到了多少回扣。学校没有较大的发展，教师对朱校长的态度也越来越冷淡，这些都使曾经信心十足的朱校长产生了很多困惑。

资料来源：访谈 W 老师

## 案例 1-2：杨老师的改革设想

杨老师是 CHQ 市 Y 区 P 中学的物理教师，同时担任物理教研组组长，有 17 年的教学经验，是一位非常喜欢学习，热衷于进行教学改革试验的教师。

暑假，杨老师又参加了研究生课程班的学习，教授的讲课使其大开眼界，产生了很多新的想法。杨老师提出了一些物理教学的改革设想，制定了物理教学改革方案。在与教授和同班同学交流后，大家都对他的想法给予了赞赏；他还征求了同事们的意见，大家认为可以进行尝试。

这天，教研组的研讨会上，杨老师满怀热情地谈了自己的想法，他以为新校长会赞同，不曾想新校长对此并不感兴趣。不仅如此，新校长临走时还对杨老师说，教学改革要稳妥，如果不成功，学生的损失是无法挽回的，还是再思考思考、研究研究吧。

很明显，新校长不赞成这样做，很多人喜欢的改革设想为什么校长不赞成呢？难道是因为这个改革设想本身不好，还是因为事先没有与新校长沟通，杨老师在反复思考这个问题。

资料来源：访谈 YGG 老师

案例 1-1 中，为什么忙忙碌碌的朱校长最后没有如愿以偿地使学校发展实现较大飞跃，没有获得教师们的赞扬；案例 1-2 中，为什么杨老师的教学改革设想没有得到校长的认同。这其中一个重要原因就是彼此对对方的想法不理解，彼此对对方的做法不认同，双方的互动不充分、不深入，对对方的影响程度不够。校长与教师互动不到位的现象并不只体现在上面两个案例中，但上面两个案例说明了此种现象的客观存在性。

校长与教师作为人才的培育者，为了对学生产生共同的、真实的、有实质性的影响，应对彼此的文化背景、价值观念和行为方式有所了解，而这些都是建立在有效的互动基础上的。但是从目前的现实情况来看，存在互动不到位的问题，为了解决这样的现实问题，应加强校长与教师之间的互动行为研究，促进其良性互动的实施、提升互动水平。这是中小学有效实现教育目标的内在要求。

**2．理论需要**

要解决实践中的问题，必须有理论指导，这样才能取得更好的效果，但目前的校长与教师互动理论不是很完善。校长与教师的互动实际上是解决双方如何相互影响的问题，是一个领导过程的问题。很长时间以来，人们对领导活动的研究主要聚焦于领导者，通过发掘和检验领导者特定的行为及其与个体、群体和组织绩效的关系来解释领导行为，而对成员的研究以及领导者与成员的互动研究却是不充分的。

20 世纪 40 年代末以前，大多数研究集中在了解领导者和非领导者相比更需要具备哪些人格特质上，由此形成了领导特质理论（Trait Theory of Leadership）。这种理论将领导定义为个体的人格、能力、特征和风格的功能，领导者运用自信、友善、适应力、合作精神等来影响他人，获得组织成员的认同，从而提高领导者的绩效。但是，这种理论没有考虑到领导者的行为，即在解释领导行为方面并不成功。于是，20 世纪 40 年代末出现了领导行为理论（Behavioral Theory of Leadership）。

领导行为理论针对领导特质理论的不足，把领导活动当作一系列行为，通过了解领导者个体所采取的行为来解释领导过程。这种理论背景下的研究对宏观与微观层面的领导行为进行了探讨，考察了在成功领导者身上表现出来的行为属性。但是，这种理论的最大欠缺是忽视了对影响领导活动成功与失败的情境因素的考虑，不同领导情境对领导的特质和行为要求不同，这促使人们更清楚地认识到，对领导活动的研究其实比分离特质和行为更加重要，必须把特质、行为与情境综合起来加以考察，于是 20 世纪 60 年代末又出现了领导权变理论（Contingency Theory of Leadership）。

领导权变理论认为，对组织来说，没有最好的办法，但有适应的办法。当考虑到组织行为时，组织结构起着重要的作用，最有效的组织方式依赖于组织环境，应当运用权变思路，根据不同情境采取不同的领导行为模式。但是，这种理论对领导者与成员之间的互动关系考虑不是很充分。

关于领导者与成员的互动关系，尽管一些领导行为理论和领导权变理论也涉及领导者与成员之间的关系，但更多是在领导者对待成员的方式恒定不变的假设之下，来研究领导者典型的或普遍的行为方式。这些理论几乎都基于这样一个假设：领导者以同样的方式对待他的所有成员。而事实上，在现实的组织情境中，领导者对待不同的成员，其领导方式是非常不同的。上述理论对领导者与成员的关系研究不够，对领导者与成员的互动关系的概念阐述比较模糊，对领导者与成员相互作用的状况及影响的研究成果存在不尽如人意之处。

在实际领导过程中，领导者与成员通过相互运动、相互运用对方资源来进行互动，为此，20 世纪 70 年代产生了领导－成员交换（Leader–Member Exchange，LMX）理论，该理论着重研究领导过程中领导者与成员的交换，它是基于领导者与成员互动行为方式有显著差异的假设。"LMX 理论强调有效的领导取决于有效的领导者－成员交换。"[1] LMX 理论"提供了一种检测组织

---

① 诺思豪斯. 领导学：理论与实践：第二版 [M]. 吴荣先，等译. 南京：江苏教育出版社，2002：77.

领导力的方法，认为领导－员工双向关系的质量比领导的特质或行为更能预测员工的绩效"[①]。该理论出现后，吸引了众多研究者进行探讨和实证研究，并已经成为西方有关领导研究的前沿理论。LMX 理论产生后，人们开始着重研究领导过程中领导者与成员的互动行为，发展了对领导理论的研究，但是该理论对校长与教师的互动研究还不够充分，后续应该通过研究建立校长与教师的互动理论。

### （二）研究问题的意义

本研究通过对校长－教师互动现状、类型和影响的研究，明确目前互动的真实情况，在此基础上进行分类，然后探知这样的互动究竟会对领导效能产生什么影响。通过研究得出提升校长与教师的互动水平的策略，从而实现双方的共同发展，高效地达成教育目标。不仅如此，还可以通过研究校长－教师互动的特点、揭示互动的规律，从而丰富这方面的研究，为理论的创建做好基础工作。因此，校长－教师互动行为研究有着非常大的现实意义和理论价值。

#### 1．实践意义

本研究解决校长与教师互动不到位及互动水平不高的问题。通过对互动行为的研究，呈现校长与教师之间的互动现状，发现互动中的问题，提出有效互动的建议，进而使校长和教师之间充分了解与理解、认同与接受。因此，中小学校长与教师互动行为研究有较大的现实意义，有助于促进学校改进与发展，提高校长领导力和教师队伍建设质量。

#### （1）有助于促进学校改进与发展

学校是培养人的地方，学校实施的教育是复杂科学，需要通过思想碰撞、感情交流、灵魂对话来实现。尤其是中小学的教育工作具有不确定性，这一特点要求中小学校长与教师之间有更多的接触与相互影响。这些是建立在碰撞、

---

① 罗瑟尔，阿川. 领导力教程：理论、应用与技能培养：第 3 版 [M]. 史锐，杨玉明，译. 北京：清华大学出版社，2008：245.

交流与对话基础之上的，离不开互动，尤其离不开校长与教师的互动。

学校改进与发展需要校长与教师有共同的认识、技术与行为等，需要双方被对方认同、接受，否则，学校领导效能难以提高。校长与教师的互动决定了双方之间的了解、认知与接受程度，所以，互动行为在领导活动中的功能很多。双方的互动对每个成员形成不同的发展结果。[①] 尤其是良好的互动有很大意义，它对人们的认知、人格发展和心理健康都具有十分重要的影响。"如果组织领导者能够创造出好的工作关系，组织就会得到很大的收益。当领导者与追随者存在良好的交换活动时，下属们会感觉更好、做得更多，组织也会更成功。"[②]

以往国外的研究和国内关于企业组织的研究表明，领导者与成员的互动对领导效能的提升有较大影响作用。由于国情的不同和组织文化的差异，互动行为及其对领导效能的影响必然有很大的差别，具体到我国的中小学，是否也存在这种现象呢？如何解释这种现象呢？这种现象的本质是什么？我们有必要对中小学校长－教师互动行为进行研究，进一步深入地挖掘其背后的规律。通过这些研究，实现校长与教师之间的有效互动，形成良好的学校组织文化，实现优化教育质量，从而促进学校改进与发展的目的。

（2）有助于提高校长领导力

校长掌握与教师互动的技术，是其领导力的重要内容。教师是学校教育教学工作的实施者，是学生发展的主导者，校长对学校领导的主要内容是引领教师从事教育教学工作。在学校中，校长与教师不是单一、孤立地存在的，而是在与周围人及环境的相互作用中存在和发展的，学校是人们交互作用的产物。校长领导力的提高是在与周围人，特别是与教师的相互作用中不断发展起来的，校长与教师的互动是其中的一个主要方面。

在中国，人们注重人际交往，注重人际关系，"关系"是中国社会的一种特有人际关系影响因素，是人际交往活动的基础，体现了交往过程中的偏好方

---

① 尤克尔. 组织领导学：第五版 [M]. 陶文昭，译. 北京：中国人民大学出版社，2004：135.

② 诺思豪斯. 领导学：理论与实践：第二版 [M]. 吴荣先，等译. 南京：江苏教育出版社，2002：74.

式。与传统社会相比，尽管现在的"关系"因素在人际活动中的作用已经减弱，但由于这是中国文化中影响相当深远的一个因素，因此，它仍然在现代中国社会的经济与管理活动中扮演着重要角色。所以，校长领导力提高的重要体现是与教师有良好的互动活动。

本书通过研究让校长知道互动在其领导力提升中的作用，明晰校长与教师有哪些互动行为，这些行为到底对领导效能会产生什么影响，我们应该倡导哪些有意义的互动行为，从而为中小学校长更有效地实施领导提供一些建议。

（3）有助于提高教师队伍建设质量

2018 年 1 月，中共中央国务院发布了《关于全面深化新时代教师队伍建设改革的意见》，这是新中国成立以来党中央出台的第一个专门面向教师队伍建设的里程碑式的政策文件。这表明了教师队伍建设对国家发展具有重大战略意义，也表明了国家深化教师队伍建设的决心。教师队伍建设需要国家的领导与支持，更需要学校做好相应的工作。

教师队伍建设必须设法满足教师的需要，要激励教师积极组织行为。教师在从事教育教学工作时，不仅希望得到经济性、物质性的激励，而且希望得到社会性和情感性的激励，这样的激励更多是通过校长与教师的互动来实现的。通过互动，校长与教师建立良好的尊重、信任关系，使教师产生组织公平感，形成组织公民行为，提高工作积极性。这表明校长与教师之间的互动在教师队伍建设中扮演着重要角色，具有重要作用。

本书通过研究让校长与教师明晰互动的价值，了解目前中小学校长与教师的互动状态，互动中的问题，应该如何提高互动水平，从而为他们建立良好的人际交往和人际关系提供策略指导等，以期提升教师队伍建设质量。

### 2．理论意义

本书的探索充实了校长与教师互动内容的研究成果，也丰富了教育领导理论的研究成果。

### （1）充实了校长与教师互动内容的研究

本研究比较系统地研究了校长－教师互动特征、资源、类型，用实证方式研究了其互动现状，最后提出了完善互动的建议。文献研究表明：目前校长与教师互动的研究文献不丰富，研究内容不充分，部分研究方向欠缺。本研究将会丰富、充实这方面的研究，同时也能为改进校长与教师的合作关系，建立良好的交流关系，提高学校团队绩效提供理论指导。

不仅如此，本研究将 LMX 理论作为校长－教师互动类型建构的指导框架，运用组织功能理论、交换理论、科层制理论与松散结合理论、交易型与转化型领导理论分析了互动行为现状、互动类型特征和影响效应等，不仅深入分析了互动中的问题，还扩展了校长与教师的互动研究范围，增加了研究新视角，扩大了理论的使用领域。

本书提出了校长与教师互动的维度、类型等概念，同时对概念进行了阐述；还借助互动理论、领导理论等构建了领导效能研究框架，就互动类型及影响效应等提出了一些命题，并对命题进行了证明。这些研究不仅对实践者的行为产生理论指导作用，还会促进校长与教师互动理论的形成。

**（2）丰富了教育领导理论的研究**

长时间以来，人们对领导活动的研究主要聚焦于领导者，通过发掘和检验领导者特定的行为及其与个体、群体和组织绩效的关系来解释领导行为，对领导者与成员互动关系的研究不够。LMX 理论产生后，确实吸引不少学者进行领导－成员互动关系的研究，该理论也提出了一系列概念、观点，供我们认识、思考、解释一些领导现象。比较而言，LMX 理论相对于传统领导理论在领导与成员关系上更具有指导性。该理论通过分析领导者与成员之间的不同互动关系，为分析领导者效能改善、组织绩效提高的路径提供了理论依据和实践指导。但是，人们对该理论的研究更多集中在商业领域，对教育领导的研究不多，校长－教师互动行为研究重点关注教育领导过程中的互动关系，通过关注这种互动，丰富教育领域的领导理论。

虽然 LMX 理论关注了领导过程中的互动关系，但是由于它产生较晚，是一个比较"年轻"的理论，有许多问题有待研究。例如，LMX 理论认为领导者应该与成员建立高水平的互动关系，但是如何建立，没有明确说明。另外，该理论强烈推崇在上下级之间建立信赖、尊重和责任感，但是也没有说明怎样才能使这些因素在关系中得到发展。[①] 除此之外，LMX 理论认为处于低水平互动关系的成员对组织发展漠不关心，没有工作动力。如果能够使他们有机会和路径成为高水平互动关系者，就能够解决这样的问题，但是该理论没有这样的研究。最后，现有研究对领导－成员互动行为的现状及影响的有些分析和实证研究的解释力度也存在不足的问题。本研究试图在这些方面进行探索，以期对该理论的完善做出贡献。

## 二、文献述评

本研究的主题是"校长－教师互动行为"，据此，需要综述与校长－教师互动相关的研究文献，例如，教育领域的领导与教师互动，以及作为互动基本形式的领导－成员交换。

### （一）领导与教师互动文献研究

关于教育领域领导与教师互动的研究不多，仅有的阐述主要是以下学者进行的关于互动功能、基础、资源、类型以及影响因素等方面的研究。

#### 1. 领导－教师互动功能研究

安尼特·萨默科（Anit Somech）等对以色列北部的 7 所小学的 100 位教师和他们的校长进行了调查，调查发现，领导－成员交换理论在领导与教师行为的关系中起调节作用。[②]

已有的研究认为，领导与成员（例如校长与教师）关系具有一些特征，这些特征会提高信任度和教育教学效率。本尼·艾玛罗（Bennie Eyemaro）对中

---

① 诺思豪斯. 领导学：理论与实践：第二版 [M]. 吴荣先，等译. 南京：江苏教育出版社，2002：77-78.

② SOMECH A, WENDEROW M. The impact of participative and directive leadership on teachers' performance: The intervening effects of job structuring, decision domain, and leader-member exchange[J]. Educational Administration Quarterly, 2006, 42(5): 746-772.

小学领导与教师的关系进行了研究，该学者从美国西南部远郊公立学校取样，来自高中、初中和小学的 434 名教师完成了领导－成员交换的问卷，研究结果支持了上述结论。[①]

德克·D. 斯坦纳（Dirk D. Steiner）等研究了高等学校的领导者与成员交换中工作价值的作用。研究表明：领导与成员的工作价值以及领导特性在发展彼此关系时起作用；LMX 强调领导者与成员的互动特性，认为个人在组织中的作用是通过领导者与成员的交换发生的一系列事件来确定的，工作相关的价值可能是 LMX 关系发展中的重要的下级特征。[②]

萨默科研究了一般领导风格（Average Leadership Style，ALS）和领导－成员交换相结合的领导方式。该学者从 36 所学校采集了 561 位成员的数据并进行分析研究，结果表明：LMX 模型在解释领导的参与行为与相关人口统计学变量的关系中较流行。[③]

笔者的研究表明，校长与教师交换可以促使教师产生教育教学需要的组织行为。以物质需求和经济需求为主的契约性低水平交换，可以促使教师留在学校，听从校长安排、完成校长布置的任务，即低水平交换促使教师产生一般性维持行为和顺从行为；超出雇佣合同要求范围的高水平交换，可以促使教师产生主动行为及高层次的维持行为和顺从行为。[④]

总之，学者们认为，领导与教师互动会影响领导行为和教师行为，会对双方的信任度产生影响。

### 2. 影响领导与教师互动因素研究

斯坦纳等的研究还表明，当成员具有高的内在和外在工作价值时，和当成

①　EYEMARO B A. A convergent/discriminant study of relational leadership and its impact on teacher perceptions of trust[D]. Lowell: University of Massachusetts Lowell, 2001.

②　STEINER D D, DOBBINS G H. The role of work values in leader-member exchange[R/OL]. (1987-04-03) [2021-12-06]. https://files.eric.ed.gov/fulltext/ED283071.pdf

③　SOMECH A. Relationships of participative leadership with relational demography variables: A multi-level perspective[J]. Journal of Organizational Behavior, 2003, 24(8): 1003-1018.

④　傅树京，石锦锦. 校长－教师交换对组织行为影响的功能分析 [J]. 教育评论，2016（2）：63-66.

员具有与领导者类似的工作价值时，成员的成绩属性高，双方发生高水平互动的可能性大。成员过去的成绩能调节领导与成员交换产生的影响。[①]

萨默科通过研究参与式领导与人口统计学变量的关系发现，人口统计学的差异和参与决策之间的负面关系在短期上下级关系中比在长期上下级关系中要明显。[②]

笔者的研究表明，校长与教师的高水平交换可以有效提升领导效能，应该设法促使高水平交换的产生。交换内容、交换逻辑、领导方式等因素会影响高水平交换，故可以通过以下几个方面促使高水平交换的产生：强化内生资源的交换，强化信任逻辑的运行，强化转化型领导方式的使用。[③]

### 3．校长与教师互动行为研究

关于校长与教师互动行为，有代表性的研究内容主要围绕互动行为基础、互动资源、互动类型等进行探索。

关于互动行为基础的研究：校长与教师的交换行为是基于双方目标达成的借助性和依赖性。校长与教师虽然都有共同目标——培养人，但是他们也有各自不同的目标。交换是双方实现自身利益最大化的基础，为了达成各自的目标，双方必须借助与对方的交换活动来完成，这就是交换行为存在的根本原因。校长与教师要想实现各种目标，必须与对方实施交换行为，借助于对方的资源，这便是交换的借助性。他们实现各自目标的资源由对方掌控着，所以必须通过交换才能得到对方的资源，这便是资源的依赖性。[④]

关于互动类型的研究：将校长与教师互动分为体制化与非体制化互动。体制化互动是指围绕学校组织目标实现和教师需求满足，校长与教师基于中小学

① STEINER D D, DOBBINS G H. The role of work values in leader-member exchange[R/OL]. (1987-04-03) [2021-12-06]. https://files.eric.ed.gov/fulltext/ED283071.pdf

② SOMECH A. Relationships of participative leadership with relational demography variables: A multi-level perspective[J]. Journal of Organizational Behavior, 2003, 24(8): 1003-1018.

③ 傅树京，宋婷娜. 领导－成员高水平交换的策略 [J]. 领导科学，2012（28）：22-24.

④ 傅树京. 中小学校长与教师的交换行为：基础及类型 [J]. 教育发展研究，2008（18）：17-22.

设置的组织机构和各种规范基础上的互动；非体制化互动是双方不限于正式组织及其相应正式规范而进行的互动。研究从目的、内容、方式、媒介等方面对两种互动进行了阐述，并明确了两种互动的作用。①

## （二）领导 - 成员交换文献研究

交换是互动的基本形式，本研究正是从交换视角，确切来说是领导 - 成员交换②视角研究校长与教师互动，故这里综述学者对 LMX 的研究情况。关于这方面的研究主要集中在以下几个方面。

### 1. LMX 的发展阶段和水平研究

#### （1）关于交换阶段的研究

乔治·B. 格雷恩（George B. Graen）等在研究了领导者与成员的交换活动后，提出了三个发展阶段：陌生人阶段、相识阶段、成熟合作阶段。在陌生人阶段，领导者与成员的双向关系通常属于规则范畴，更多的是一种依赖于契约的关系，他们之间的交换是低水平的，类似于圈外关系阶段。相识阶段，开始于领导者或成员所做的相互"给予"，这包括分享更多的资源、个人或与工作的相关信息。在这一阶段，他们的交换水平已经提高了。成熟合作阶段，它的标志是领导者与成员的高水平的交换活动，双方都体验到了高度的信任、尊重和责任。③④

泰拉·N. 鲍尔（Tayla N. Bauer）的研究认为，LMX 关系的发展要经历如下阶段：①信任的角色扮演和认知评价：在这个阶段，领导者评估成员的行为和动机，以决定未来在成员身上投入多少时间和精力；②角色塑造和行为信

---

① 傅树京. 中小学校长与教师互动现象探析 [J]. 中国教育学刊，2009（11）：33-35.

② 关于 "Leader-member" 有不同翻译，例如：领导 - 成员、领导 - 部属、领导 - 下属等。本书译为 "领导 - 成员"。但是在介绍学者们的研究时，尽量尊重他们的译法。

③ 诺思豪斯. 领导学：理论与实践：第二版 [M]. 吴荣先，等译. 南京：江苏教育出版社，2002：74-76.

④ 尤克尔. 组织领导学：第五版 [M]. 陶文昭，译. 北京：中国人民大学出版社，2004：136.

任：在这个阶段领导与成员在绩效与授权中互动，存在早期成员表现、早期领导授权、后期领导授权、后期成员表现四个时期。通过互动双方朝着交换水平提升的方向发展；③角色程序化与情感信任：在这个阶段发展成为以情感信任为主的高水平交换关系。①

总之，学者们普遍认为，LMX 关系的形成是一个伴随着时间的演变而发展变化的过程，这个过程要经历三个发展阶段。随着时间的推移，LMX 水平也在不断提高。领导与成员之间通过持续的感情积累、不断的绩效评价和授权，在感情、信任阶段就会建立起高水平的交换关系。② 目前大部分的研究都集中于第一和第二阶段，对第三阶段的研究很少涉及，未来的研究应该关注这两个阶段。

**（2）关于交换水平的研究**

关于交换水平的研究，学者们认为，领导者与成员是以不同方式进行交换的。由于时间和精力有限，领导者在工作中要区分不同的成员，采用不同的管理风格，并根据成员类别建立起不同类型的关系。其中领导和一部分成员建立了特殊的关系，这些成员会得到更多的信任和关照，可能享有特权，如工作更有自主性、灵活性和更多的升迁机会和报酬等，这些少部分的个体称为圈内人士（in-group member），他们与领导者就共同参与的事情更能达成一致意见。③ 高水平交换最初被称作圈内交换（in-group），它是领导者与成员之间超出工作说明书范围的交换。④ 它是彼此之间向更高层次发展的交换关系。高水平交换是以高信任、高支持、高交流和非正式奖励为基础的圈内成员交换。⑤

---

① BAUER T N, GREEN S G, et al. Development of leader-member exchange: A longitudinal test[J]. The Academy of Management Journal, 1996, 39(6): 1538-1567.

② 同①.

③ GRAEN G, SCHIEMANN W. Leader-member agreement: A vertical dyad linkage approach[J]. Journal of Applied Psychology, 1978, 63(2): 206-212.

④ GRAEN G B, UHI-BIEN M. Relationship-based approach to leadership: Development of leader-member exchange (LMX) theory of leadership over 25 years: Applying a multi-level multi-domain perspective[J]. The Leadership Quarterly, 1995, 6(2): 219-247.

⑤ DIENESCH R M, LIDEN R C. Leader-member exchange model of leadership: A critique and further development[J]. The Academy of Management Review, 1986, 11(3): 618-634.

相互信任、忠诚和尊重是高水平阶段交换关系的重要标志。[①] 较高的 LMX 情况下，成员拥有更大的工作弹性，从而有利于解决工作与家庭的冲突。[②]

　　而其他成员则逐渐成为圈外人士（out-group member），领导者与其进行的交换被称作低水平交换。这种交换是成员与领导者按照工作说明书中的规定，进行通常的、正式的、一般性交换。[③] 它是仅限于根据雇佣合同所进行的交换。成员只是担任"雇工"，他们所做的事情只是工作说明书中描述的内容。[④] 他们花较少时间参与决策过程，并不大可能自愿参加特殊任务和做额外工作。[⑤] 低水平交换是以低信任、低支持、低交流和正式奖励为基础的圈外成员交换。[⑥] 低水平交换呈现出很低的信任、尊重和义务感。[⑦]

　　学者们的研究表明：与低水平交换相比，处于高水平交换关系中的领导和成员，在沟通、交流和管理上会花费更多的时间，他们之间在相关问题上有更高的一致性。[⑧] 高水平交换关系中的成员对组织的贡献超出了正式工作说明书中的职责要求，他们有责任感，能够成功地完成组织最关键的任务。作为回

---

① GÓMEZ C, ROSEN B. The leader-member exchange as a link between managerial trust and employee empowerment[J]. Group & Organization Management, 2001, 26(1): 53-69.

② MAJOR D A, MORGANSON V J. Coping with work-family conflict: A leader-member exchange perspective[J]. Journal of Occupational Health Psychology, 2011, 16(1): 126-138.

③ LIDEN R C, GRAEN G. Generalizability of the vertical dyad linkage model of leadership[J]. The Academy of Management Journal, 1980, 23(3): 451-465.

④ GRAEN G B, UHI-BIEN M. Relationship-based approach to leadership: Development of leader-member exchange (LMX) theory of leadership over 25 years: Applying a multi-level multi-domain perspective[J]. The Leadership Quarterly, 1995, 6(2): 219-247.

⑤ 同③.

⑥ DIENESCH R M, LIDEN R C. Leader-member exchange model of leadership : A critique and further development[J]. The Academy of Management Review, 1986, 11(3): 618-634.

⑦ 同④.

⑧ DANSEREAU F JR, GRAEN G B, HAGA W J. A vertical dyad linkage approach to leadership within formal organizations: A longitudinal investigation of the role making process[J]. Organizational Behavior and Human Performance, 1975, 13(1): 46-78.

报，他们也能够得到领导者更多的关怀和支持，领导者也与他们建立了更深厚的情感。[①]

有学者认为，新领导与新成员在开始交换时，双方都会经历一个确定角色和角色扮演的谈判或协商过程，在这一过程中双方会通过对话、谈判来明确对彼此工作的期望和取得所需资源的方式。因此，早期的交换关系水平主要取决于领导与成员对对方工作期望的一致性，彼此之间对工作期望的一致性较高，对工作绩效有积极的评价与反馈，以及上下级之间在个性特征方面有较高的相容性，这些都将有助于交换关系水平的提高。[②]高水平交换关系中相互信任、忠诚和尊重是这一阶段交换关系的重要标志。[③]

随着双方对话、协商、谈判过程的开始，双方之间的交换也就逐渐地建立和发展起来。当双方关于各自角色的认识趋于稳定化后，彼此之间的交换关系进入更加稳定的阶段，此时交换关系的重点开始从基于个人私利转到基于对工作目标和使命的共同投入和承诺。[④]成员是否愿意去承担一些角色外的任务，也将对高水平交换关系的形成有一定的影响，特别是"圈外"的成员，如在这方面表现出一定的积极性，就很容易被领导纳入"圈内"。

### 2. LMX 前因变量和结果变量研究

#### （1）LMX 前因变量研究

加里·尤克尔（Gary Yukl）假设成员个性和领导者个性都与 LMX 相关，当领导者"认定部属是有能力的和可靠的、部属的价值和态度与领导的相同

① LIDEN R C, GRAEN G. Generalizability of the vertical dyad linkage model of leadership[J]. The Academy of Management Journal, 1980, 23(3): 451-465.

② SCANDURA T A. Rethinking leader-member exchange: An organizational justice perspective[J]. The Leadership Quarterly, 1999, 10(1): 25-40.

③ GOMEZ C, ROSEN B. The leader-member exchange as a link between managerial trust and employee empowerment[J]. Group & Organization Management, 2001, 26(1): 53-69.

④ GERSTNER C R, DAY D V. Meta-analytic review of leader-member exchange theory: Correlates and construct issues[J]. Journal of Applied Psychology, 1997, 82(6): 827-844.

时，更可能形成一个有力的关系"①。这是尤克尔通过一组考察二元交换关系的水平研究得到的。接着尤克尔又利用另一组考察了 LMX 如何与领导者和部属的行为相关，研究得到，"当交换关系有利时，领导者有更多的支持性行为、更多的咨询和委派、更多的指导、更少的监督和更少支配性交流。对部属来说，则有更为组织性的文明行为、对领导者更多的支持、更开放地与领导者交流和更少使用压力策略（如威胁、需要）"。②

特里·A. 斯坎杜拉（Terri A. Scandura）从组织公平的角度研究了领导 − 成员交换（LMX）问题，认为分配正义、程序正义和互动正义对高水平领导 − 成员交换有影响，承认这一点对维持长期的高水平 LMX 关系是必要的。③

鲍尔等认为，领导与成员的个性特征的相似性影响领导对成员早期表现的总体判断，同时也决定着在多大程度上授权成员。因此，成员的业绩表现与领导的授权程度是相互影响的：成员的业绩越好，领导的授权就越多，继而成员的业绩会变得更加优异，从而领导的授权程度也会随之进一步加大。这种模式化的交换最终将影响领导与成员之间的信任程度，继而影响 LMX 的交换水平。④

随着 LMX 关系的进一步发展，工作群体的大小、工作负荷、职位权力、工作气氛、群体凝聚力、工作中可利用的资源以及群体内信息交流的方式等组织情景因素对领导者与成员交换关系水平的影响将会越来越显著。⑤

除了上面所说的变量以外，约翰·马斯林（John Maslyn）等认为成员和领导的努力程度和所知觉到的对方的努力程度，这些对双方交换关系的水平会

① 尤克尔. 组织领导学: 第五版 [M]. 陶文昭, 译. 北京: 中国人民大学出版社, 2004: 137.

② 同 ①137-138.

③ SCANDURA T A. Rethinking leader-member exchange: An organizational justice perspective[J]. The Leadership Quarterly, 1999, 10(1): 25-40.

④ BAUER T N, Green S G, et al. Development of leader-member exchange: A longitudinal test[J]. The Academy of Management Journal, 1996, 39(6): 1538-1567.

⑤ COGLISER C C, SCHRIESHEIM C A. Exploring work unit context and leader-member exchange: A multi-level perspective[J]. Journal of organizational Behavior, 2000, 21(5): 487-511.

产生影响，其中以知觉到的对方的努力程度这一点，对双方交换关系水平的影响尤为显著。①

还有的学者认为，成员的绩效、迎合、遵守、自我提升、自我展示等都对交换关系有影响。② 群体的构成、领导的权力、组织政策和文化等也都对交换关系有影响。③ 人际取向与 LMX 质量显著相关。④ 主动性人格有助于提高员工和上级之间的 LMX。⑤ 员工主动性对 LMX 有影响，当员工主动性较高时，会提高 LMX 质量。⑥

总之，学者们认为，领导与成员的人口特征、相互认同、主动性人格、人际取向、领导情境和接触行为，以及成员具有更特殊或卓越的完成任务能力等，都将影响双方交换关系的发展。

（2）LMX 结果变量研究

学者们的研究表明，LMX 应该能够有效地预测成员的工作表现。LMX 能够有效地影响组织成员的工作绩效、工作态度、工作满意度、上下级之间的信息沟通效率、决策水平、组织承诺、组织公民行为和离职意向等。其中 LMX 对组织成员的工作绩效、组织承诺和工作满意度影响最显著。这些都能通过建

---

① MASLYN J M, UHL-BIEN M. Leader-member exchange and its dimensions: Effects of self-effort and other's effort on relationship quality[J]. Journal of Applied Psychology, 2001, 86(4): 697-708.

② DELUGA R, PERRY J T. The role of subordinate performance and ingratiation in leader-member exchanges[J]. Group and Organization Management, 1994, 19(1): 67-86.

③ DIENESCH R, LIDEN R C. Leader-member exchange model of leadership: A critique and further development[J]. Academy of Management Review, 1986, 11(3): 618-634.

④ DULEBOHN J H, BOMMER W H, Liden R C, et al. A meta-analysis of antecedents and consequences of leader-member exchange: Integrating the past with an eye toward the future[J]. Journal of Management, 2012, 38(6): 1715-1759.

⑤ 卿涛，刘崇瑞. 主动性人格与员工建言行为：领导－成员交换与中庸思维的作用 [J]. 四川大学学报（哲学社会科学版），2014（1）：127-134.

⑥ 郑晓涛，郑兴山，刘春济. 预防性建言背景下领导－下属交换关系和员工主动性对防御沉默的影响 [J]. 管理学报，2015，12（5）：695-701.

立高水平的 LMX 关系得以显著的提高。[1][2][3] 有学者通过元分析发现，LMX 与工作绩效、管理满意度、总体满意度、承诺、角色冲突、角色清晰度、成员能力和离职意图之间存在显著关系。[4]

一些学者研究了 LMX 对其他变量的直接影响。例如，LMX 认知对企业成员的组织公民行为有正向影响。[5]LMX 对成员亲组织非伦理行为有显著正向影响。[6]LMX 能够促进成员的领导认同和组织认同。[7] "LMX 与任务绩效和组织公民绩效均有较强的正向关系，与反生产绩效有中度的负向关系，且中国情境中 LMX 与绩效的关系强度不低于西方文化情境下的研究结果。"[8] "领导－成员交换中情感、忠诚、贡献、专业尊敬对员工工作幸福感具有积极作用。"[9]

还有学者研究了 LMX 与相关因素结合所产生的结果：LMX 通过心理所有权、信任同事对组织主人翁行为产生积极的正向影响。[10] 公共组织领导－成员

[1] KRAIMER M L, WAYNE S J, Jaworski R A. Sources of support and expatriate performance: The mediating role of expatriate adjustment[J]. Personnel Psychology, 2001, 54(1): 71-99.

[2] SPARROWE R, LIDEN R C. Process and structure in leader-member exchange[J]. Academy of management Review, 1997, 22(2): 522-557.

[3] WAYNE S J, GREEN S A. The effects of leader-member exchange on employee citizenship and impression management behavior[J]. Human Relations, 1993, 46(12): 1431-1440.

[4] GERSTNER C R, DAY D V. Meta-analytic review of leader-member exchange theory: Correlates and construct issues[J]. Journal of Applied Psychology, 1997, 82(6): 827-844.

[5] 吴继红. 组织支持认知与领导－成员交换对员工回报的影响实证研究 [J]. 软科学, 2006, 20（5）: 63-66.

[6] 林英晖, 程垦. 领导－部属交换与员工亲组织非伦理行为: 差序格局视角 [J]. 管理科学, 2016, 29（5）: 57-70.

[7] 涂乙冬, 李燕萍. 领导－部属交换、双重认同与员工行为探析 [J]. 武汉大学学报（哲学社会科学版）, 2012, 65（6）: 128-132.

[8] 张银普, 骆南峰, 石伟, 等. 中国情境下领导－成员交换与绩效关系的元分析 [J]. 南开管理评论, 2020, 23（3）: 177-187.

[9] 梁彦清. 领导－成员交换对工作幸福感的影响机制研究: 职场精神力的中介作用 [J]. 经济问题, 2018（09）: 91-96.

[10] 梅哲群, 杨百寅, 金山. 领导－成员交换对组织主人翁行为及工作绩效的影响机制研究 [J]. 管理学报, 2014, 11（5）: 675-682.

交换经济交换关系与社会交换关系均正向影响成员角色内行为。[①] 在一定条件下，LMX 的作用，例如基于资源保存理论视角的研究表明，"LMX 对员工创新行为呈现正相关关系"[②]。"领导 - 成员交换水平高、辱虐管理水平低时，挑战性压力源与员工创新行为正相关。"[③]

关于 LXM 作为中介变量及调节变量的研究，有如下结论："领导 - 成员交换在真实型领导与反生产行为之间起完全中介的作用"[④]，"领导 - 成员交换在建言采纳和工作投入的关系间发挥了中介效应"[⑤]，LMX 关系差异化能调节仁慈领导和内部人身份感知关系 [⑥]。

总之，学者们普遍认为 LMX 对领导行为及其结果都有较大影响，主要对工作绩效、工作态度、工作投入、组织承诺、组织认同、组织公民行为、亲组织行为、角色行为、创新行为、建言采纳、满意度、敬业度、幸福感等具有积极正向影响。这种影响或是直接影响，或是与其他变量联合产生影响。

### 3. LMX 结构维度和测量研究

#### （1）LMX 结构维度研究

理查德·M. 戴纳斯（Richard M. Dienesch）等认为，LMX 应该是多维度的。主要有三个维度，即情感（affect）、贡献（contribution）和忠诚

---

① 诸彦含，吴江，陈茜. 渗透与扩散：公共组织领导 - 成员交换关系垂滴效应研究 [J]. 中国行政管理，2016（4）：110-115.

② 姜诗尧，郝金磊，李方圆. 资源保存理论视角下领导 - 成员交换对员工创新行为的影响 [J]. 首都经济贸易大学学报，2019，21（6）：92-99.

③ 孙健敏，陈乐妮，尹奎. 挑战性压力源与员工创新行为：领导 - 成员交换与辱虐管理的作用 [J]. 心理学报，2018，50（4）：436-449.

④ 王德胜，韩杰，李婷婷. 真实型领导如何抑制员工反生产行为？：领导 - 成员交换的中介作用与自我效能感的调节作用 [J]. 经济与管理研究，2020，41（7）：134-144.

⑤ 夏宇寰，张明玉，李爽. 建言采纳与工作投入：领导 - 成员交换与权力距离的作用 [J]. 山东大学学报（哲学社会科学版），2020（6）：113-121.

⑥ 沈伊默，周婉茹，魏丽华，等. 仁慈领导与员工创新行为：内部人身份感知的中介作用和领导 - 部属交换关系差异化的调节作用 [J]. 心理学报，2017，49（8）：1100-1112.

（loyalty）。[①]

　　利登等在情感、贡献和忠诚三个维度的基础上，根据关键事件访谈的方法又增加了第四个维度：专业尊敬（professional respect），并对四个维度给出了以下定义：情感指领导与成员双方建立起来的主要基于个人相互吸引而非工作或专业知识方面的彼此间的情感体验；贡献指领导与成员关系中双方对彼此为共同目标所付出努力的程度、方向和水平方面的知觉；忠诚指领导与成员中的一方对另一方的目标和个人品质公开表示支持；专业尊敬指领导与成员关系中双方对彼此在组织内或组织外所拥有的其在工作领域中的声誉的知觉程度。[②]

　　王辉等对来自中国某大城市的一家银行的 168 名普通员工和某大学的 203 名在职 MBA 学生进行了研究，其中这 203 名学生来自生产、服务、高新科技等多个行业，代表了国有、合资和私有等多种企业。运用问卷调查，采用了探索性因素、验证性因素、分层回归等分析方法进行研究，结果表明，LMX 是一个多维度的结构，由情感、贡献、忠诚和专业尊敬四个维度组成。[③]

　　综上所述，学者们普遍认为，LMX 是多维度的，且情感、贡献、忠诚、专业尊敬等是 LMX 的重要维度。

　　（2）LMX 测量研究

　　格雷恩和尤尔－比恩提出了一个含有 7 个题目的问卷，即 LMX-7。[④] 切斯特·A. 施里谢姆（Chester A. Schriesheim）等运用元分析技术，检验了多种量表，结果表明格雷恩和尤尔－比恩提出的 LMX-7 个项目的测量量表，已经

① DIENESCH R M, LIDEN R C. Leader-member exchange model of leadership : A critique and further development[J]. The Academy of Management Review, 1986, 11(3): 618-634.

② LIDEN R C, MASLYN J. Multidimensionality of leader-member exchange: An empirical assessment through scale development[J]. Journal of Management, 1998, 24(1): 43-72.

③ 王辉，牛雄鹰，LAW K S. 领导－部属交换的多维结构及对工作绩效和情境绩效的影响 [J]. 心理学报，2004，36（2）：179-185.

④ GRAEN G B, UHL-BIEN M. Relationship-based approach to leadership: Development of leader-member exchange (LMX) theory of leadership over 25 years : Applying a multi-level multi-domain perspective[J]. The Leadership Quarterly, 1995, 6(2): 219-247.

成为最常用的测量工具。[①]

利登等认为，LMX 的高低交换水平（圈外交换到圈内交换）会随着双方交换内容的不同而变化，提出了 LMX 应该是多维的结构，并在此基础上发展了相应的测量工具（LMX-MDM）。还为总结出的情感、忠诚、贡献和专业尊敬四个维度赋予了测量条目，除了贡献是 2 个测量条目，其余 3 个维度都是 3 个条目，共计 11 个条目。[②]

关于 LMX 测量研究，王辉等对 LMX-7 进行了修订，根据中国企业的实际情况，在保持其原量表理念不变的情况下，加入文化因素，每个维度增加了一个题目，最终形成了共有十六个题目的 LMX 的四个维度的测量工具。结果发现在中国企业中，LMX-MDM 有很好的信度和效度：其中内部一致性在 0.67 ~ 0.86 之间，验证性因素分析证实了 LMX-MDM 有很好的结构效度，与工作绩效的相关分析表明 LMX-MDM 四个维度与工作绩效的相关系数分别为 0.22、0.31、0.25 和 0.23，说明 LMX-MDM 的效标关联效度是不错的。[③]

关于 LMX 如何被测量的问题，可以说到目前为止尚没有形成比较公认权威的方法。"关于 LMX 的测量还不存在能够被普遍接受的工具，学者们要么是基于自己编制、要么是在其他人编制的量表上稍加修改使用，测量方法不能很好地反映 LMX 动态形成的过程。"[④] 对 LMX 关系的评价直接取决于如何对它进行有效的测量，因此遴选出更有效的测量工具对今后的研究起着重要的作用。

---

① SCHRIESHEIM C A, CASTRO S L, COGLISER C C. Leader-member exchange (LMX) research: A comprehensive review of theory, measurement , and data-analytic practices[J]. The Leadership Quarterly, 1999, 10(1): 63-113.

② LIDEN R C, MASLYN J M. Multidimensionality of leader-member exchange: An empirical assessment through scale development[J]. Journal of Management, 1998, 24(1): 43-72.

③ 王辉，牛雄鹰，LAW K S. 领导－部属交换的多维结构及对工作绩效和情境绩效的影响 [J]. 心理学报，2004，36（2）：179-185.

④ 李超平，徐世勇. 管理与组织研究常用的 60 个理论 [M]. 北京：北京大学出版社，2019：213.

### 4．已有研究的主要贡献

上述文献研究表明，围绕本课题，国内外已有文献主要研究了以下内容：一是教育领域领导与教师互动研究，主要对互动影响因素进行研究，包括前因变量与结果变量；促进领导与教师互动的建议；校长与教师互动基础、资源和类型等。二是 LMX 研究，主要研究了包括高水平交换和低水平交换在内的交换水平；LMX 的结构维度、交换行为的测量、交换的前因变量和结果变量等。

这些研究提出了一系列概念、观点、命题等，供我们认识、思考、解释一些互动现象，也丰富了互动理论，这对分析领导者与成员之间的不同互动关系、改善互动行为、解决现实中的互动问题起到了很大的指导作用。作为一种组织中普遍存在的互动现象，这些研究对于目前被过于边缘化、功利化的教育系统来说无疑有着更加重要的意义。这些研究也对校长与教师互动起到了文献支撑、思路启迪、理论框架和方法参考等不可或缺的作用。

### 5．已有研究的不足之处

第一，关于校长与教师的互动研究比较欠缺。教育领域中的领导与成员互动研究的文献稀少，针对校长与教师互动的研究更少。已有的研究大多是从 LMX 角度进行的，且主要是针对企业等组织，涉及教育领域的较少，针对中小学的更少，对校长与教师之间交换行为的研究更是稀少。

第二，研究的系统性、深入性不够。关于校长与教师互动的研究，不够系统和深入。例如，关于互动类型、基础、资源、策略、高水平互动等，欠缺诸如互动维度、影响效应、产生机理及有效互动模型等的研究。不仅如此，现有的研究欠缺一条贯彻互动始终的逻辑线索。又如，对互动措施的研究，仅仅提出了建议，但没有对建议进行实证研究和理论建构。另外，虽然一些学者研究了 LMX 的前因变量和结果变量，但是对其结果的分析和解释力度不够，缺少对其背后原理的探究。除此之外，LMX 理论产生于西方，对国内学者来说属于"舶来品"，有些研究欠缺对东西方文化差异的正确理解和对组织性质的仔细鉴别，将国外的相关研究进行简单移植，使得研究难以深入下去。

第三，许多互动问题没有从理论上得以解决。例如，虽然把交换分为高水平交换和低水平交换，但是对互动的分类研究不够。实际上不同交换水平产生的影响是不一样的，这导致不同的交换水平产生的因素也不一样。又如，LMX 理论认为领导者与成员应该建立高水平的互动关系，因为处于低水平互动关系会使成员对组织发展漠不关心，没有工作动力，而高水平互动关系会促使成员产生积极组织行为。但是如何建立高水平互动关系，并没有明确说明。另外，该理论强烈推崇在上下级之间建立信赖、尊重和责任感，但是也没有说明怎样才能使这些因素在关系中得到发展。

### 6．未来的研究空间

上述文献研究及现实问题表明，未来领导－成员互动研究具有广阔的空间，中小学校长与教师互动行为的研究显得更为必要。

首先，在企业 LMX 基础上探索中小学领导－成员互动的特点。

近年来，企业组织理论不断推陈出新，其强调透过组织学习或组织再造的方式，以提升整体的竞争力，固然为学校组织注入了新的观念，也活化了校园开放的气氛与永续经营的企业观。另外，不可否认，领导－成员互动作为一种组织中普遍存在的互动现象，其发生和发展对于目前被过于边缘化、功利化的教育系统来说无疑有着更加重要的意义，即中小学发展需要 LMX 行为的研究成果。

但是，学校毕竟与企业不同。中小学作为传授知识、技能，形成学生思想品德的地方，与企业有着实质性的不同。企业作为社会物质等的生产部门，是营利性组织，强调利益与绩效，以利润为追求目标，以效率为价值取向；而教育的本质是培养人，学校属于规范性组织，是非营利性组织，重视伦理与互动，强调人才培养的品质。另外，学校是具有科层制与松散结合的双重系统，学校里的教师作为知识工作者，具有专业性特点，这些都表明学校要更重视人性化的关怀与专业性的领导，这也决定了学校校长与教师的互动不同于企业。由于学校组织性质有别于企业体制的特性，适宜于技术理性的企业组织的研究成果不一定适合学校，企业的 LMX 行为研究成果不能简单迁移到学校中来，需要在学校这个领域有针对性、系统性和深入性地研究校长与教师的互动行为。

其次，在国外 LMX 理论基础上探索中国中小学领导－成员互动特点。

西方管理理论的发展较成熟、较丰富，为我国的管理研究起到了指导、指引作用。LMX 作为组织行为学的一个新研究领域，国外在此方面已经有一定程度的研究，其研究成果，可以供我们学习与借鉴。

但是，中国文化与西方文化存在差异。西方文化注重个人主义、自由主义、平权主义、普遍主义等，如美国情境下的 LMX 更多反映了领导与成员之间的上述特点。中国文化以儒家伦理、集体主义观为主要准则，具有权威主义、家族主义等特点，遵循父子有亲、君臣有义、长幼有序的逻辑。因而中国文化情境下的 LMX 关系的形成和发展路径，必然与美国情境下的不同，我们应该探索中国本土的中小学校长－教师互动规律。

如何解释校长与教师的互动内容、互动类型、互动因素、互动现状、互动效应等，我们应该倡导什么样的互动行为，如何促使其产生，以及校长可觉察的互动关系与教师可觉察的互动关系的一致性程度、成因等，都是值得我们深入探讨的内容，只有阐述清楚这些才能使校长与教师的互动关系不断完善，才能提高学校的团队绩效，促使中小学不断改进，促进教育教学质量不断提高。因此有必要对我国中小学校长与教师互动的现象及影响效应进行实证研究和理论分析，从而揭示校长－教师互动行为的规律，以促进彼此有效互动。

## 三、核心概念

这里分析的对象是公立中小学的校长与教师。其中，校长是由上级政府任命、负责学校全面工作的正校长；教师主要指从事学科教学及教育教学研究工作的专职人员。

除此之外，本研究主要涉及的核心概念是校长与教师的互动行为和领导效能，故主要界定这两个概念，本书中出现的其他概念将在相应章节进行界定。

## （一）互动行为（Behavior of Interaction）

按照《辞海》上的解释，"互"是相互之意，"动"是改变原来的位置或状态。[①] 这表明"互动"即相互改变原来的位置或状态。

关于互动，国外一些学者阐述了他们的观点。乔治·C.霍曼斯（George C.Homans）认为，"人们之间的互动是一种关于商品、物质与非物质的交换"[②]。欧文·戈夫曼（Erving Goffman）认为，"互动（Interaction）大致可以定义为，当若干个体面对面在场时，彼此行为的交互影响"[③]。戴维·波普诺（David Popenoe）认为，互动是"人们以相互的或交换的方式对别人采取行动，或者对别人的行动作出回应"[④]。亚当·肯顿（Adam Kendon）认为，"只要观察到两个或更多的人的行为是相互依存的，就能够认定'互动'发生了"[⑤]。青井和夫认为，"当一方的社会行动触发了另一方的社会行动，社会行动在两者之间进行往来时，产生'互动'"[⑥]。

中国学者也对互动、社会互动进行了界定。互动"就是行动者对其他行动者行为的回应行动"[⑦]。互动是指"个人与个人之间通过语言、表情、身体姿势和其他象征性符号，彼此表达意向，沟通感情，共同行动的过程"[⑧]。"社会互动（Social interaction），简称互动，是指人与人之间的社会交往活动，或人们对他人的行动和反应过程，包括心理交感和行为交往过程。"[⑨] 社会互动"是指社会主体之间为了满足各种需要而发生的，以信息传播为基础而形成的个人

---

[①] 辞海编辑委员会. 辞海（1989 年版缩印本）[M]. 上海：上海辞书出版社，1990：40，535.

[②] HOMANS G C. Social behavior as exchange[J]. American Journal of Sociology, 1958, 63(6): 597-606.

[③] 戈夫曼. 日常生活中的自我呈现 [M]. 冯钢，译. 北京：北京大学出版社，2008：12.

[④] 波普诺. 社会学：第十一版 [M]. 李强，等译. 北京：中国人民大学出版社，2007：129.

[⑤] 肯顿. 行为互动：小范围相遇中的行为模式 [M]. 张凯，译. 北京：社会科学文献出版社，2001：12.

[⑥] 青井和夫. 社会学原理 [M]. 刘振英，译. 北京：华夏出版社，2002：60.

[⑦] 朱力. 社会学原理 [M]. 北京：社会科学文献出版社，2003：30.

[⑧] 彭华民，杨心恒. 社会学概论 [M]. 北京：高等教育出版社，2006：101.

[⑨] 庞树奇，范明林. 普通社会学理论：第三版 [M]. 上海：上海大学出版社，2000：149.

与个人、个人与群体以及群体与群体之间的相互沟通、相互作用和相互了解，从而在经济、政治、文化及心理等方面产生相互影响和相互依赖的社会行动过程"[①]。

总之，互动就是行动者对其他行动者的行为做出反应的过程。具体来说是个人与个人、个人与群体、群体与群体之间基于对行动"意义"的理解，通过信息的传播而发生的相互依赖、相互作用、相互影响的过程。我们可以从以下几个方面来理解互动的含义。

①互动发生在两个或两个以上主体之间，一个离群索居的人不能互动，这是互动的结构性条件。互动主体可以是个人与个人，也可以是个人与群体，还可以是群体与群体。

②互动主体间必须相互接触，相互形成社会活动。这种接触可能是彼此直接接触，也可能是通过他人作为中介来实施；可以是面对面进行的一系列互动，也可以借助电话、电子邮件、网络、书籍、信函等手段进行。即互动并不是非要在面对面的场合下才能发生，有时人们虽然远隔万水千山，也能形成互动。

③互动以信息传播为基础，信息是互动沟通的纽带，如果没有信息的交流，互动双方不理解，互动就无法进行。信息包括观点、意见、思想、情感等。大多数的互动过程中，人们不仅交流信息，还交流思想和情感。

④互动主体只有发生了相互依赖性的行动才产生互动，并不是任何两个人的接近都能形成社会互动。例如，来自不同学校的教师同时听一个讲座，大家各自坐在自己的位置上，虽然挨得很紧，但是没有相互依赖性的行动。当讲座主持者让大家互相讨论问题并且汇报讨论结果时，一些教师可能开始与周围的教师交谈，这时互动就产生了。不论这种依赖性是直接的或间接的，是亲和的还是排斥的，互动都产生了。

⑤互动一定是发生、存在于一定环境中的，例如，组织环境、领导环境、家庭环境等。互动也受到一定环境的影响，同一行为在不同的时间、不同的场合具有不同的意义。例如，某成员做出了一件不太妥当的小事情，领导者如果

---

① 郑杭生. 社会学概论新修 [M]. 4 版. 北京：中国人民大学出版社，2013：136.

在私底下与之沟通，批评一下，可能这位成员会非常感激这位领导者，下次避免这种行为出现。但如果这位领导者在全体成员大会上，指出这种行为的不妥，可能会引起这位成员的反感，下次可能会有更甚的做法。

⑥互动会带来一定的效果。互动是一个相互刺激、相互作用的过程，即无论如何一定要在彼此之间产生影响，并有可能对环境产生一定的作用。互动双方均受对方行动发生与改变的刺激，并做出一定的反应，从而形成真正的群体行动。例如，在一个班级中，如果同学之间经常一起讨论各种问题，交流学习经验，一起外出游玩，那么每名学生都可以感受到同学的友谊和集体的温暖，同学关系就会比较和谐，班集体也会有较强的凝聚力。相反，如果班级内人际沟通和互动不够充分，同学之间就难免发生不少误会和矛盾，班集体就可能十分涣散。

⑦参与互动的各方使用统一或相通的符号和一定的规范，例如，语言符号、行为符号等，以及大家认同的规范等。互动时要有意识地考虑到"符号"所代表的"意义"，且各方对"符号"有相同的理解。人们的互动往往遵循一定的行为模式，具有一定的互动结构，即都在一定的规范下行动，互动双方不能为所欲为，随心所欲。

行为是"受思想支配而表现在外面的活动"[1]。"活动的总体和易于观察到的方面就叫作行为。"[2] 所以，行为一定是外显性的，是人们能够看得见的。

领导过程中的互动行为[3]就是指参与领导活动的行动者——领导者与成员为实现领导活动目标，相互运动和相互作用，从而产生的相互影响和相互变化的表现活动。在我们平常实施的互动活动中，彼此既可能接受积极的东西，也

---

[1]　中国社会科学院语言研究所词典编辑室. 现代汉语词典（2002 年增补本）[M]. 北京: 商务印书馆, 2002: 1049.

[2]　巴纳德. 经理人员的职能 [M]. 王永贵, 译. 北京: 机械工业出版社, 2013: 12.

[3]　这里为什么要称为"互动行为"，而不是只提"互动"或"互动关系"。其实互动本身就是一种行为，本文后面又加上"行为"两个字，一是出于语言习惯，二是因为本文主要想研究"互动"的外显活动等。本研究无论是研究起点——互动现象，还是研究中间环节——互动的表现活动对领导效能的意义，以及研究的最终目的——如何提升这种外在活动的水平，都是围绕"互动"的外显性进行的。虽然研究过程中要对双方内在心理进行分析，但那也是为解释"互动的外显表现——行为"服务的。所以，加上"行为"二字完全是为了强化研究的针对性。当然在本文中，为了符合人们的语言习惯，互动行为有时简称"互动"，有时也称为"互动关系"，其内涵是一致的。

可能接受消极的东西；既可能产生积极的变化，也可能产生消极的变化。本文主要研究积极的影响和变化。

## （二）领导效能（Leadership Effectiveness）

本章一开始就明确了该研究要设法通过建立校长与教师的良好互动来有效提升学校领导效能，故领导效能也是本研究的核心概念。

关于效能，词典的解释是："事物所蕴藏的有利的作用。"[①] 效能，包括"效"与"能"。"效"是效果，功用之意。[②]"能"指能力，才能；能够，善于，胜任；够，到。[③] 托马斯·J. 萨乔万尼（Thomas J. Sergiovanni）认为，"效能既有通常的意义，又有技术上的意义。它通常被理解为产生一种预期效果的能力"[④]。所以效能是事物蕴含的效果与功效。

关于领导的界定，哈罗德·孔茨（Harold Koontz）等把领导定义为"影响力，即影响人们心甘情愿和满怀热情地为实现群体的目标而努力的艺术或过程"[⑤]。詹姆斯·M. 伯恩斯（James M. Burns）将领导定义为领导者诱导追随者为了某些特定的目标而行动的过程。[⑥] 加里·A. 尤克尔（Gary A. Yukl）认为："一个人对其他人施加有意识的影响，去指导一个团体或组织中的活动并建构和促进它们的关系。"[⑦] 彼得·G. 诺思豪斯（Peter G. Northouse）认为，领导是个体影响一群个体实现共同目标的一个过程。[⑧] 斯蒂芬·P. 罗宾斯（Stephen P. Robbins）把领导的职能看作"与别人一起工作，通过别人来实现组织目标"。还有学者把领导定义为："领导者在一定的环境下，对组织战略目标的规划及

---

① 中国社会科学院语言研究所词典编辑室. 现代汉语词典（2002 年增补本）[M]. 北京：商务印书馆，2002：1390.

② 辞海编辑委员会. 辞海（1989 年版缩印本）[M]. 上海：上海辞书出版社，1990：1656.

③ 同②548.

④ 萨乔万尼. 校长学：一种反思性实践观 [M]. 张虹，译. 上海：上海教育出版社，2004：197.

⑤ 孔茨，韦里克. 管理学：国际化与领导力的视角：精要版第 9 版 [M]. 马春光，译. 北京：中国人民大学出版社，2014：287.

⑥ 伯恩斯. 领导论 [M]. 常健，孙海云，等译. 北京：中国人民大学出版社，2006：13.

⑦ 尤克尔. 组织领导学：第五版 [M]. 陶文昭，译. 北京：中国人民大学出版社，2004：4.

⑧ 诺思豪斯. 领导学：理论与实践：第二版 [M]. 吴荣先，等译. 南京：江苏教育出版社，2002：2.

其既定目标，对被领导者进行统御和指引的行为过程。"[①] 总之，领导是领导者在一定环境下，为实现既定目标，对其成员实施影响的活动。这个活动既要有影响，又要通过影响去实现组织目标。

关于领导效能（Leadership effectiveness）的概念，众说纷纭。"在领导效能的概念上学者之间也所见不同。"[②] 弗雷德·E. 菲德勒（Fred E. Fiedler）等把领导效能定义为"一个群体执行其基本分配任务所能取得成功的程度"[③]。韦恩·K. 霍伊（Wayne K. Hoy）认为，领导效能的定义就包含了一个比较客观的维度（组织目标的达成度）和两个主观的维度（重要参照群体的感知评价和下属的总体工作满意度）。[④]

国内学者关于领导效能的界定：从行政领导学的角度上理解，行政领导效能是指行政领导活动目标及其实现的程度，包括效和能两个部分。效是指行政领导在实现领导活动（服务）目标中所达到的效率、效果、效益的综合反映；能是指行政领导在实现领导活动（服务）目标中所显示的能力。因此，总体来说，行政领导效能就是行政领导者在实施行政领导活动的过程中，实现行政领导活动目标的能力与所获得的领导效率、领导效益以及所引起的组织状态、组织环境与组织关系的有效变化的综合系统。[⑤]"领导效能是领导活动的出发点和归宿。所谓领导效能是领导者在实施领导过程中的行为能力、工作状态和工作结果，即实现领导目标的领导能力和所获得的领导效率与领导效益的系统综合。"它包含三个要素：领导能力、领导效率、领导效益。[⑥]"领导效能是评价领导活动有效性的基本维度，它是指组织中的领导者实现领导活动的目标和实现绩效之间的接近程度，它反映为领导活动进行的状态和结果。"领导效能是

① 王乐夫. 领导学：理论、实践与方法：第三版 [M]. 北京：高等教育出版社，2006：36.
② 尤克尔. 组织领导学：第五版 [M]. 陶文昭，译. 北京：中国人民大学出版社，2004：4.
③ 菲德勒，加西亚. 领导效能新论 [M]. 何威，兰桦，冯丹龙，等译. 北京：生活·读书·新知三联书店，1989：11.
④ 霍伊，米斯克尔. 教育管理学：理论·研究·实践：第 7 版 [M]. 范国睿，主译. 北京：教育科学出版社，2007：375.
⑤ 李成言. 现代行政领导学 [M]. 北京：北京大学出版社，2002：399.
⑥ 刘建军. 领导学原理：科学与艺术 [M]. 上海：复旦大学出版社，2001：302-303.

"两个方面的综合。第一是领导效率，第二是领导效益"。[①] "领导效能是领导者的成绩和能力的总称，具体来说就是组织的目标和效率的乘积。用公式表示就是：效能 = 目标 × 效率。"[②] "领导效能，反映的是领导者实施领导工作的效率和目标的关系，表示领导者工作效率与目标相一致的状况。领导效能是领导者履行职责的结果。"[③]

总之，关于领导效能的界定是不一致的，有如下几种界定：其一，领导效能是领导者领导能力与领导成效的体现，是领导活动所获得的效率、效果、效益的系统综合的体现。其二，领导效能反映了完成任务的程度。其三，领导效能是领导活动所引起的组织状态、组织环境与组织关系的有效变化的综合系统，是领导者在实施领导过程中的行为能力、工作状态和工作结果，它反映领导活动进行的状态和结果。其四，领导效能系统包含的三要素有领导能力、领导效率、领导效益。其五，领导效能系统包含领导效率、领导效益两要素。国内外学者普遍认为，领导效能反映了领导活动实现目标的程度。

领导就其静态性来讲，包括领导者、组织成员、领导环境等要素，这些要素具有的功能是领导活动蕴含的效果与功效；领导就其动态性来讲，是各要素协作的影响过程，这一活动过程所产生的效能，即领导效能。总之，领导效能是其构成要素及领导活动蕴含的功能与产生的效用。该定义表明，领导效能既包括其构成要素及领导活动从应然层面可以产生的功能，又包括实然层面构成要素及领导活动实际产生的作用。后续研究主要探索通过校长与教师的互动对构成要素及领导活动的现实作用。

# 四、理论基础

为了充分、深入阐明校长与教师之间的互动行为，需要借助于理论进行

① 苏保忠. 领导科学与艺术 [M]. 北京：清华大学出版社，2004：193.

② 余仰涛，余永跃. 领导学导论 [M]. 武汉：武汉大学出版社，2008：289.

③ 同②.

研究，互动理论与交换理论、组织理论与领导理论中的一些具体学说是本研究
的主要理论支撑。

## （一）互动理论与交换理论

本书主要研究校长－教师互动行为，故互动理论是主要的理论基础，其
中，交换理论在本研究中起到了支持作用、框架作用、解释作用等。例如，
在深入揭示体制化与非体制化互动特点时，社会交换理论提供了经济性交换
与社会性交换的研究框架。领导－成员交换理论提供了研究框架及支持作
用，例如体制化与非体制化互动的归类等。再如，关于为什么非体制化互动
可以提高领导效能，社会交换理论和领导－成员交换理论都起到了重要的分
析作用。

### 1．交换视角的互动理论

关于互动理论，社会学先驱乔治·齐美尔对互动形式、互动规模、互动
本质以及互动矛盾等都进行了阐述，他的观点对互动理论影响很大。长期以
来，互动理论呈现百家争鸣的局面，比较有代表性的是符号互动、戏剧互动、
本土方法、会话分析和社会交换等理论。以乔治·米德（George Mead）等学
者为代表的符号互动理论特别注意使用能够代表有意义事物的符号来进行沟
通；以欧文·戈夫曼等学者为代表的戏剧互动理论从印象管理角度来揭示互
动特点；哈德罗·加芬克尔（Harold Garfinkel）的本土方法理论倡导使用某种
简化程序，使人们即便是在彼此并不认识的情况下，也能有效地沟通和互动；
哈维·萨茨（Harvey Sachs）会话分析理论的研究焦点是使会话者将其语言互
动组织成一致顺序的方式；以乔治·C.霍曼斯（George C. Homans）和彼得·
M.布劳（Peter M.Blau）等学者为代表的社会交换理论，从交换的视角来研究
互动问题。总之，可以从符号、戏剧、本土、会话、社会交换等不同理论角度
来研究人们的互动。

社会学的理论表明，人类的互动行为都离不开交换，经济市场和社会市场

都存在。实际上，"我们几乎可以用交换的观点去考察所有的社会互动"①。"社会交换论在解释人类社会互动中的交换行为上很有建树。"② 本研究主要从交换的视角来研究中小学校长－教师互动行为。"在社会交换论者看来，个人利益是隐藏在人们互动背后的普遍动机。社会互动的本质就是交换关系。"③ 故这里把社会交换理论作为重要的互动理论进行介绍，并把该理论作为本研究的主要解释理论和支持理论。

社会交换理论试图以交换的观点来解释人类互动的本质和规律，该理论认为，"人与人之间的社会关系是行动者之间的资源交换关系，社会互动的实质是人们交换（指个人在与他人的交往中所得到的收获，包括金钱、社会赞同、尊重和服从等）和惩罚的过程"④。

社会交换理论是 20 世纪 50—60 年代兴起于美国进而在全球范围内广泛传播的一种社会学理论。它把交换行为当作最基本的社会行为加以考察，把交换活动当作互动的最基本形式，并强调社会行为都遵循着基本交换原则。⑤ 社会交换理论认为，交换行为不仅存在于市场之中，而且存在于多种社会关系之中。布劳说过："社会交换这个概念一旦使我们对它敏感起来，我们就到处都能看到它，不仅在市场关系中而且在友谊中，甚至（如我们看到的那样）在爱情中，以及在这些以亲密性形式出现的极端之间的多种社会关系中。邻居们交换恩惠；儿童们交换玩具；同事们交换帮助；熟人们交换礼貌；政治家们交换让步；讨论者们交换观点；家庭主妇们交换烹饪诀窍。"⑥

社会交换理论将个人和集体行动者的社会过程视为有价值的资源交换过程，认为人类的一切行为都受到某种能够带来奖励和报酬的交换活动的支配，因此，人类一切社会活动都可以归结为一种交换，人们在社会交换中所结成的

---

① 童星. 现代社会学理论新编 [M]. 南京：南京大学出版社，2003：107.

② 郑杭生. 社会学概论新修 [M]. 4 版. 北京：中国人民大学出版社，2013：154.

③ 同①108.

④ 同②154.

⑤ 高宣扬. 当代社会理论：上 [M]. 北京：中国人民大学出版社，2005：437.

⑥ 布劳. 社会生活中的交换与权力 [M]. 孙非，张黎勤，译. 北京：华夏出版社，1988：104-105.

社会关系也是一种交换关系。生活在社会中的个体都需要资源，没有资源难以生存和发展。但是，个体的资源都是有限的，不可能达到自给自足，他们必须从他人处获得，然而这种获得是建立在给予基础上的，于是人们通过"给予—获得—再给予—再获得"这样持续不断的行为结成了一定的社会交换关系。"社会交换论者所关注的是人们互动过程的始终所付出的代价和所获得的酬赏。"①

校长－教师互动行为主要建立在霍曼斯和布劳的交换理论基础上，故这里主要介绍这两位权威代表学者的社会交换理论观点。

**（1）霍曼斯的社会交换理论**

霍曼斯是社会交换理论的创始人，他将行为学、心理学、经济学等理论中的一些原则应用到社会学中，根据行为主义心理学有关个体行为的原理，关注那些可以观察和测度的行为，构建了旨在恢复以经济理性主义理论和个人行为主义理论为基础的社会交换理论。

霍曼斯把人的互动看作交换行为。他认为，交换行为是最基本的社会行为，它在日常生活中大量出现。②所有的人类行为都是交换，而不是只有在市场中才有交换行为。霍曼斯的交换理论表明："在人类的交换关系中，市场不是孤立的，因为所有的互动都牵涉到个人之间交换报酬（或惩罚）和寻求利益的行为。"③霍曼斯说的交换内容比较广，"包括物质商品和非物质商品，如认可或威望等"④。

霍曼斯分析了社会互动中的交换行为、交换原则，概括出一些交换的基本形式等，提出了交换的一系列命题，例如人类社会行为的六个一般命题：即成功命题（Success Proposition）、刺激命题（Stimulus Proposition）、价值命题（Value Proposition）、剥夺／满足命题（Deprivation/Satiation Proposition）、

---

① 童星. 现代社会学理论新编 [M]. 南京：南京大学出版社，2003：108.

② 高宣扬. 当代社会理论：上 [M]. 北京：中国人民大学出版社，2005：444.

③ 特纳. 社会学理论的结构：第 7 版 [M]. 邱泽奇，张茂元，等译. 北京：华夏出版社，2006：271.

④ HOMANS G C. Social behavior as exchange[J]. American Journal of Sociology, 1958, 63(6): 597-606.

攻击/赞同命题（Aggression/Approval Proposition）、理性命题（Rationality Proposition）。[1]霍曼斯将六个命题看作一组"命题系列"，强调它们之间相互联系的重要性，并认为只要将这六个命题综合起来，就能够解释一切社会行为。为了更好地阐述社会交换的基本行为，他还使用了与此相关的一些概念，例如"成本和报酬、惩罚与强化、数量和价值、失落和满足、投资与公平分配等"[2]。

霍曼斯将行为主义的一些原则应用到社会学中。"霍曼斯认为，行为主义的'刺激—反应'原则也适用于人类社会，因此，人类的行为应该被理解为互动的个人进行报酬和惩罚的交换过程。"[3]他把交换双方的强化行为比喻为鸽子的谷物，并且定义为"价值（values）"，然后阐述了人们对自己行为的价值判断。这种价值判断"不仅在于他从以前的经验中获得的强化，更取决于他现在的行为可以得到什么"[4]。霍曼斯还汲取了哈佛大学同事、行为心理学家伯尔赫斯·F. 斯金纳（Burrhus F. Skinner）的思想，并提出了自己的观点：在人们彼此交往的背后，自我利益是一种普遍具有的动机。就像斯金纳的心理学实验中的动物一样，人们做事情是为了获得酬赏。并且，如果某种行为得到强化或奖赏，那么，这类行为将来更有可能重复出现。[5]

霍曼斯还将心理学、经济学的一些原理结合起来应用到社会学中。在他看来，经济学上的报酬与心理学上的强化概念相对应，而经济学上的成本概念与心理学上的惩罚概念相对应。"在霍曼斯的交换理论当中，最明显地体现出心理学和经济学的结合。"[6]霍曼斯把这些理论应用于交换理论，他认为，这种应用会使人类科学更先进、更有应用能力、更有理智性。[7]"把人类行为当做是

[1]　特纳. 社会学理论的结构：第 7 版 [M]. 邱泽奇，张茂元，等译. 北京：华夏出版社，2006：272.

[2]　刘少杰. 国外社会学理论 [M]. 北京：高等教育出版社，2006：125-127.

[3]　郑杭生. 社会学概论新修 [M]. 4 版. 北京：中国人民大学出版社，2013：154.

[4]　HOMANS G C. Social behavior as exchange[J]. American Journal of Sociology, 1958, 63(6): 597-606.

[5]　波普诺. 社会学：第十一版 [M]. 李强，等译. 北京：中国人民大学出版社，2007：145.

[6]　沃特斯. 现代社会学理论 [M]. 杨善华，李康，汪洪波，等译. 北京：华夏出版社，2000：75.

[7]　同 [4].

互动中彼此进行报酬（或惩罚）的交换概念化，就使得霍曼斯以新的形式吸收了经济学的首要原理，即人类理性地盘算着他们市场行为的长远后果，以求在交易中得到最大化的物质利益。"[①]

总之，在霍曼斯看来，利己主义、趋利避害是人类行为的基本原则，由于每个人都想在交换中获取最大利益，结果使交换行为本身变成一种相对的得与失。对个人来说，投资的大小与利益的多少基本上是公平分布的。"霍曼斯的意图是建立一些有关人类之间交换的普遍成立的命题，并力求在最基本或更原初的层面上展开这项工作。"[②]

**（2）布劳的社会交换理论**

布劳的社会交换理论是从社会结构的原则出发考察人与人之间的社会交换过程，对社会交换的定义、条件、特征、原则、过程、社会交换与权力、社会交换与宏观结构及社会交换中出现的不平等与异质性进行了系统的分析，形成了社会交换理论从微观向宏观的过渡。

布劳的社会交换理论明显受到霍曼斯的影响。布劳在结构交换论中吸收了霍曼斯社会交换理论基本原理和基本命题中的合理内核。与霍曼斯不同的是，"布劳研究社会交换问题不是重视它的心理基础，而是重视各种交换行为的相互关系；不是简单地停留在个人之间的交换行为上，而是通过社会层面的交换行为的分析，例如对群体交换关系的分析，揭示出社会权力、社会制度、社会演化等宏观社会结构"[③]。布劳社会交换理论还受到卡尔·马克思（Karl Marx）的影响，通过汲取马克思主义辩证法思想的精髓，运用"集体主义方法论"与整体结构论，进行了对社会交换中宏观结构的研究，并用不对等交换的原则揭示了权力产生、反抗及变迁的基本规律。布劳的理论方法是从描述交换过程及其在微观层次上的影响开始，再从群体层次上升到制度与社会的宏观层次，其理论目标既想克服功能主义忽视研究人的理论缺陷，又想弥补霍曼斯理论只局

---

① 特纳. 社会学理论的结构: 第 7 版 [M]. 邱泽奇, 张茂元, 等译. 北京: 华夏出版社, 2006: 270.

② 沃特斯. 现代社会学理论 [M]. 杨善华, 李康, 汪洪波, 等译. 北京: 华夏出版社, 2000: 75.

③ 刘少杰. 国外社会学理论 [M]. 北京: 高等教育出版社, 2006: 132.

限于微观层次方面的不足。他引入了权力、权威、规范和不平等的概念，使交换理论在更大的范围内解释社会现象。

布劳认为大部分人类行为是以对社会交换考虑为指导的，社会交换是人类行为的一部分。他提出了使行为变为交换行为必须具备的两个条件："一是该行为的最终目标只有通过与他人互动才能达到，二是该行为必须采取有助于实现这些目的的手段。"[①] 社会交换过程始于社会吸引，"社会吸引的过程导致社会交换过程"[②]。他认为社会交换是个体与群体之间的关系、权力分化与伙伴群体关系、对抗力量之间的冲突与合作、社区成员之间间接的联系与亲密依恋关系等的基础。社会的微观结构起源于个体期待社会报酬而发生的交换。"个体之所以相互交往，是因为他们都从他们的交往中得到了某些东西。"[③]"个体在他们的社会交往中追求社会报酬，这是一条原则。"[④]"在布劳所分析的交换关系中，最重要的是必须包含期望中的报酬。"[⑤] 布劳认识到："人们会对特定交换关系带来什么样的报酬而建立期待，而且这种期特是由规范所制约的。这些规范可以被称为公平交换规范（norms of fair exchange），因为它研究在一既定的交换关系中报酬与代价的比例应该有多大。"[⑥]

布劳认为经济交换与社会交换有重要的区别：它们之间"基本的和最关键的区别是，社会交换带来未作具体规定的义务。一次经济交易的原型依靠一份正式合同，它规定有待交换的准确数量。……社会交换则相反，它涉及的是这样一条原则：一个人给另一人施恩，尽管对于某种未来的回报有一种一般期望，但它确切的性质在事前并没有作明确的规定"[⑦]。他认为，经济交换可以对

---

① 布劳. 社会生活中的交换与权力 [M]. 孙非，张黎勤，译. 北京：华夏出版社，1988：5.

② 同①23.

③ 同①17.

④ 同①20.

⑤ 高宣扬. 当代社会理论：上 [M]. 北京：中国人民大学出版社，2005：436.

⑥ 特纳. 社会学理论的结构：第 7 版 [M]. 邱泽奇，张茂元，等译. 北京：华夏出版社，2006：279.

⑦ 同①109.

自己的付出和收入进行精确的计算，社会交换具有一定程度的模糊性，所以社会交换要比经济交换复杂。布劳对社会交换的作用给予了肯定，认为社会交换关系存在于关系密切的群体或社区中，是建立在相互信任的基础之上的，"社会交换取决于信任，也促进信任"。这一阐述表明，"社会交换是靠互动双方的信任实现的，并且在信任提高的过程中，双方互酬的价值也在增大"[①]。"只有社会交换会引起个人的责任、感激和信任感，以上所说的那种纯粹的经济交换则不会。"[②]

总之，布劳的社会交换理论从微观到宏观，系统地追溯了交换现象的各种发展过程及影响，从而形成一种社会结构的交换理论。

### 2. 领导－成员交换理论

20 世纪 70 年代中期，格雷恩等学者通过研究提出了领导－成员交换理论。LMX 理论自出现以来就受到很多学者的关注，后续诸如罗伯特·C. 利登（Robert C. Liden）等很多学者都对此进行了研究，这些研究完善、丰富了LMX 理论。

在考察组织中领导者与成员的活动关系时，LMX 理论认为领导者与成员之间存在一个不断相互影响、相互作用的交换过程。LMX 理论是描述领导者如何与不同成员发生不同交换关系的理论。[③]

以前的一些领导理论将成员视为具有一类行为的群体，领导者对所有成员施予一样的方式来进行领导。利登和格雷恩不这样认为。他们的观点是：在领导活动中，领导者根据成员情况，采用不同的领导方式。[④]

LMX 理论以前称为"垂直二元联结理论"（Vertical Dyad Linkage），即一位领导者与另一位成员组成的垂直相互影响的二元关系。格雷恩等认为，领导

---

① 童星. 现代社会学理论新编 [M]. 南京：南京大学出版社，2003：109.

② 布劳. 社会生活中的交换与权力 [M]. 孙非，张黎勤，译. 北京：华夏出版社，1988：111.

③ 尤克尔. 组织领导学：第五版 [M]. 陶文昭，译. 北京：中国人民大学出版社，2004：134.

④ LIDEN R C, GRAEN G. Generalizability of the vertical dyad linkage model of leadership[J]. The Academy of Management Journal, 1980, 23(3): 451-465.

者与成员的这种关系是异质的"垂直二元"结构关系。领导者对待不同成员使用不同的领导风格，从而形成不同的领导关系。[①]垂直二元联结理论认为，在组织中，领导者用不同的领导方式与成员进行交换。[②]

LMX 理论认为，在领导过程中，不同的成员与领导者交换不同的资源与信息，经过若干次交换或角色谈判，相同的领导者与不同的成员会形成不同的交换关系。由于交往的时间、当事人在交往过程中所投入资源的数量和质量有所不同等原因，领导者与不同的成员在交往过程中所形成的交换水平也不相同：领导者只能与部分成员建立亲密的关系，而在与其他成员交往时，领导者主要依靠正式的权威、规则和政策来保证成员完成自己的任务，于是领导者与成员构成了从低水平交换到高水平交换的连续体。

低水平交换最初被称作圈外交换（out-group），它是成员与领导者按照工作说明书中的规定，进行通常的、正式的、一般性交换。[③]在低水平交换关系中，成员只是担任"雇工"，他们所做的事情只是工作说明书中描述的内容。[④]这也是仅限于根据雇佣合同所进行的交换。低水平交换是以低信任、低支持、低交流和正式奖励为基础的圈外成员交换。[⑤]它以有限的相互影响和支持为特征，完全是一种自上而下的影响力，是一种以等级关系为基础的契约关系。在这种交换关系中，领导者行使正式的组织权力，为组织内成员提供标准的报酬和利益，同时成员也仅仅承担自己工作角色之内的工作职责，遵循领导者的合法工作指派。低水平交换呈现出很低的信任、尊重和义务感。[⑥]在低水平交换

---

① GRAEN G B, UHI-BIEN M. Relationship-based approach to leadership: Development of leader-member exchange (LMX) theory of leadership over 25 years: Applying a multi-level multi-domain perspective[J]. The Leadership Quarterly, 1995, 6(2): 219-247.

② LIDEN R C, GRAEN G. Generalizability of the vertical dyad linkage model of leadership[J]. The Academy of Management Journal, 1980, 23(3): 451-465.

③ 同②.

④ 同①.

⑤ DIENESCH R M, LIDEN R C. Leader-member exchange model of leadership : A critique and further development[J] The Academy of Management Review, 1986, 11(3): 618-634.

⑥ 同①.

关系中只存在相当低的相互影响。成员仅仅需要顺从正式的角色需求（如义务、规制、标准程序和领导者的合法指示）就能满足低水平交换关系的需要。这样成员能得到工作的标准利益（如一份工资）。[①]

高水平交换最初被称作圈内交换（in-group），它是领导者与成员之间超出工作说明书范围的交换。[②] 它是彼此之间向更高层次发展的交换关系。高水平交换是以高信任、高支持、高交流和非正式奖励为基础的圈内成员交换。[③] 在高水平交换关系中，成员担任领导者"值得信赖的助手（trusted assistants）"，这种交换呈现出彼此之间的高度相互信任与尊重，双方都具有很强的义务感。[④] 高水平交换的双方"相互尊重，彼此信任趋深，双方的职业关系与义务不断延续和增强"[⑤]。此时成员往往自愿付出额外努力从而获得更好的工作绩效，以此作为对领导者信任的回报。领导者也往往向这些成员施以某些特权，如让成员接触到更多关键信息，使其在工作中具有更大的自主权等。总之，在高水平交换关系中领导者与成员之间交流畅通，沟通有效，存在很高程度的尊重、信任、依赖和支持。

利登和格雷恩认为，领导者将与有能力、有技能、有责任心、值得领导信任、能够处理好领导交办的任务的成员之间形成高水平交换，而与其他成员形成低水平交换。[⑥]

LMX 理论认为，领导者与成员间的高水平交换，将减少雇员流失，产生更多肯定的工作表现评价、更快的提升、更多的组织承诺、更高的工作积

---

① 尤克尔. 组织领导学: 第五版 [M]. 陶文昭，译. 北京: 中国人民大学出版社，2004: 135.

② GRAEN G B, UHI-BIEN M. Relationship-based approach to leadership: Development of leader-member exchange (LMX) theory of leadership over 25 years: Applying a multi-level multi-domain perspective[J]. The Leadership Quarterly, 1995, 6(2): 219-247.

③ DIENESCH R M, LIDEN R C. Leader-member exchange model of leadership : A critique and further development[J]. The Academy of Management Review, 1986, 11(3): 618-634.

④ 同②.

⑤ 纳哈雯蒂. 领导学: 原书第 4 版 [M]. 王新，陈加丰，译. 北京: 机械工业出版社，2007: 134.

⑥ LIDEN R C, GRAEN G. Generalizability of the vertical dyad linkage model of leadership[J]. The Academy of Management Journal, 1980, 23(3): 451-465.

极性、更好的工作态度、更多的领导关怀和支持、更多的参与行为和更快的专业发展。[①] "领导者从高交换关系中所获得的利益是明显的。当领导者的工作任务需要一些成员的首创性和努力才能成功完成时，成员的支持是重要的。对于一个缺乏时间和精力去实现他所负责的所有行政管理职责的经理来说，支持性成员的协助是珍贵的。"[②] "高质量的 LMX 关系通常会带来更多的决策投入、相互支持、非正式影响、信任和谈判余地。低质量的 LMX 关系通常会减少相互支持、使用更多的正式监控、降低决策投入以及减少领导者的信任与关心。"[③] "另一组研究考察了 LMX 如何与领导者和成员的行为相关。当交换关系有利时，领导者有更多的支持性行为、更多的咨询和委派、更多的指导、更少的监督和更少支配性交流。对成员来说，则有更为组织性的文明行为、对领导者更多的支持、更开放地与领导者交流和更少使用压力策略。"[④]

LMX 理论是在社会交换理论的基础上发展起来的，布劳将经济交换与社会交换进行区分。依据该理论，LMX 包括经济性交换和社会性交换，低水平交换主要实施的是经济性交换，高水平交换主要实施的是社会性交换。经济性交换是围绕着满足双方的物质需求而进行的，带有经济性。在这种关系中，领导者以奖赏的方式领导成员，当成员完成特定的任务后，便给予承诺的奖赏，整个过程就像一桩交易。由于交换的内容只涉及低层次的物质追求，是通过外部获取的方式，借助讨价还价的手法来实现的，因而这种交换方式尚不能从根本上调动起双方的积极性。所谓社会性交换，是指建筑在经济性交换之上，以社会和心理交流为主要内容，与人们的友谊、尊重、信任、成长、进步、发展等因素有关的交换。通过这种交换，促成领导者与成员之间建立起忠诚、互信

① 诺思豪斯. 领导学：理论与实践：第二版 [M]. 吴荣先，等译. 南京：江苏教育出版社，2002：74.
② 尤克尔. 组织领导学：第五版 [M]. 陶文昭，译. 北京：中国人民大学出版社，2004：135.
③ 罗瑟尔. 领导力教程：理论、应用与技能培养：第 3 版 [M]. 史锐，杨玉明，译. 北京：清华大学出版社，2008：244.
④ 同②.

和责任关系，并由此产生积极的互利与合作。社会性交换能较好地弥补经济性交换的不足。布劳在将经济性交换与社会性交换加以区分后认为："只有社会交换会引起个人的责任、感激和信任感，以上所说的那种纯粹的经济交换则不会。"①

### （二）组织理论与领导理论

在众多的组织理论与领导理论中，科层制理论与松散结合理论，以及交易型与转化型领导理论在校长－教师互动研究中起到了重要的理论支撑作用。

#### 1. 科层制理论与松散结合理论

研究校长－教师互动一定要清楚他们所在的环境特征，科层制理论与松散结合理论对中小学的组织环境进行了很好的诠释。不仅如此，还对互动现象存在及互动影响原因等都进行了深入的分析。所以，两个理论起到了诠释、分析、支持等作用。

#### （1）科层制理论

19 世纪末，马克斯·韦伯（Max Weber）提出了科层制（Bureaucracy）理论。科层制是指一种权力依职能和职位进行分工和分层，以规则为管理主体的组织体系和管理方式。"科层制是一特定类型的行政管理结构。"② 也就是说，科层制既是一种组织结构，又是一种管理方式。

第一，科层制的特点。韦伯在《经济与社会》一书中，阐述了科层制特点。他认为科层制以理性为取向，即以目的合乎理性或价值合乎理性为取向，或者两者兼而有之，并以此制订成章程，同时有权要求团体的成员必须尊重它；合法型的统治者即"上级"，由他发号施令，所以要服从非个人的制度，他的号令是以这个制度为取向的；服从者仅仅作为团体的成员，并且仅仅服从

① 布劳. 社会生活中的交换与权力 [M]. 孙非，张黎勤，译. 北京：华夏出版社，1988：111.
② 斯格特. 组织理论：理性、自然和开放系统 [M]. 黄洋，李霞，申薇，等译. 北京：华夏出版社，2002：42.

法——正如大多数情况下所说的那样；团体成员服从统治者，并非服从统治者个人，而是服从那些非个人的制度，因此他们仅仅有义务在由制度赋予统治者的、有合理界限的事务管辖范围之内服从。① 总之，韦伯认为，科层体制是以目的、价值理性为取向制定组织制度，该组织的成员必须遵守它；合法的统治者即"上级"要在制度允许的范围内下达指令；组织成员在制度范围内有义务服从上级的管理。韦伯还认为，行政管理就是在法律和组织制度允许的范围内来维护组织利益。②

布劳等按照韦伯的描述，对科层制结构的主要特征进行了如下概括：将为实现组织目标所必需的日常工作作为正式的职责分配到每个工作岗位；所有岗位的组织遵循等级制度原则，每个职员都受到高一级的职员的控制和监督；组织活动是由一些固定不变的抽象规则体系来控制的，这个体系包括了在各种特定情形中对规则的应用；理想的官员要以严格排除私人感情的精神去处理公务，不能有憎恨和热爱，也因此不受感情的影响；在科层组织中就业人员必须在技术素质上合乎要求，而且不能被随意地解雇；从纯粹技术的观点看，规范的科层化行政组织可以达到最高的效率。③

总之，科层制组织理论认为组织是一个金字塔形的结构，强调专业分工、等级集权、明确职责、严格管理、忽视情感因素。"专业化、权力等级、规章制度、和非人格化这四个因素是科层制组织的基本特征。"④

第二，科层制的优缺点。科层体制下的位于层级结构中的每个成员都有明确职权限制，他们清楚地知道：如果需要决策，该由哪个部门、哪个人做出；如果需要服从、执行命令，该听从哪个部门、哪个人的指挥；如果发生了自己无法解决的问题，应当把问题转交给哪个部门、哪个职位。这种权力层级结构制度可以确保决策制度的可靠性；这种严格等级的权力运作、层级的垂直管理

---

① 韦伯. 经济与社会：上卷 [M]. 林荣远，译. 北京：商务印书馆，1997：242-243.

② 同 ①243.

③ 布劳，梅耶. 现代社会中的科层制 [M]. 马戎，时宪民，邱泽奇，译. 上海：学林出版社，2001：17-19.

④ 同 ③7.

容易达成统一性意志、统一行动；这种理性的规范制度及任务的明确划分，可避免组织之间、个人之间职责不清、互相推诿的现象。

韦伯认为，从纯粹技术的观点看科层制可以达到最高的完善程度。[①]"科层制度解决的不仅仅是单个雇佣者的生产效率，而且是组织方面的特殊问题——如何最大限度地进行合作与控制，并由此提高组织的效率。"[②]"科层制在完成给定任务上具有最大的技巧、准确性和速度。"[③]"科层制比传统体系更有能力处理更为复杂的行政事务。"[④]"科层制形式反映了高级的工具性的合理性，它能够以抛弃传统形式为代价而稳步发展是因为它具有更高的效率。"[⑤]所以，在韦伯看来，科层制是最理想的统治形式，形式上可以适用于一切任务，它是实施统治形式最合理的形式。[⑥]

科层制在扩大组织规模、加强控制、提高效率等方面发挥正面功能的同时，也可能带来的一些负面影响。"科层制倾向于垄断信息，使外人不可能知道决策的基础。……科层化不倾向于关注大众的观点。"[⑦]科层制要严格遵守成文的规则和程序，且不惜一切代价固守规则，这样可能会阻碍更适合解决组织问题办法的出现，可能导致程序优先于潜在的组织目标，失去对"大局"的把握，难于应付关于特殊需要情况的对待和考虑。[⑧]科层制强调社会关系的非人格性，可实际上的科层制组织不可能完全排除人际关系或者防止这种关系的出现。[⑨]教育领域主要是人——人组成的人际系统。这种系统里主要是在"信任逻辑（logic of confidence）"下运行的，即通过人际的互动，

---

① 韦伯. 经济与社会：上卷 [M]. 林荣远，译. 北京：商务印书馆，1997：248.

② 布劳，梅耶. 现代社会中的科层制 [M]. 马戎，时宪民，邱泽奇，译. 上海：学林出版社，2001：19.

③ 吉登斯. 社会学：第 4 版 [M]. 赵旭东，译. 北京：北京大学出版社，2003：441.

④ 斯格特. 组织理论：理性、自然和开放系统 [M]. 黄洋，李霞，申薇，等译. 北京：华夏出版社，2002：44.

⑤ 约翰逊. 社会学理论 [M]. 南开大学社会学系，译. 北京：国际文化出版社，1988：288.

⑥ 同①.

⑦ 同②21.

⑧ 同③443.

⑨ 同⑤.

建立彼此的"信任"关系，来实现教育目标。因此，纯粹的科层制可能导致信任的流失。

（2）松散结合理论

科层制理论认为，组织既然选择了科层体制的管理模式，必然有很高的效率，但从现实层面来看，却并不是这样。组织所面对的是不断变动的社会环境因素与人的因素，尤其是学校，其中的教师、学生等都在动态发展着。因此，在整个组织中，由于人与环境、人与人的交互作用结果，常会产生不确定因子，这些因子常常影响整个组织的运作。比如，组织中成员的各种不同观点影响着工作，正式组织之外的互动活动也影响着工作，尤其是学校还有许多"模糊"地带，如学校临时出现的一些情况很难单纯归于某一处室负责，学生学习中的一些问题很难找出确定性原因；有些组织内部沟通缺乏、联系不密切，类似于松散结合的状态。此种状态是结构严谨的科层体制所没有的，也是科层体制难以解释说明的。一些组织在表面上拥有科层制特性，然而实质上却并非如此，例如，学校并非完全依循古典行政理论的特质，而是存在另一种松散结合的现象。

因此 20 世纪 70 年代有一群学者，诸如卡尔·E. 韦克（Karl E. Weick）、詹姆斯·G. 马奇（James G. March）、迈克尔·D. 柯恩（Michael D. Cohen）、约翰·W. 梅耶（John W. Meyer）和约翰·P. 奥尔森（John P Olsen）等，开始对相关问题进行研究讨论。其中，韦克根据对组织的研究，提出了松散结合（Loosely Coupled）理论。[①]

第一，什么是松散结合。韦克对松散结合概念进行了分析。他认为，"'松散结合'是各种相互联合事件的反映，但是，每一个事件也都保持自身的独特性，也存在着某些物质或逻辑上的分离"[②]。"松散结合表明，组织中的任何位置都包含着相互依存的因素，这些因素在数量上和依赖程度上是不一样的。

---

① 对于"Loosely Coupled"有不同的翻译，如松散结合、松散联合、松散耦合等。本书译为"松散结合"。

② WEICK K E. Educational organizations as loosely coupled systems[J]. Administrative Science Quarterly, 1976, 21(1): 1-19.

正向功能的同时还说明，正向功能附带负作用。例如，松散结合系统中的各要素有较大的独立性，比紧密结合更容易受到环境的影响，更容易做出反应，这虽然为组织发展提供了敏感的反应机制，但是这种频繁的变化也可能导致组织发展的不稳定。再如，松散结合系统中的某个局部病变虽然容易被隔离，但是却很难修复这种缺陷。[①]其他学者认为，"松散结合的组织，从另一方面看，太难以操纵以至无法有效地回应具备管理知识的工人的需要"[②]。松散结合"可能给管理人员解决问题或进行某些方面的变革带来麻烦"[③]。总之，由于松散结合系统存在负向作用，这些不足将不利于组织改进，需要领导者强化其正向功能，避免其负向作用。

## 2. 交易型与转化型领导理论

交易型与转化型领导理论在本研究中的作用主要是对校长－教师互动行为的影响进行分析，从理论上支撑提升校长－教师互动水平的措施。1978年，伯恩斯在对政治型领导人进行定性分类研究的基础上，提出了交易型（Transactional Leadership）和转化型（Transformational Leadership）两种领导方式。[④]1985年，伯纳德·M. 巴斯（Bernard M. Bass）正式阐述了这两种领导理论。[⑤]

### （1）交易型领导

交易型领导是领导者向成员明确任务要求、角色职责、绩效标准，使成员向着既定目标去活动，根据成员任务完成情况，给予事先约定的奖惩，整

---

① WEICK K E. Educational organizations as loosely coupled systems[J]. Administrative Science Quarterly, 1976, 21(1): 1-19.

② MEYER H D. From "loose coupling" to "tight management"? Making sense of the changing landscape in management and organization theory[J]. Journal of Educational Administration, 2002, 40(6): 515-520.

③ 伯恩鲍姆. 大学运行模式：大学组织与领导的控制系统 [M]. 别敦荣，主译. 青岛：中国海洋大学出版社，2003: 48.

④ 伯恩斯. 领导论 [M]. 常健，孙海云，等译. 北京：中国人民大学出版社，2006: 13-14.

⑤ 对于 "transformational leadership" 有不同翻译，如转化型领导、转换型领导、转型领导、变革型领导等。本书译为 "转化型领导"。

个过程就像是一种交易。这种领导方式"能够清楚地说明下属的角色和任务需求，创建构架，提供合适的奖励"。[①]在交换中，领导者给他们提供报酬、实物、晋升机会、荣誉等，以满足其要求，而成员则以服从领导者的命令，完成所交给的任务作为回报。交易型领导以领导者权力合法性为基础，通过组织的奖惩来影响其成员绩效，强调工作标准和任务导向，重视任务的完成和成员的遵从。

根据伯恩斯的理论，交易型领导行为建立在一个交易过程的基础上，"当一个人为了交换有价值的东西而主动与他人联系时，这种领导就产生了。这种交换在性质上可能是经济的、政治的或心理的：以物易物，或以物换钱"[②]。在这个交换过程中，"交易的双方都会意识到另一方的权力资源和态度"[③]。伯恩斯认为，交易领导的双方围绕一个目的进行讨价还价，这个目的使双方产生了一定范围的、非持续性的联系。这种领导行为"不是那种为共同和不断地追求一种更高目的把领导者和追随者结合在一起的领导行为"[④]。

巴斯则将交易型领导行为分为认知酬劳（cognitive reward）和例外管理（management by exception）两种领导行为，并认为其随着领导者活动水平以及成员与领导者相互作用性质的不同而不同。认知酬劳是指领导和成员间的一种主动、积极的交易，领导者认可成员完成了预期的任务，成员就得到了奖励。这一过程实际是"领导者与成员基于劳动合同进行的交易，当领导认可成员做出的努力及其任务的完成时，就给予承诺的回报"[⑤]。例外管理是指领导者通过关注成员的失误、延期决策、差错发生前避免介入等，与成员进行交易。这种领导行为按照领导者介入时间的不同，分为主动型和被动型。主动型的例外管理领导者，一般在问题发生前，持续监督成员的工作，以防止

① 达夫特，马西克. 管理学原理：原书第 10 版 [M]. 高增安，张璐，马永红，译. 北京：机械工业出版社，2018：271.

② 伯恩斯. 领导论 [M]. 常健，孙海云，等译. 北京：中国人民大学出版社，2006：13.

③ 同②.

④ 同②14.

⑤ BASS B M. From transactional to transformational leadership: Learning to share the vision[J]. Organizational Dynamics, 1990, 18(3): 19-31.

问题的发生。同时，一旦发生问题，立即采取必要的纠正措施，当然也积极搜寻有可能发生的或与预期目标偏离的问题。主动型的领导者在成员开始工作时，就向成员说明具体的标准，并以此标准监督误差。被动型的例外管理领导者，往往在问题已经发生或没有达到规定的标准时，就以批评和责备的方式介入。一般情况下，领导者一直等到任务完成时才对问题进行确认，并以此提醒成员，也往往在错误发生后才说明自己的标准。当成员所做的工作以及所处的环境已不能为成员提供激励、指导和带来满意感时，这种领导行为才具有效率。

（2）转化型领导

转化型领导是让成员意识到所承担任务的重要意义和责任，向他们传递价值观，激发他们的高层次需要，帮助他们发挥最大潜力，使他们追求更高层次的目标并为组织超越个人利益，在领导者与成员之间创造出一种能提高双方动力和品德水准的活动过程。"当一个人或更多人与其它人结合从而使领导者和员工彼此将对方的动机和道德提升到更高的水平时，出现的就是这种领导。"[1] "转型领导者要求其成员将自我利益转化为团队、组织或社会的利益；考虑他们的更长期需求以便自我发展而不仅仅是目前的需求；更清楚什么才是最重要的。因此，成员也被转换成了领导者。"[2]

交易型领导强调"交易"，而转化型领导强调"转变"。通过改变成员价值观，对其潜能开发、智力激励，提升他们的需求层次等，使其从"交易"状态，走向超越自我利益、超越原来努力程度、自动高度投入工作的状态。它基于领导者的魅力、价值、信念等个人品质，吸引成员自愿跟随其干一番事业，而不是通过彼此交易来促使成员完成任务。"他们的权力基础不是以势均力敌的方式联系在一起，而是以相互支持以实现共同目标的方式联系在一起。"[3]

---

① 伯恩斯. 领导论 [M]. 常健，孙海云，等译. 北京: 中国人民大学出版社，2006: 14.

② BASS B M. Bass and Stogdill's handbook of leadership: Theory, research and managerial applications[M]. New York: The Free press, 1990: 53.

③ 同①.

转化型领导者"有能力领导组织在使命、战略、结构和文化等方面的变革,还能够促成产品和技术方面的革新。他们主要依靠无形的因素(如愿景、共同价值观、理念等)来建立良好的人际关系,赋予多样性行为以更多的意义,寻找共同点以便下属参与组织变革"①。转化型领导培育成员的自主性和应对挑战的能力,它对提升成员的工作满意度越来越重要。②

转化型领导强调引导成员改变思维方式,促进自身发展,鼓励完成有价值、能做到的事情,引导实践高的道德标准。③转化型领导对成员的努力程度、满意度和效能都有很大的影响,均比交易型领导的效果更强。④

关于转化型领导构成因素。巴斯认为:"转化型领导是指领导者通过理想化影响(idealized influence)、鼓舞性驱动(inspirational motivation)、智力性激发(intellectual stimulation)、个性化关怀(individualized consideration),使追随者超越个人利益。"⑤即转化型领导行为应包含以下四个维度。

理想化影响是指领导者使用个人魅力及通过呈现组织价值观、使命感等使成员对其产生敬佩、尊重、信任,表示认同,从而影响成员行为。它包括领导者承担风险、考虑个人之外成员的需求以及良好的道德品质。

鼓舞性驱动是指领导者向成员阐明未来组织发展愿景,强化成员对组织目标的认同,提供富有挑战性的工作,明确高标准完成任务的意义,唤起成员快乐生活的乐观激情。⑥

---

① 达夫特,马西克. 管理学原理:原书第 10 版 [M]. 高增安,张璐,马永红,译. 北京:机械工业出版社,2018:271.

② BASS B M. Two decades of research and development in transformational leadership[J]. European Journal of Work and Organizational Psychology, 1999, 8(1): 9-32.

③ BASS B M, AVOLIO B J, JUNG D I, et al. Predicting unit performance by assessing transformational and transactional leadership[J]. Journal of Applied Psychology, 2003, 88(2): 207-218.

④ BASS B M. Bass and Stogdill's handbook of leadership: Theory, research and managerial applications[M]. New York: The Free press, 1990: 53.

⑤ 同②.

⑥ BASS B M. Does the transactional-transformational leadership paradigm transcend organizational and national boundaries?[J]. American Psychologist, 1997, 52(2): 130-139.

智力性激发是指领导者质疑旧的假说、惯例和信念，倡导做事情的新观点、新方法。[①]启发成员从新的角度寻找解决问题的方法与途径，鼓励成员采用崭新的方式完成任务。

个性化关怀是指领导者极富热情地和独特地对待每一个成员，仔细倾听成员的想法，关注成员的个性化需求，诸如友谊、尊重、志向和抱负等需要，从而引导、帮助和促进他们的发展。[②]

有充分的证据显示，转化型领导的每一个构成因素，包括理想化影响、鼓舞性驱动、智力性激发和个性化关怀与工作绩效有紧密的联系，并能预测成员的工作绩效。研究表明，转化型领导"对下属的发展和绩效有着积极的影响"[③]。事实上，转化型领导行为鼓励成员完成较为困难的目标，从全新和多种不同的角度去解决问题，同时促进成员的自我发展。作为领导影响力的一个结果，成员出于对领导的承诺，从发自内心的工作动机出发，根据自身的发展水平以及目标实现和任务完成的潜在意义，加倍努力工作，最终有效实现预期目标。也就是说，转化型领导行为可以通过引导成员超越自我，向成员传递共同的组织价值观，帮助成员达到最高的绩效水平。

## 五、研究设计

首先，确定研究目的，明确达到研究目的要解决的问题，以研究假设形式呈现出主要问题；其次，围绕研究目的和研究假设厘清研究思路，选择研究方法。

研究目的：在校长与教师之间建立有效互动模式，从而提高领导效能，提

---

① BASS B M. Does the transactional-transformational leadership paradigm transcend organizational and national boundaries?[J]. American Psychologist, 1997, 52(2): 130-139.

② 同①.

③ 达夫特，马西克. 管理学原理：原书第 10 版 [M]. 高增安，张璐，马永红，译. 北京：机械工业出版社，2018: 271.

升学生、教师、校长及学校品质。根据领导－成员交换理论中的高低水平交换概念，提升校长与教师之间的互动水平。

为此，要清除校长与教师之间的不良互动，转换不合时宜的互动，优化需要改进的互动。为了解决这些问题，要对校长－教师互动行为进行描述、探究、解释和创设：描述校长与教师之间存在什么样的互动行为，对这种现象进行客观说明，以便较全面、详实地了解这种互动行为；探究互动行为在领导过程中的价值，以及对领导效能的影响，以便明确这种互动行为的功能；解释校长与教师之间为什么存在这样的互动行为，这样的互动行为为什么会对领导效能产生影响，以便从理性上深入认识这种互动行为；创设有意义、有正向功能互动行为的策略，以便通过实施良好的互动来有效实现学校组织目标，满足校长与教师需要等。总之，围绕互动行为是什么、有什么、为什么、做什么进行研究。

研究假设：校长与教师之间存在体制化互动和非体制化互动；体制化互动有利于学校教育教学任务的完成，但是在提升领导效能方面存在局限性；非体制化互动对领导效能提升产生积极正向影响。

为了达成研究目的，解决研究问题，验证研究假设，本研究采用了如下的研究思路和研究方法。

## （一）研究思路

关于校长－教师互动行为研究，在明确了其研究问题的存在性、价值性、学术性和新颖性后，首先要知道校长与教师互动行为的现状是什么，在此基础上才能探索其影响，给出提升建议，本研究正是沿着这一思路设计具体研究内容的。

为了达成研究目的，需要具体解决两大问题：一是中小学校长－教师互动行为现状是什么；二是互动行为对提升领导效能的作用是什么。知道了这些，才有可能发现校长与教师互动中的问题。为此，需要知道通过哪些方面来描述互动行为现象，即互动行为的描述维度；还需要知道领导效能的研究框架，即判断领导效能的指标。

关于互动行为的描述维度和领导效能的判断指标，通过对互动理论、领导效能理论的解读，对互动文献和领导效能文献的研究，对教育特点的揭示，以及对校长与教师的访谈，确定了描述维度和判断指标。可以通过对互动行为的目的、内容、方式、媒介四个方面来描述校长－教师互动行为现象；可以通过对学校目标达成度、教师满意度、教师对组织的态度和行为等指标，来判断领导效能情况。为了确切知道互动对领导效能的具体影响情况和程度，又明确了各指标的具体维度，包括互动行为对教育教学任务完成度、教师满意度、教师组织承诺、教师组织公民行为的影响。上述研究维度的确定过程见第四章和第五章。

根据上述研究思路，确定了以下五章内容。

第一章，校长－教师互动行为研究的总体阐述。主要解决校长－教师互动行为研究问题的相关情况，以此判定研究问题的价值及解决此问题可能性。阐明了研究问题、思路、方法，前期学者们的研究及其核心概念与理论基础，为此后的研究做铺垫。例如，研究问题的提出和意义，以此阐明研究问题的真实性、必须性、学理性等；文献述评，以此建立研究问题的文献基础，说明研究问题的新颖性；核心概念界定，以此确定研究问题的内涵和外延；理论基础，以此奠定研究的学理性和深入性；研究设计，以此建立研究问题的思路、框架和方法等。

第二章，校长－教师互动行为：价值·特征·资源。主要探索互动行为的一些理论问题，目的是为后面的研究做铺垫。首先，阐明了互动行为价值：互动是社会、组织和个体发展的保障，是领导效能发挥的保障，它确保了领导活动任务的完成。其次，阐明互动行为的本质特征和环境特征，强调互动是双方换取对方资源的过程，校长－教师互动所依赖的环境是具有双重系统特征的组织。最后，阐明了互动行为外赋资源与个体内生资源。

第三章，校长－教师互动行为：现象·归类·分析。主要解决实然的具体互动状况问题。运用实证方法，从目的、内容、方式和媒介四个方面对互动行为的具体现象进行描述，并对这些现象进行体制化互动和非体制化互动的归类，阐明它们的概念、特点等，然后对上述描述的现象及归类从理论上进行分析。这部分既有实证研究，也有理论分析。

第四章，校长－教师互动行为对领导效能的影响。主要解决互动产生的作用效应问题。根据前一章呈现出的两种互动行为现象，就其对领导效能的具体影响进行实证性探索和理论性分析。从理论和实证两个视角构建领导效能研究框架：学校目标达成度、教师满意度、教师组织承诺和教师组织公民行为。运用实证方法研究体制化互动对完成教育教学任务的影响，以及非体制化互动对教师满意度、教师组织承诺和教师组织公民行为的影响，然后从理论和实证两方面分析影响的原因。

第五章，校长－教师互动行为水平提升建议。主要解决互动行为水平提升的策略问题。基于前几章的研究，先总结理想的互动模式，据此再基于实证研究判断目前研究的问题，同时对问题产生的原因进行分析，并在分析基础上提出建议。

结语，根据前面几章的阐述，提炼研究结论。然后在此基础上，对后续探索进行展望。

各章节具有严密的逻辑关系：第一章是研究的整体说明，让读者开篇就知道本研究要解决什么问题及如何解决这些问题；第二章是理论阐述，为后续研究提供理论框架、理论解释与理论支撑等。第三章是互动行为现象的具体阐述，基于前两章从四个维度进行现象的实际描述，以及类型的探索和原因的分析。此章还为下一章的影响提供了类型的准备。第四章是互动行为的影响，它是基于之前的理论铺垫和第三章的类型归类进行的研究，此章又为下一章的建议奠定了基础。第五章是提高互动行为水平的建议，由于有了前面的研究基础，这一章解决互动水平提升问题就比较自如了。总之，各章节各有研究目的、研究任务、研究框架与研究范式，但是它们之间相互联系、相互作用。

下面将上述研究思路汇总成研究框架，如图 1-1 所示。

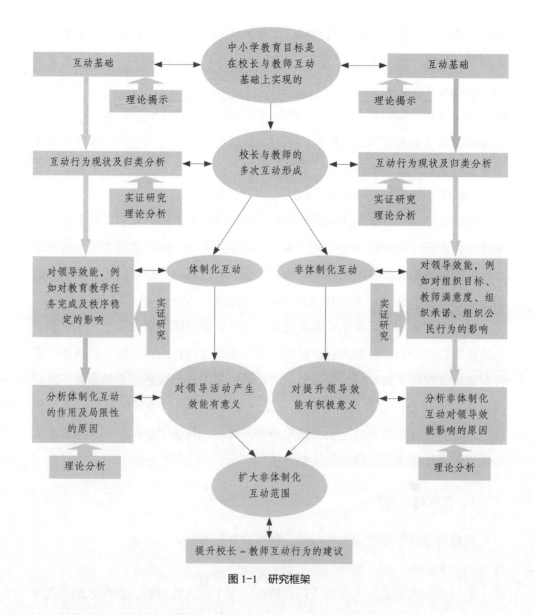

图 1-1 研究框架

## （二）研究方法

根据研究思路中阐述的校长－教师互动行为研究内容，需要理论、文献与政策中的数据，以及现实中的数据支持。所以本研究要采用思辨研究和实证研究两种方法。

思辨研究是指依据从管理现象中提取的抽象概念，借助直觉以及逻辑演绎，对现象、本质及深层次机制进行探索的理论研究方式。思辨研究主要解决的问题：校长－教师互动行为研究什么，为什么要研究这些，本研究主要解决的问题是什么；研究思路与研究框架的设计、研究方式与具体方法的选择、概念界定与理论指导的判定、互动的价值认定、互动特征及资源的理性阐述；互动归类、互动现象与互动影响的理论分析以及提升互动水平的建议等。这些都需要从现象中提取抽象概念，借助洞见以及逻辑演绎来完成。文献法及内容分析法成为本思辨研究的重要方法。

实证研究是指以事实为依据的研究，这种研究强调根据现实资料和数据证实或证伪所提出的假设，是一种"实然"问题的研究。实证研究意味着研究建立在直接观测现实世界的基础上。研究之前，虽然离不开理论概括、推断、臆测等工作，但必须观测现实世界以弄清这些概括、推断、臆测是否符合事实。实证研究主要解决的问题是：互动现象与互动影响研究框架的确定、研究假设的验证，以及他们背后的原因分析等。由于本研究内容的客观性、普遍性和研究对象的主观性、特殊性，需要运用定性研究和定量研究相结合的方式，发挥两种方法的优势，弥补两种方法的不足。定性研究获取数据的主要方法是访谈，定量研究获取数据的主要方法是问卷。所以，访谈法、问卷法及其处理这些数据的方法是本实证研究的主要方法。

### 1. 获取数据方法

获取数据的主要方法是文献法、访谈法和问卷法。

#### （1）文献法

通过文献方式获取大量前人研究资料，基于前人的贡献，较深入地研究本课题。不仅如此，还通过此方法收集、查阅大量国家层面政策文本和学校的制度、合同等。

通过著作、论文、数据库等，研读经典文献，例如互动理论、交换理论、领导理论、组织理论和教育理论。研读近三十年来的领导与成员、校长与教师互动的文献。

收集的制度主要来自国家、教育行政部门颁布的各种有关政策、法律、法规等。还有一部分来自中小学，例如教师聘任合同、校长职责、教学工作细则、班主任工作细则、听课评课制度、监考制度等。

在收集了大量文献资料的基础上，对资料进行筛选、分类、比较、鉴别，从而把握学术动态，为本文形成研究思路、提出思想观点、阐述问题原因及追述事物本质等，奠定了较为充分的理论和事实基础。

（2）访谈法

访谈目的：了解校长与教师互动行为的维度，明确校长与教师互动对领导效能的影响，确定问卷内容；分析互动行为存在的原因及影响，判断互动中的问题及导致问题出现的原因；通过访谈制作互动行为典型案例，借此将读者带入互动现实，从而更切实、更深入地研究互动行为。

访谈主题：校长与教师的互动目的、内容、方式及媒介是什么，它们在中小学的存在状况如何；校长与教师不同类型互动的作用效应是什么，对中小学的领导效能产生什么影响；互动中的问题是什么，如何提升互动水平；中小学领导方式运用情况怎样，其效果如何；什么指标能够衡量领导活动的最终结果。

访谈类型：结构性访谈与非结构性访谈相结合。结构性访谈主要采用半开放型访谈方式，在访谈前研究者和被研究者双方事先约定好时间和地点。根据要获得的信息简单设计一些问题，作为访谈的一种提示。在具体访谈过程中，根据具体情况再对访谈提纲的程序和内容进行灵活调整。非结构性访谈主要采用开放型访谈方式，具体访谈前没有事先约定时间、地点，而是在与对方一起活动时，根据当时情况进行交谈。例如，在研究者授课的课间、课后，就课程的某些内容进行交谈；再如，双方在参加会议的过程中，就会议的一些议题进行交谈；还有，研究者到中小学进行观察时，就某个问题进行交谈。非结构性访谈实施的人数和次数较多，获得的信息较多、较真实，对研究帮助较大。

访谈对象：主要是中小学直接从事教育教学、参与科研的一线教师及具有法定职务的正副校长。这些人员基本是在问卷发放范围，随机选择和有重点选择的访谈对象。由于该研究关注校长与教师互动，选择有一定规模的中小学来研究此问题才比较有代表性，因此重点选择的访谈对象所在的学校都是有

1000 名师生以上的学校。结构性访谈个别访谈了 17 位校长、7 位副校长、55 位中小学教师。还采用了 5 次集体访谈。访谈人员的具体情况见附录 1。

（3）问卷法

问卷调查的目的是大范围了解中小学校长与教师互动行为现象及影响，验证研究假设。问卷作为一种量化方法可以比较具体地呈现互动行为现象的表现程度及实际影响程度。

本研究的问卷制作：

首先，参考了大量中外相关文献，例如，乔治·齐美尔（Georg Simmel）等关于互动的阐述，加里·尤克尔等关于领导效能的论述，赫伯特·A. 西蒙（Herbert A. Simon）等关于组织目标的阐述，罗伯特·赫波克（Robert Hoppock）等关于满意度的研究，霍德华·S. 贝克尔（Howard S. Becker）等关于组织承诺的研究，丹尼斯·W. 奥甘（Dennis W. Organ）等关于组织公民行为的研究。

其次，参考了一些较有影响的问卷，例如格雷恩等的含有七个题目的问卷[1]；菲德勒等的"领导与成员关系量表"[2]；迈克尔·F. 迪保拉（Michael F. DiPaola）等的组织公民行为标度问卷[3]；理查德·T. 莫戴（Richard T. Mowday）等的组织承诺问卷[4]。

再次，对中小学人员进行了相关访谈，在问卷设计之初对中小学校长、教学主任、德育主任、教研组长、年级组织、任课教师等进行了访谈，形成了最初的问卷。在运用最初问卷进行试测之后，发现了一些问题，于是又一次进行

---

[1] GRAEN G B, UHL-BIEN M. Relationship-based approach to leadership: Development of leader-member exchange (LMX) theory of leadership over 25 years: Applying a multi-level multi-domain perspective[J]. The Leadership Quarterly, 1995, 6(2): 219-247.

[2] 菲德勒，加西亚. 领导效能新论 [M]. 何威，兰桦，冯丹龙，等译. 北京：生活·读书·新知三联书店，1989: 70-71.

[3] DIPAOLA M F, TARTER C J, HOY W K. Measuring organizational citizenship of schools: The OCB scale[EB/OL]. (2004-07-23) [2021-12-06]. http://www.coe.ohio-state.edu/.

[4] MOWDAY R T, STEERS R M, PORTER L W. The measurement of organizational commitment[J]. Journal of Vocational Behavior, 1979, 14(2): 224-247.

访谈，在此基础上形成了第二阶段的问卷。然后又一次进行试测，又一次进行访谈，随着访谈的人员数量的增加及深度的加深，问卷也得到了一次又一次的完善，同时问卷也使得访谈更有针对性和深入性。

最后，基于上述研究，编制了中小学《校长－教师互动行为问卷》。该问卷主要包括三大部分：问卷人员基本信息、互动行为现象、互动对领导效能的影响。问卷采用伦西斯·李克特（Rensis Likert）的五点量表，从"完全符合"、"比较符合"、"一般"、"比较不符"到"完全不符"。

本研究的问卷调查对象是中小学工作人员，包括直接从事教学、参与教育教学研究的一线教师及具有法定职务的正副校长等。问卷从东部、中部、西部选择一些省份，然后采取随机抽样的方式确定具体的发放对象：东部选择北京、福建、广东、河北、山东、上海；中部选择河南、吉林、湖南、江西、山西；西部选择广西、内蒙古、宁夏、新疆、重庆。关于问卷发放对象的基本情况见附录2。

问卷共计发放 2400 份，回收问卷 1948 份，有效问卷 1884 份，有效问卷回收率 78.50%。其中由校长填写的问卷有效问卷回收率 80.75%，由教师填写的问卷有效问卷回收率 78.05%。由于对问卷的质量要求高，剔除的无效问卷较多，故有效问卷回收率较低。

### 2. 处理数据方法

本研究在获取数据的同时，及时分析数据。在处理数据时，首先对原始数据进行核实、鉴别，去伪存真，剔除重复、不真实的数据。然后认真阅读原始数据，在阅读时，把自己以前的有关认识暂时悬置起来，让数据说话，在阅读基础上对数据进行集中分类。之后通过比较、鉴别，从中抓住最重要的、与研究内容关系最密切的数据，反复阅读、反复思考，寻找数据的内在意义。

运用内容分析法对著作、论文、政策、制度等各种文本信息所呈现出来的内容进行客观、系统分析，从而完成思辨研究需要做的各种事情。除此之外，对访谈数据和问卷数据的处理是求证假设的主要方法，故下面重点介绍这两种数据的处理方法。

（1）访谈数据的处理

访谈法较问卷调查更灵活，但同时也增加了这种调查过程的随意性。不同被访者的回答是多种多样的，没有统一的答案，这样，对访谈结果的处理和分析就变得比较复杂。由于标准化程度低，难以做定量分析，因此对访谈内容主要采用的是定性分析方法。访谈结论的得出，需要我们在汇总访谈内容时，寻找到访谈者对问题理解存在共性的地方，然后推导出事物与调查问题之间存在的关系。

本研究主要采用情境分析和类别分析来处理访谈数据。情境分析是将访谈数据放置在中小学校长与教师互动情境中，按照事情发生的时空序列，对此现状进行描述性分析，同时根据事情发生的前因后果，探索校长与教师互动现状及问题背后的原因。类别分析是利用编码技术，将访谈相同、相似材料归为一类，然后从中提炼出相应概念。在同一性资料基础上进行同类比较，在不同类资料基础上进行差异比较，使经验资料和理论分析结合在一起，从而诠释、说明相关研究问题。例如，关于互动行为维度、现象、提升等，主要是通过对原始访谈资料的整理和分析，总结出类型、问题、策略等。这些方法对问卷指标的修正与完善也很有价值。

（2）问卷数据的处理

本研究主要采用 SPSS 20.0 软件进行问卷数据的录入与统计分析。

信度（Reliability）和效度（Validity）是反映问卷质量的两个重要指标，于是本研究对问卷进行了信度和效度的检验。

问卷的信度：信度是指问卷调查结果的内部一致性。关于问卷的信度检验，本研究进行了克朗巴哈 $\alpha$ 系数（Cronbach's Alpha）的信度分析（Reliability Statistics）。其中总体问卷、非体制化互动、教师满意度、教师组织承诺、教师组织公民行为部分的信度见表 1-1。

表 1-1    问卷信度分析

|  | 克朗巴哈 $\alpha$ 系数 | 项目数与维度数 |
| --- | --- | --- |
| 总体问卷 | 0.919 | 74（项目） |
| 非体制化互动 | 0.903 | 10（项目） |

续表

|  | 克朗巴哈 $\alpha$ 系数 | 项目数与维度数 |
|---|---|---|
| 教师满意度 | 0.882 | 6（维度） |
| 教师组织承诺 | 0.878 | 4（维度） |
| 教师组织公民行为 | 0.930 | 5（维度） |

按照统计学原理，克朗巴哈 $\alpha$ 系数越高表示问卷的内部一致性越高。一份信度系数好的量表，信度系数最好在 0.9 以上，信度系数在 0.8 以上算是可以接受的范围；在 0.7 以下，就应该对量表或测试进行完善；低于 0.5，则该量表或测试的调查结果可信度低。[①] 上述分析结果显示，总体问卷的克朗巴哈 $\alpha$ 系数在 0.9 以上，说明该问卷具有较高的信度。问卷各部分的克朗巴哈 $\alpha$ 系数在 0.9 或 0.8 以上，说明该问卷具有较好的内部一致性，表明测量的可信程度较大。

问卷的效度：效度是指问卷测量内容的真实性和准确度。关于问卷的效度检验，本研究采用了 KMO 样本测度法和 Bartlett 检验法对问卷的效度进行检验，检验结果如表 1-2 所示。

表 1-2　问卷的 KMO 和 Bartlett 检验

| 取样足够度的 Kaiser-Meyer-Olkin 度量 | | 0.964 |
|---|---|---|
| Bartlett 的球形度检验 | 近似卡方 | 29252.331 |
|  | $df$ | 1770 |
|  | $P$ | 0.000 |

按照统计学原理，KMO 值是用于比较变量间简单相关系数和偏相关系数的指标，当 $KMO > 0.9$ 时，采用因子分析的效果最佳；当 $0.9 > KMO > 0.7$ 时，适合采用因子分析；当 $0.7 > KMO > 0.5$ 时，则不太适合采用因子分析；当 $KMO < 0.5$ 时，则不宜采用因子分析。此外，当 Bartlett 检验的统计量达

---

① 杜强，贾丽艳. SPSS 统计分析从入门到精通 [M]. 北京：人们邮电出版社，2011：255.

到显著性水平时（$P < 0.05$），则表明原有变量适合进行因子分析。[①] 根据表 1-2 的检验结果表明，问卷的 KMO 值为 0.964，大于 0.9，说明样本适合做因子分析；其 Bartlett 检验的统计量达到显著性水平为 0.000，小于 0.01，说明该量表有较好的效度。

在数据处理上，采取定性与定量分析相结合的方式。问卷调查的数据以定量分析方法为主。采用 SPSS 20.0 统计软件进行相关分析。

第三章和第四章，在进行互动现象和影响的研究时，还运用了频数分析（Frequencies）、相关分析（Correlate）、回归分析（Regression）等，根据这些分析描述校长－教师互动行为现象，明确互动对领导效能是否存在影响、存在什么程度的影响等。

## 本章小结

这一章主要对本研究的相关内容进行了阐明。

第一，明确了校长－教师互动行为作为研究问题的真实性与客观性，说明了本研究是实践改善与提升的需要，是理论构建与丰富的需要。还阐明了研究问题的实践与理论意义。

第二，综述了校长－教师互动研究现状并对其进行了简评。文献研究表明，关于校长－教师互动行为的研究虽然有一些，但是其研究是不充分的，所以中小学校长与教师互动行为的研究显得更有必要。

第三，界定了互动行为和领导效能两个核心概念。互动就是行动者对其他行动者的行为做出反应的过程；领导效能是领导活动及其构成要素蕴含的功能及其产生的效用。

第四，明晰了研究的理论基础。从交换视角阐述了互动理论，还阐述了科层制理论与松散结合理论、交易理论与转化型领导理论的主要观点，明确了这些理论在研究中的作用。

---

[①]　杜强，贾丽艳. SPSS 统计分析从入门到精通 [M]. 北京：人民邮电出版社，2011：255.

　　第五，阐明了研究思路，包括研究假设、研究框架等，阐述了各章解决的问题及其逻辑关系。阐明了思辨研究和实证研究要解决的问题，对研究中使用的主要方法，包括数据收集方法和数据处理方法等进行了说明。

# 第二章
# 校长－教师互动行为：
# 价值·特征·资源

本章主要阐明校长－教师互动行为对社会、组织和个体发展的价值，阐明互动的本质特征及互动赖以依托的环境特征，阐明双方互动所运用的内外资源。本章的内容为后面的研究起到理论铺垫的作用。

# 一、校长－教师互动行为价值

校长与教师一定要实施互动吗？回答是肯定的。那是什么原因决定了这种肯定回答？这里从互动对群体与个体发展的意义，以及互动对领导效能发挥的作用来解释这个问题。

## （一）互动是群体与个体发展的保障

这里先从互动对社会与组织发展的价值探索开始，然后逐步揭示互动对个体、对校长与教师发展的意义。

### 1. 互动是社会与组织发展的保障

互动是日常生活中最基本、最普遍的现象。在日常生活中，个人的大部分行为都与他人发生着联系，如上班时的衣着、遇到熟人打招呼、与朋友交谈等，这些行为都指向他人，行动者也希望别人做出相应的反应。即使没有他人在场，我们的许多行为也与别人相关，如回忆刚才遇到的事情、体会别人的评价、计划以后的工作等。这种交往过程就是互动，"任何的社会活动都是互动的"[①]，"社会指的是人们之间彼此互动的模式"[②]，互动是社会、组织发展的保障。

#### （1）互动是社会形成与成长的保障

互动在社会形成及其发展过程中起着至关重要的作用。马克思说过："社

① 屈锡华. 管理社会学 [M]. 成都：电子科技大学出版社，2005：204-205.
② 约翰逊. 社会学理论 [M]. 南开大学社会学系，译. 北京：国际文化出版公司，1988：314.

会——不管其形式如何——究竟是什么呢？是人们交互作用的产物。"[①] 学者们认为："只有通过个人与他人相互作用这种形式，社会才可能存在。……社会仅仅是为靠互动联系起来的一群人取的名字。"[②] "社会是由人们相互间互动过程实现的，它不仅包含着真实具体的个人行为，也表现为具有同样真实具体性的社会互动形式，是两个方面的统一，并可称为内容与形式的统一。"[③] "社会不单纯是构成社会的人们的组合，另外还存在着一些相互间互动的模式，人们可藉这些互动模式联系起来并相互发生影响。""社会现实是由人们相互间互动过程的现实构成的。""在任何时候，任何地方，只要有一些人通过互动和相互影响而发生联系，社会就（在某种程度上）存在着。"[④] 所以，互动是社会形成的条件，是社会存在和发展的基础，"正是在人们的互动过程中，形成各种社会关系，组成社会网络，结成社会群体，进而形成复杂的社会结构。社会互动也是社会结构变化的重要动力，人们通过社会互动建构着处于变动中的社会"[⑤]。

不仅如此，"人与人之间的互动也是行动者进行社会行动的必要条件"[⑥]。正是有了互动，社会中的个体行动才具有了意义。社会由个体行动组成，这些行动由两个不可分割的要素组成：一个是行动内容，即"一种利益、目的或动机"；另一个是"个体之间互动的形式或模式，通过这种形式或模式，或者在其形塑之下，行动的内容获得了社会现实的地位"[⑦]。

（2）互动是组织产生与成长的保障

社会系统学派的代表人物切斯特·I. 巴纳德（Chester I. Barnard）认为，

---

① 马克思，恩格斯. 马克思恩格斯全集：第二十七卷 [M]. 中共中央马克思恩格斯列宁斯大林著作编译局，译. 北京：人民出版社，1972：477.

② 肯顿. 行为互动：小范围相遇中的行为模式 [M]. 张凯，译. 北京：社会科学文献出版社，2001：22.

③ 刘少杰. 国外社会学理论 [M]. 北京：高等教育出版社，2006：78.

④ 约翰逊. 社会学理论 [M]. 南开大学社会学系，译. 北京：国际文化出版公司，1988：321.

⑤ 郑杭生. 社会学概论新修 [M]. 4 版. 北京：中国人民大学出版社，2013：135.

⑥ 高宣扬. 当代社会理论：上 [M]. 北京：中国人民大学出版社，2005：437.

⑦ SIMMEL G. How is society possible?[M] //WOLFF K H. Georg Simmel, 1858-1918. Ohio State University Press, 1959: 337.

组织就是有意识地对人的活动或力量进行协调的系统，是由两个及以上的人的合作组成的体系，而这种合作是由互动作用产生的，是人们相互作用的系统，"正是相互作用系统构成了合作系统意义上的'群体'这一概念的基础"①。通过互动，把有相同意愿的人联系在一起，并且相互发生影响，这样组织就出现了。所以，组织是通过人们的互动形成的，是人们相互作用的产物，是互动关系的网络。正是在互动基础上，人们才能一层层地建筑起整个组织，人与人之间的互动是组织存在和发展的要求，是组织实施其活动的必要条件，各种人际互动形式是构成组织结构的基本材料。

互动也是个体走向群体、个体与群体联结的中介，是个人成为组织一员、融入整个组织的唯一途径。组织中的人们处于相互作用、相互决定、相互促进的状态，任何一方的发展都离不开对方，都必须将对方的发展纳入自己的发展之中，这些都是在互动中实现的。通过互动，参与者了解了对方的文化、价值观念、行为方式等，所以，互动是组织文化、规范、价值传递的方式。通过互动，组织成员具有了某种程度的共享意识，共同建构、分享、遵守了一些规则，所以互动还是组织秩序形成的要求。

### 2. 互动是个体发展的保障

互动不仅对社会和组织发展产生了重要作用，它也是个体发展不可或缺的因素。它是个体形成自我与社会化，以及获取发展资源的保障。

#### （1）互动是个体形成自我与社会化的保障

互动不仅形成了社会与组织，互动还产生了自我。"是互动产生了自我，……自我必须在社会过程中、在交际中才能得到解释。"②"个人在与他人的互动过程中形成'自我'的意识，想象中他人对自己行动的反应，成了自我

---

① 巴纳德. 经理人员的职能：珍藏版 [M]. 王永贵，译. 北京：机械工业出版社，2013：54.

② 肯顿. 行为互动：小范围相遇中的行为模式 [M]. 张凯，译. 北京：社会科学文献出版社，2001：23.

感的来源。"① "社会互动也是个体自我观念形成和人格发展的过程。"②

另外，互动促进了个体的社会化。人的社会关系必须通过互动才能形成，无论是个人的社会化，还是社会角色的扮演，都是以互动为基础的。"社会互动以这样或那样的形式，构成了人类存在的主要部分。可以说，社会互动是个人与个人、个人与群体、群体与群体沟通连接的纽带，也是理解人类社会的一把钥匙。"③ 互动使个人进入了社会，成为社会中的一员，把自己与社会牢牢地联系起来。不仅如此，互动使人的社会丰富多彩。个人在与他人、与群体、与社会互动时产生轻松、紧张、快乐、郁闷，幸福、痛苦等。"我们所面临的一些主要难题以及我们感受到的最大的快乐和最痛苦的挫折，都是与一系列的社会接触和社会关系密切关联着的，我们个人的生活正是通过这些接触和社会关系才呈现出丰富多彩的景象的。"④ "个人需要的满足和幸福的实现依赖于他人，是在与他人的社会互动中实现的。"⑤

## （2）互动是个体发展资源获取的保障

校长与教师来到学校，从组织角度说，是为了达成学校目标；从个体角度说，是为了满足自身需要，获得更好的发展。满足需要与获得发展都离不开资源，所以他们都渴望得到更多的资源，而双方的互动可以解决这一问题。

在中小学，虽然领导体制规定了校长、党支部和教职工的各自权力，且三者互相联系、互相依存，缺一不可，但是在实践过程中，校长的权力地位是毋庸置疑的，中国特有的传统文化以及中小学校长的行政身份又强化了校长的权力地位。校长的权力无疑是教师们获得自身发展不可或缺的资源，校长手中的权力规定着教师需求满足的条件与要求，决定着教师的努力方向和付出的品质，这使得教师对这种权力的认可及期望程度较高。"校长拥有行政职务所带

---

① 肯顿. 行为互动：小范围相遇中的行为模式 [M]. 张凯，译. 北京：社会科学文献出版社，2001：22.
② 郑杭生. 社会学概论新修 [M]. 4 版. 北京：中国人民大学出版社，2013：135.
③ 同②.
④ 约翰逊. 社会学理论 [M]. 南开大学社会学系，译. 北京：国际文化出版公司，1988：312-313.
⑤ 童星. 现代社会学理论新编 [M]. 南京：南京大学出版社，2003：108.

来的权力，他们还拥有实施奖惩诸如给人晋升和提名的权力。"[1] 教师形成了一些概念，要想在学校有更好的发展，必须与校长搞好关系，必须自觉地服从校长，必须对校长认可的事情有较大的贡献，否则难以成功。这使得教师对校长的权力具有巨大的渴望。

校长负责制虽然赋予了校长在学校的权力地位，但是学校作为一个培养人的地方，广大教师是掌握教育教学知识、技术的专业人员，他们实际是教育教学的内在领导者，因为任何先进的教育思想都要由教师去贯彻，适切的教育内容都要由教师去体现，有效的教育方法都要由教师去实施，现代的教育手段都要由教师去操作。总之，教师是教育改革、教育发展和教育教学实践的主体和关键，校长的理念、教育措施等都要通过教师来具体实施。教师专业化的发展，对提高教师地位和使其拥有更多工作控制权奠定了基础。[2] "教师倾向于认为，他们在教与学的过程中具有主宰权，因为他们掌握某一特定领域的专门学问。"[3] 这说明在中小学，教师的教育教学知识、技术等是组织任务实现的一个核心资源。这使得校长在实现组织目标的过程中，对教师的知识、技能等资源也非常需要。

双方都发现对方拥有自己实现目标所需的资源，对其自身利益的追求必然驱使他与其他行动者进行某种互动。[4] 校长虽然具有强制性力度的职权，但是"校长仍需要有教职工的合作才能保证有效的学校管理"[5]。校长必须依靠手中资源吸引教师与之互动，"权力的行使者从他们的权力基础中汲取资源"[6]。教师虽然有专业知识与技术，但是这些知识与技术必须被使用后才能发挥作用。教师必须依靠自己的教育教学知识、技术吸引校长与之互动，从而从中汲取资源。

① 布什. 当代西方教育管理模式 [M]. 强海燕，主译. 南京：南京师范大学出版社，1998：125.
② 霍伊，米斯克尔. 教育管理学：理论·研究·实践：第 7 版 [M]. 范国睿，主译. 北京：教育科学出版社，2007：115.
③ 汉森. 教育管理与组织行为：第五版 [M]. 冯大鸣，译. 上海：上海教育出版社，2005：116.
④ 科尔曼. 社会理论的基础：上 [M]. 邓方，译. 北京：社会科学文献出版社，2008：29.
⑤ 同 ①.
⑥ 伯恩斯. 领导论 [M]. 常健，孙海云，等译. 北京：中国人民大学出版社，2006：11.

实际上双方对对方的资源渴望不仅仅是职权与专业知识、技术等，对方的感情、尊重、信任、友谊、服从、赞扬、社会资本等都是双方相互吸引的资源。霍尔概括了校长与教师用于相互吸引的一些资源，有利于校长与教师相互吸引的"商品"或"奖赏"：物质资源；晋升；对教职工的尊重；受优待教师获得工作自主权；在执行规章时，对某些教师手下留情。对校长来说仍是很重要的"商品"：尊重校长；支持校长的目标；形成舆论，从而影响其他教职工对校长的支持；与校长制定的原则保持一致；名誉，如考试的成功、比赛的胜利和参加社区活动等，可以提高学校乃至校长的知名度。[①]

校长与教师的互动行为都不是盲目的，而是有着强烈目的性的行为。当他们发现实现自己目标的资源由对方掌控着，而他们对这些资源又具有很大的依赖性时，他们就采取了互动中的交换方式，把对方的资源运用于实现自己目标、达成自己利益需要之中。"个体之所以相互交往，是因为他们都从他们的交往中得到了某些东西。"[②]通过互动，每一方都提供另一方所不拥有、但又需要并认为有价值的东西，在给予的同时得到自己所需要的东西，以此相互满足，体现交换的价值。通过占有对方的优势，同时也扩展自己的优势，获得了额外效用，最大化了双方的利益。于是，校长与教师之间的互动行为不可避免地发生了，而且这种互动行为会不断进行下去。

## （二）互动是领导活动产生效能的保障

本研究要设法通过建立校长与教师的良好互动来有效地提升学校领导效能，所以研究假设之一是，校长－教师互动可以促使领导效能发挥，可以提升领导效能，在第四章会验证这一假设，本章先阐述这一假设提出的理性思考。教育目标的达成是在领导活动的实施过程中实现的。领导活动是领导者和成员的相互影响过程，教育工作的思想性特征又强化了这种相互影响。所以，校长与教师都要参与到领导活动中来，都要设法让领导活动发挥应有的功能，

---

① 布什. 当代西方教育管理模式 [M]. 强海燕，主译. 南京：南京师范大学出版社，1998：125.

② 布劳. 社会生活中的交换与权力 [M]. 孙非，张黎勤，译. 北京：华夏出版社，1988：17.

互动就是促使效能产生的措施。互动有利于领导活动任务的完成，这是由其内在特点决定的。

### 1. 互动对领导活动任务完成的价值

领导活动要产生效能，重要的是完成领导活动的任务。领导活动的任务一是实现组织目标，二是满足个人需要。互动有助于领导任务的完成。

需要理论表明，作为个体的人有多种需要，诸如生理需要、安全需要、归属与爱的需要、自尊需要、自我实现需要、友谊需要、权力需要、成就需要等。人的多元化需要无法单纯通过个体满足和实现。因为，人的需要的实现既有各自独立性，又有相互依存性，尤其是人的社会性需要，例如，尊重需要、自我实现需要、权力需要、友谊需要等，具有对他人的较大依存性。这种相互依存性需要在群体中得以实现，而具有组织性的群体能够有效实现这种需要。社会发展也只有在组织中才能得以实现。个体的需要及其社会的发展都表明，必须形成组织，通过组织的力量来满足和达成。

由此我们看到了组织存在的意义，也看到了组织的使命。巴纳德的组织理论表明，作为协作系统的组织能够继续存在下去，"就必须能够在实现组织目标方面是有效果的，而在满足个人动机方面是有效率的"[①]。必须能够实现组织目标和满足个人需要。组织的使命是通过其中的领导与成员的互动实现的，中小学作为社会中的组织之一，其领导活动也是为了实现学校组织目标和满足教师个体需要，这两大任务的完成是在参与领导活动的人员的互动中实现的，即主要是在校长与教师的互动活动中实现的。

培养德智体美劳全面发展的社会主义事业建设者和接班人——这个目标使得校长与教师来到了中小学这个组织中，且在学校里构成了一个有机整体；正是有了共同认同的目标，他们相互之间才有了协作行为，相互依存，共同为了这个目标而努力工作。从这个角度来说，他们具有共同的信念、共同的事业、共同的

---

① 巴纳德. 经理人员的职能: 珍藏版 [M]. 王永贵，译. 北京：机械工业出版社，2013: 30 周年版导言，XLVI.

行为基础，但这只是事物的一个方面，事物的另一方面是他们还具有差异性。

巴纳德认为："参加组织的每个人具有双重人格：组织人格和个人人格。"[①]从共同合作实现组织目标角度看，是组织人格；从组织施加的负担和给予的利益角度看，是个人人格。由于组织成员的这种个人人格的客观存在性，使得他们的行为并非始终都是沿着组织目标的方向前进的。赫伯特·A.西蒙（Herbert A. Simon）认为："个人也会理智地提出个人目标，它可能不完全与组织目标保持协调一致，常常还会与组织目标背道而驰。组织中的个体和群体往往会争夺权力来实现各自的目标，维持各自的组织观点。"[②]这说明，在组织中既存在组织目标，又存在个人目标，即个体需要的集合，二者并不完全一致，这使得组织中存在各种各样的问题和利益冲突。"比较而言，个人动机必然是内在的、个人的、主观的事物；而共同目的则必然是外在的、非个人的、客观的事物。"[③]领导就是要协调好组织目标与个人目标的关系，使两者相互满足，克服相互冲突的问题。领导者可以通过互动获取这些问题和利益冲突的现实状况，再通过各种互动活动来解决这些问题和协调这些利益冲突。"互动的形式是各种利益或目标赖以实现的特有手段。"[④]

校长与教师虽然同属于一个组织，对外具有共同利益，但是就组织内部来说，在组织雇佣条件下，由于他们利益上的不一致，导致他们分属于两个不同的利益主体，他们在身份、任务、利益等问题上是不同的。虽然校长作为个体的人也会有个人目标、个人利益、个人动机，尤其当他在与他的上级互动时，个人目标就会表现出来，但是当他作为一校之主与教师互动时，他是上一层级组织的代表者，他是雇佣方，代表的是组织，即雇佣方的利益，教师则是被雇佣的一方，代表个体的利益；校长的任务是实现组织目标，促进组织发展，教师的目标是满足个体需要，促进自身发展；校长追求的是组织利益最大化，而教师追求的是个体利益最大化。虽然组织目标是基于个人需要的集成，二者在

---

① 巴纳德. 经理人员的职能：珍藏版 [M]. 王永贵，译. 北京：机械工业出版社，2013：67.
② 西蒙. 管理行为 [M]. 詹正茂，译. 北京：机械工业出版社，2013：84.
③ 同①.
④ 约翰逊. 社会学理论 [M]. 南开大学社会学系，译. 北京：国际文化出版公司，1988：323.

大的方向上一致，但是在具体内容、形式和实施过程中却存在差异。"在许多组织中，组织目的的实现本身是许多个人满足的源泉，是个人的一个动机。虽然这种情况完全有可能存在，但一般很少。"[①] 这种情况下双方各自的目标对对方来说都是外在的、个人的、主观的，要想让对方将自己的追求作为自身的内在追求去努力，就必须通过与对方的互动来达到。

校长是学校的领导者，教师是成员，这一点是确定无疑的。中小学作为培养人才的部门，教师作为培养人才的教育者、引领者，他们不能仅仅满足于成为其中的一员，还必须以领导者的角色参与其中、完全融入这个组织，他们必须要了解、认同这个组织的价值观、理念、规范、行为方式等。校长虽然是领导者，但是教育工作的思想性、个体行为的有限性及教师参与管理的内在性，使得校长也要接受教师的影响。而这些都是通过校长与教师之间的相互沟通、互动影响实现的，通过这些互动使双方达成共识，使双方追求组织目标的达成，在追求中满足各自的利益，所以互动是领导活动任务完成的重要保障。

### 2. 互动对领导活动产生价值的分析

领导活动是"领导者诱导追随者为了某些特定的目标而行动的过程"[②]。领导是一个人对其他人施加有意识的影响，去指导一个团体或组织中的活动并建构和促进它们的关系的活动。[③] 由此看到领导活动主要是人与人之间的活动，是领导者与被领导者之间的相互影响行为，任何领导活动都是在人们相互间的运动过程中实现的。互动作为领导活动完成任务、达成目标的手段，是由领导活动的特点决定的，领导活动具有间接性、借助性与依赖性等特点。

首先，领导活动的间接性。校长与教师在达成各自目标的过程中走过的路径是：校长—个人需要—组织目标；教师—组织目标—个人需要。即在校长与组织（学校）目标之间、教师与个人需要之间都不存在直接的联系，校长和教

---

① 巴纳德. 经理人员的职能: 珍藏版 [M]. 王永贵, 译. 北京: 机械工业出版社, 2013: 67.

② 伯恩斯. 领导论 [M]. 常健, 孙海云, 等译. 北京: 中国人民大学出版社, 2006: 13.

③ 尤克尔. 组织领导学: 第五版 [M]. 陶文昭, 译. 北京: 中国人民大学出版社, 2004: 4.

师各自都无法脱离对方的需求直接实现各自的目标，不存在仅凭个人的努力就能直接实现目标的可能性。领导过程的这种间接性，使得校长必须通过满足教师需要来实现组织目标。对于校长来说，满足教师的个人需要是实现组织目标的手段。校长实现组织目标的程度既取决于自身的决策和指挥，更取决于教师的工作和努力程度，而教师的工作和努力程度又取决于其个人需要的满足程度。对教师也同样如此，个人需要是借助于校长对学校组织目标的有效实现来获取的，其个人需要的满足程度取决于学校组织目标的实现程度。

其次，领导活动的借助性。校长与教师在达成各自目标的过程中是借助于对方的力量来实现的，即具有如下特点：校长—教师—实现组织目标；教师—校长—满足个人需要。校长实施的领导活动是借助于教师的工作进行的，是通过别人的努力来完成任务。校长以其自身努力作为一种"投入"，而"产出"却表现为教师的行为。校长实现组织目标的有效程度，更多地体现为教师的行为效率。斯蒂芬·P. 罗宾斯（Stephen P. Robbins）认为，"领导是指影响团队来实现组织目标的过程"[1]。所以，领导通过组织成员工作，使目标得以实现。同样，教师的个人需求也不是仅仅通过自身的努力就可以直接满足的，与其需要相连的并不只是个人在工作中具体创造了什么，而是所完成的任务在质量、数量和效率等方面是否被校长认可，是否符合组织目标和学校提出的规范要求，是否纳入了校长工作需要的范围。

再次，领导活动的依赖性。依赖性是互动的一个具有本质规定性的特点，是否存在相互依赖是判断能否构成互动的基本条件。"依赖性是任何社群关系中构成交换的有机组成部分。……如果没有依赖性的话，就没有理由进行交换。"[2] 如果只是形式上的互动而彼此间不存在依赖关系，双方交往的互动行为实质上彼此独立，这样的互动只是假互动。领导活动实现目标的手段之一是缩小个体目标与组织目标的差距，要做到这一点，双方的互动必须建立在密切而有实质性的依赖基础之上，如果双方在领导过程中互不干涉、独立行事，永

① 罗宾斯，库尔特. 管理学：第 13 版 [M]. 刘刚，等译. 北京：中国人民大学出版社，2017：464.
② 布什. 当代西方教育管理模式 [M]. 强海燕，主译. 南京：南京师范大学出版社，1998：124.

远不可能实现领导过程的目标，这样的领导活动就失去了真正的意义。实际上领导者与被领导者彼此互相依赖对方资源，就像罗伯特·伯恩鲍姆（Robert Birnbaum）所言：领导者向人们提供人们所需要的服务，人们就用赞美和顺从回报领导者的需要。实际上，人们是以牺牲自己的自主性，接受领导者的权威性，来获得领导者所能提供的报酬和利益（社会赞扬、经济利益、有利的竞争条件）。诸如被领导者依赖于领导者一样，领导者同时也依赖于被领导者。"如果领导者通过其办事机关和自身品质，能够满足人们对报酬的期望，并能合理分配报酬，那么，领导者的权力就能不断增强，反之，其权力就会丧失。"①

最后，由于领导活动的间接性、借助性与依赖性，他们"对能够使其利益获得满足的各种活动并没有实现完全控制，他们发现部分使其获利的活动处于其他行动者的控制之下"②。因此，校长与教师双方为了达成各自目标，必须通过与对方的互动来完成，互动是双方实现自身利益最大化的基础，这就是互动存在的根本原因。

## 二、校长 – 教师互动行为特征

校长与教师互动是双方对对方行为做出的反应过程，这是双方基于对彼此行动意义的理解而发生的相互依赖、相互作用、相互影响的过程。这个过程固有的特征是什么？这一过程的核心特征是什么？它在什么环境中进行？这个环境的特征又是什么？这些都是研究校长 – 教师互动必须揭示的问题，这里予以探讨。

### （一）校长 – 教师互动行为的本质特征

霍曼斯把社会行为看作一种交换，把互动也看作一种交换，一种商品交

---

① 伯恩鲍姆. 大学运行模式：大学组织与领导的控制系统 [M]. 别敦荣，主译. 青岛：中国海洋大学出版社，2003：23.

② 科尔曼. 社会理论的基础：上 [M]. 邓方，译. 北京：社会科学文献出版社，2008：29.

换，"人们之间的互动是一种关于商品、物质与非物质的交换"[①]。按照霍曼斯的观点，所有的人类的互动行为都是交换，不仅仅在市场中有交换行为，在社会中的各个领域都存在交换。实际上，"在社会生活中，人们以相互交换方式对别人采取行动，或对别人的行动做出回应"[②]。"所有的互动都牵涉到个人之间交换报酬（或惩罚）和寻求利益的行为。"[③] 所以，"社会互动的本质就是交换关系"[④]。校长－教师互动是社会互动中的一种，其本质特征也是一种交换。为了进一步揭示这一特征，需要对交换的主要内涵、主要内容、主要原则进行阐述。

### 1. 交换的主要内涵

关于交换，许多学者从各自的研究角度给出了不同的定义。布劳认为："'社会交换'——当该术语在这儿加以使用时——指的是这样一些人的自愿行动，这些人的动力是由于他们期望从别人那儿得到的并且一般也确实从别人那儿得到了的回报。"[⑤] 韦伯认为："任何建立在形式上自愿达成协议提供的不管什么形式的现实的、持续的、当前的和未来的有用效益，以换取同样不管什么形式的报偿，姑且在最广义上称之为交换。"[⑥] 迈克尔·E. 罗洛夫（Michael E. Roloff）认为："社会交换是甲方自愿地将资源转移给乙方，以换取另一资源。"[⑦]

《辞海》上认为，交换就是"互相以自己的给对方"[⑧]。国内一些学者认为："交换是指不同行动者之间彼此通过转让自己所有物而获得对方所有物的行

① HOMANS G C. Social behavior as exchange[J]. American Journal of Sociology, 1958, 63(6): 597-606.

② 朱力. 社会学原理 [M]. 北京：社会科学文献出版社，2003: 31.

③ 特纳. 社会学理论的结构：第 7 版 [M]. 邱泽奇，张茂元，等译. 北京：华夏出版社，2006: 271.

④ 童星. 现代社会学理论新编 [M]. 南京：南京大学出版社，2003: 108.

⑤ 布劳. 社会生活中的交换与权力 [M]. 孙非，张黎勤，译. 北京：华夏出版社，1988: 108.

⑥ 韦伯. 经济与社会：上卷 [M]. 林荣远，译. 北京：商务印书馆，1997: 94.

⑦ 罗洛夫. 人际传播：社会交换论 [M]. 王龙江，译. 上海：上海译文出版社，1991: 21.

⑧ 辞海编辑委员会. 辞海（1989 年版，缩印本）[M]. 上海：上海辞书出版社，1990: 396.

动。"① "交换是指在一定的规则下，行为者为了获得回报而行动、并获得回报的社会互动形式。换言之，交换是不同行为者之间彼此通过转让自己所有物而获得对方所有物的行动。"②

总之，交换是指互动双方相互换取对方资源的过程。当个人或群体与对方采取某种方式进行彼此交换时，就形成了交换关系，这是一种既有付出又有回报的关系。

交换有四个要素：（1）目标，即行动者事先设想的结果；（2）付出，即行动者向交换对象提供某种行动或通过行动传递某种实物或其他东西；（3）回报，即行动者接受自己付出行动的酬答，这种酬答有可能是一种行动，也可能是某种实物或其他东西；（4）效益，即目标与回报的一致程度，付出与回报的价值比较。当四个要素发生作用时，即完成一个交换周期。③

交换具有三个基本特征：（1）交换双方必须拥有对方希望拥有的多余的资源。如果一方拥有对方需要的资源，而另一方没有，交换就无法进行。双方都把自己的多余资源出让给对方，以便从对方处获得自己缺少的其他资源。（2）交换的进行通常采取自愿原则。交换双方资源的转移是为了满足彼此的需要，这种转让有时会立即得到对方的回报，有时会隔一段时间。但双方在得到对方的资源后，都必须将自己的多余资源转让出去作为回报。（3）交换双方必须保持交换资源价值对等。要使交换进行下去，回报的资源应尽可能与得到的资源的价值相近。给予别人的人试图从他人身上得到很多利益，而从别人身上得到很多的人则承受着给予他们很多的压力。这种影响的过程往往在交易中达到平衡。④ 如果付出的资源与得到的资源的价值相去甚远，就会妨碍交换的顺利进行，甚至可能使交换中断。⑤

① 陈成文. 社会学 [M]. 长沙：湖南师范大学出版社，2005：218.

② 赵绍成，黄宗凯. 社会学 [M]. 成都：西南交通大学出版社，2006：132-133.

③ 刘杰，徐祥运. 社会学概论 [M]. 大连：东北财经大学出版社，2005：156.

④ HOMANS G C. Social behavior as exchange[J]. American Journal of Sociology, 1958, 63(6): 597-606.

⑤ 张友琴，童敏，欧阳马田. 社会学概论 [M]. 北京：科学出版社，2000：116.

　　交换是互动的形式。互动是通过彼此的交换实现的，即在互动中人们相互运动、相互作用，运动、作用的过程及其内容便是彼此的交换过程。在人类社会生活中最为突出、最基本的互动形式之一是交换。"社会互动作为一个整体总是采取交换的形式。"[①] 布劳更是描述了社会互动中的交换形式："社会交换这个概念一旦使我们对它敏感起来，我们就到处都能看到它，不仅在市场关系中而且在友谊中，甚至（如我们看到的那样）在爱情中，以及在这些以亲密性形式出现的极端之间的多种社会关系中。邻居们交换恩惠；儿童们交换玩具；同事们交换帮助；熟人们交换礼貌；政治家们交换让步；讨论者们交换观点；家庭主妇们交换烹饪诀窍。"[②] 中小学作为社会中的组织，校长与教师作为社会中的人，其交换也是校长－教师互动的主要形式。

　　交换是互动目的的实现方式。人们实施互动，是基于资源的需要。当一个人的某种需求想要得到满足时，而自己又没有相应的资源，最简便的方式就是通过交换来实现。交换是由社会资源拥有的差异引起的，个人的资源是有限的，人们不可能拥有自己所需要的全部资源，如果人们能够拥有这些资源，就不需要与他人交换了。但事实上人们不可能完全自给自足，"为了有所获取当然需要有所支出，人们正是通过'支付—回报—再支付—再回报'"[③] 这样的交换来实现自身的生存与发展。"在社会中有的人拥有这种东西而别人拥有那种东西。在交换中，双方都以自己的东西为手段，以对方的东西为目的，因而交换是一种使双方都受益的行动。"[④] 因为通过交换在实现了自身生存与发展的同时也使他人达到了同样的目的，从而使社会和组织处于一种良性发展过程。"个体在社会互动中得到的收益取决于个体向其他人提供的利益。为了得到利益，必须有一个交换过程，这个交换过程本质上是社会性、互动性的。"[⑤] "社

① 高宣扬. 当代社会理论：上 [M]. 北京：中国人民大学出版社，2005：446.

② 布劳. 社会生活中的交换与权力 [M]. 孙非，张黎勤，译. 北京：华夏出版社，1988：104-105.

③ 朱力，肖萍，翟进. 社会学原理 [M]. 北京：社会科学文献出版社，2003：36.

④ 陈成文. 社会学 [M]. 长沙；湖南师范大学出版社，2005：218.

⑤ 沃特斯. 现代社会学理论 [M]. 杨善华，等译. 北京：华夏出版社，2000：74.

会互动的主体总是为了实现交换、为有所得而进行互动的。"①

　　校长与教师的互动活动和作用也主要是通过彼此的交换来实现的，他们的互动目的也是通过交换方式实现的。

### 2．交换的主要内容

　　这里讲的交换并不完全是市场中的经济性交易，它包括了经济性交换，同时也包括社会性交换，实际上"社会交换是比经济交换广泛的概念"②。霍曼斯的交换理论认为，交换"包括物质商品和非物质商品，如认可或威望等"③。布劳的交换理论认为，"他们交换的东西不单单是货物和财富，不动产和个人财产以及具有经济价值的东西。他们还交换礼貌、娱乐、仪式、军事援助、妇女、儿童、舞蹈和宴会"④。

　　社会交换"还包括赞同、威信等无形商品的交换"⑤。所以，人们通过互动进行交换的东西，不仅仅是有形的经济性和物质性的资源，还包括服务、信息、地位、服从、爱慕、赞赏、尊重、情感、信任等非实物形式。中小学校长与教师之间的互动所交换的资源涵盖广泛，包括彼此的经济交换与社会交换、物质交换与精神交换、语言交流与思想碰撞等。当然这些资源的价值、地位、获取方式等是不一样的。中小学校长与教师互动中的交换内容也不能游离于上述内容之外，也包括了经济性内容和社会性内容。

　　为了进一步阐述、揭示后续校长与教师互动过程中的交换内容，这里对经济交换与社会交换进行了比较。"社会交换和经济交换既有相似也有不同，其相似之处在于，它们都包含对当前所做贡献的未来收益预期。"⑥ 它们也有不同

---

① 易益典. 社会学教程：第 2 版 [M]. 上海：上海人民出版社，2007：71.

② 青井和夫. 社会学原理 [M]. 刘振英，译. 北京：华夏出版社，2002：60.

③ HOMANS G C. Social behavior as exchange[J]. American Journal of Sociology, 1958, 63(6): 597-606.

④ 布劳. 社会生活中的交换与权力 [M]. 孙非，张黎勤，译. 北京：华夏出版社，1988：105.

⑤ 布什. 当代西方教育管理模式 [M]. 强海燕，主译. 南京：南京师范大学出版社，1998：124.

⑥ 迈尔斯. 管理与组织研究必读的 40 个理论 [M]. 徐世勇，李超平，等译. 北京：北京大学出版社，2017：243.

之处，其差异性主要体现在交换的范围和媒介、价值与价格、规则与保障、目的与功利性等几个方面。

（1）交换的范围和媒介：经济交换的范围相对社会交换来说要狭窄一些，经济交换主要是以货币为媒介的物质交换，而社会交换的资源除了物质以外，还有精神性因素。社会交换的范围和媒介要比经济交换丰富得多。"用来交换的东西除去金钱以外，还有其他商品，包括认可、尊重、顺从、爱恋、情感以及其他物质性不强的东西。"[①] "社会交换论者将社会资源分为六种，即爱慕、服务、商品、金钱、信息和地位，并进一步将这六种资源归为特殊和具体两大类。在六种资源中特殊性最小的是金钱，最大的是爱慕；商品和服务较为具体，而地位和信息最为抽象。在交换资源的时候，金钱和商品的交易就比地位和爱慕的交易更容易实现。"[②]

（2）交换的价值与价格：经济交换的原则是价值规律，其交换的资源有通行的市场价值，在市场上往往有明码的标价，人们可以对自己的付出和回报进行判断，甚至对成本和收入进行精确的计算，交换的双方对此比较清楚。虽然参与社会交换的双方也要对自己在交换中的投入与回报进行衡量与评价，但是社会交换的价值与价格较为模糊，要通过交换者的领会才能清楚，其回报可能要经过很长时间才能知晓。"经济交换中所获得的利润往往有一个可度量的社会价格，可以用货币来衡量；但社会交换中，人们对所获得的物品、服务或社会赞同的价值的认识基本根据互动双方的主观判断而定。"[③] "人们对于其他人的肯定情感和评价，如爱慕、赞同和尊敬，是具有一种价格的报酬，它们可以进入交换交易，但它们不一定明显地在交换中被易手，以免它们作为真诚情感或判断的价值遭到损害。"[④]

（3）交换的规则与保障：经济交换有明确的规则及法律的保护，违背交换规律，破坏法律规则，会自行停止交换。社会交换则没有明确的规则，也没有

---

① 特纳. 社会学理论的结构：第 7 版 [M]. 邱泽奇，张茂元，等译. 北京：华夏出版社，2006：271.

② 童星. 现代社会学理论新编 [M]. 南京：南京大学出版社，2003：108.

③ 同②.

④ 布劳. 社会生活中的交换与权力 [M]. 孙非，张黎勤，译. 北京：华夏出版社，1988：131.

明确的法律保护措施，只有依靠行动者的自愿行为，基于参与者的信任关系，来保证互动活动的持续进行。"社会交换在重要方面区别于严格的经济交换。基本的和最关键的区别是，社会交换带来未作具体规定的义务。一次经济交易的原型依靠一份正式合同，它规定有待交换的准确数量。……社会交换则相反，它涉及的是这样一条原则：一个人给另一人施恩，尽管对于某种未来的回报有一种一般期望，但它确切的性质在事前并没有作明确的规定。"[①] "在经济交换中要开展一系列严肃认真的谈判、签订责任明确的合同等等。而社会交换的报酬能否获得，在多大程度上获得，都不是靠某种确定性的协议合同所保证的。"[②] 由于社会交换不能明确各方是否会对贡献给予回报，这一事实决定了在社会交换中"各方之间的信任是社会交换理论的重要组成部分"[③]。"社会交换是靠互动双方的信任实现的，并且在信任提高的过程中，双方互酬的价值也在增大。"[④]

（4）交换的目的与功利性：以经济交换为目的的交换双方对其目的都十分清楚，而以社会交换为目的的双方有时并不十分清楚，或者其中主动的一方对目的清楚，被动的一方不一定清楚。另外，经济交换的目的是比较功利的，是为了获利，或达到预期的目的。社会交换虽然也需要回报，但是与经济交换相比其交换目的并不完全是功利性的。"社会交换中所获酬赏的模糊性，恰好说明这种交换不是以金钱为主要目标，它更多地具有象征性符号的意义。"[⑤] "要把所获的报酬和提供报酬人的动机联系起来。如果对方提供的报酬是赞扬或恭维方面的，但是当发现赞扬的背后是其他方面的获利动机时，对方提供的报酬将因所隐藏的动机而被否定。这说明社会交换要比经济交换复杂。"[⑥]

---

① 布劳. 社会生活中的交换与权力 [M]. 孙非，张黎勤，译. 北京：华夏出版社，1988：109.

② 刘少杰. 国外社会学理论 [M]. 北京：高等教育出版社，2006：133.

③ 迈尔斯. 管理与组织研究必读的 40 个理论 [M]. 徐世勇，李超平，等译. 北京：北京大学出版社，2017：243.

④ 童星. 现代社会学理论新编 [M]. 南京：南京大学出版社，2003：109.

⑤ 同④108-109.

⑥ 同②.

### 3．交换的主要原则

经济性交换原则是等价交换。按马克思政治经济学理论，等价交换是指商品的交换要以价值量为基础进行交易，也就是商品的价格要等于商品的价值。

社会交换的核心是互惠原则（Norm of Reciprocity）。"互惠是指我们应该尽量以相同的方式回报他人为我们所做的一切。"[1]社会交换"既没有像经济交换那样作为基准的价格（交换价值），也没有市场，是由互惠性原则或'社会正义（或公正）'的价值观支配的。因而，单方面的剥削和无私的馈赠等一般不叫做社会交换"[2]。"在人们的大脑中有一个机制性的东西。这个机制性的东西是，一旦我们接受了别人的好处，我们就会很自然地产生一个回报的愿望或行为，在这里我们称之为互惠。"[3]霍曼斯认为，给予别人的人试图从他人身上得到更多利益，而从别人身上得到很多的人则承受着更多的压力。这种影响的过程往往在交易中达到平衡。[4]齐美尔认为，"人与人之间的所有接触都以给予和回报等值这一图式为基础"[5]。社会交换一定是有输出、有输入的，最终应该达到平衡的状态，否则难以进行下去。

互惠原则假定了当事人之间存在某种基本的平等关系，一个人向另一个人的每一次让渡都包含着关于某种回报的期待，要维系双方之间长期稳定的互动关系，彼此必须最大限度地相互满足对方的期望。人之所以愿意付出某种行动，是为了获得某种回报。人们得到对方的恩惠总会设法去回报，这已经成为一种社会规则。"一个不报答恩惠的人会被指责为忘恩负义的小人。这种指责本身表明，人们都期待着回报。"[6]

互惠原则是维系互动关系的关键。"互动只要受到适当的互惠强化就能重

---

① 王辉. 组织中的领导行为 [M]. 北京：北京大学出版社，2008：127.

② 青井和夫. 社会学原理 [M]. 刘振英，译. 北京：华夏出版社，2002：60.

③ 同①.

④ HOMANS G C. Social behavior as exchange[J]. American Journal of Sociology, 1958, 63(6): 597-606.

⑤ 布劳. 社会生活中的交换与权力 [M]. 孙非，张黎勤，译. 北京：华夏出版社，1988：1.

⑥ 同⑤18.

复出现，这充分体现了人际关系的本质。"[①] 如果某种行为得到了正面强化或奖赏，那么这一行为将来就可能重复出现。"如果在互动中任何一方不能交换到预期的资源，他就会感到利益受损而终止互动关系。"[②] 互惠行为是人类不可或缺的行为，我们的祖先早已认识并体现了出来。"我们人类社会能发展成为今天的样子，是因为我们的祖先学会了在一个以名誉做担保的义务偿还网中分享他们的食物和技能。"[③]

学校是微观的社会，其中校长与教师的互动也必须遵守社会交换原则，具有经济性特点的互动遵循等价交换原则，具有社会性特点的互动遵循互惠原则。

### （二）校长－教师互动行为的环境特征

校长－教师互动是在中小学的组织环境和制度环境基础上进行的，这一环境既具有科层制特征，也具有松散结合的特征。

### 1．中小学具有科层制特征

许多学者认为学校带有科层体制，即科层制特征。"学校是与科层组织有诸多相同特征的正式组织"，"科层模式成为许多学校管理者采用的管理模式之一"。[④] 学校在一些方面具有高度科层制特点，这一特点在许多方面是很容易被发现的。[⑤]

实际上，中小学确实采用了韦伯所提到的金字塔式的科层体制。校长处于学校组织"金字塔"的最顶端，校长这个层级下面又设置教务处、德育处等不同机构，这些机构处于什么层次，他们的权限、职责等前面一章都有明确的说

---

① 童星. 现代社会学理论新编 [M]. 南京：南京大学出版社，2003：109.

② 同①.

③ 王辉. 组织中的领导行为 [M]. 北京：北京大学出版社，2008：127.

④ 霍伊，米斯克尔. 教育管理学：理论·研究·实践：第 7 版 [M]. 范国睿，主译. 北京：教育科学出版社，2007：94.

⑤ 欧文斯，瓦莱斯基. 教育组织行为学：领导力与学校改革：第 11 版 [M]. 吴宗酉，译. 上海：华东师范大学出版社，2021：211.

明。学校分工明确，各层次、各部门，乃至各人，都有明确的任务。校长负责学校决策，副校长负责执行，教务主任、德育主任负责根据学科、教师专业、教学任务等，按照相应教师岗位聘任规则、制度等进行教育、教学任务的安排，教研组长与年级组长在自己的业务及事务范围内，负责与教师相关的工作。职能人员负责行政等事务，教师则负责教育教学工作，教师教授哪个年级、哪个班、哪门课程，担任哪个年级哪个班的班主任等都有明确的分工。

中小学作为一种组织运行机构，其中的各层次、各部门、各人员间的活动与关系都受到严格的规则限制。也就是说，每位成员都了解自己的职责范围，了解自己在履行职责、运用职权时的岗位职责及必须遵循的中小学运作规范。学校的很多事情都要根据制度的规定行事，不能跨越制度规范。学校的各项事务均需编列计划，学校的经费开支、教师招聘、学生招收、人员解聘、薪酬设置等均需受法律、法规、政策的限制；学校的公文档案等行政工作有一定的流程，根据分层负责来各司其职。如教师工作绩效需依据程序送交人事、教务主任，而后送交校长盖章，进行层层管理。

学校行政人员及教师都有统一、严格的作息制度。行政人员按照固定时间上下班，一些学校需每日签到，不得随意晚来、早走，甚至缺席；教师按照规定时间上课、下课，不许随便停课等；教师上课要遵守教学纪律，上课时不许接听电话。如果出现工作事故，学校就会根据相应规则进行惩罚。教师每学期上多少课、每周上多少课、每节课多长时间等都有明确规定，甚至有些学校连不同学科教师留作业的数量、找学生谈话的次数等都有明确规定。教师须按照教学计划、教学大纲等准备授课内容、授课进度等，不得擅自改变。

中小学还设置了很多领导岗位，他们有自己的职务等级，如校长级领导、主任级领导、组长级领导等，其职位按等级制的原则依次排列。普通教师也有等级之分，如二级教师、一级教师、高级教师、正高级教师等。人们按照一定的标准被赋予不同待遇，多数人直至退休都保留这样的待遇。

在这样的组织中，还有明确的制度规范。例如，各级各类教育行政部门的政策、法律、法规等，还有学校的具体政策、规定等。例如，教师考勤制度、教师奖惩制度、班主任工作制度、教师教学要求细则、教师上课要求细则、教师布置和批改作业要求细则、教学自我反思制度、教师网上交流制度、校本教研活动制度等。因此，学校组织的确存在着一定程度的科层体制，它既有明确的组织机构，也有明确的制度层级。

### 2．中小学具有松散结合特征

关于学校，一些学者认为，教育组织是松散结合式的组织。韦克认为，组织的各种要素或子系统经常松散地联系在一起，它不同于科层制，其松散结合的因素数量是无限的。[①] 还有学者通过"学校评价问卷"记录了学校层级之间的松散结合，"学校被认为是松散结合的组织"[②]。"学校被看成是目标模糊不清、技术不明确、参与者不断流动、各种活动不协调、各种结构性要素松散联系、结构对结果几乎没有什么影响的组织。"[③] 所以，松散结合"是学校和其他教育组织的一个显著特征"[④]。从学校的事实层面而言，松散结合理论对学校现况及情境做了很贴切的描述，中小学确实在很多方面存在松散结合现象。

#### （1）学校与教育行政机关连结具有松散性

作为学校上级单位的教育行政部门虽然制定目标和政策要求学校执行，但并没有要求学校完全按照相同的流程或手段来执行。不同的学校状况不一，每所学校都自有一套方式，都具有一定程度的自由度，因此学校与教育行政机关的连结具有松散性。

"结构松散也存在于教育系统中的各学校单元之间。每一所学校的管理人员和教师都在课程、教学方法和教师遴选等方面享有广泛的自由决定权。例如，即使教育系统招聘了教师，但是，如果没有校长们的赞同，教师仍不会被

① WEICK K E. Educational organizations as loosely coupled systems[J]. Administrative Science Quarterly, 1976, 21(1): 1-19.

② ORTON J D, WEICK K E. Loosely coupled systems: A reconceptualization[J]. The Academy of Management Review, 1990, 15(2): 203-223.

③ 霍伊，米斯克尔. 教育管理学：理论·研究·实践：第 7 版 [M]. 范国睿，主译. 北京：教育科学出版社，2007：111.

④ 欧文斯，瓦莱斯基. 教育组织行为学：领导力与学校改革：第 11 版 [M]. 吴宗酉，译. 上海：华东师范大学出版社，2021：211.

安排到具体的学校中去。"[1] 因此，教育机关对学校的管理的确存在一定程度的松散结合性。

**（2）教学系统内部的连结具有松散性**

学校在行政体系上虽是结构严谨的科层体制，但在教学体系中并非如此。"学校的核心活动，即教与学被视为松散结合的，以至于它们不被管理者直接控制。"[2] 虽然行政人员对教师的教学行为实施了控制，例如，安排教师上课的时间、规定教师考试方式、为教师提供设备、给学生分班等，这些做法都会对教师的教学行为造成影响。但是就教与学的实质来说，这些影响都是间接的。

实际上，教师作为教学中的专业人员，他们有学科知识和教学技术。在校园中，每位教师都有自己的班级，他们在教室里进行教学活动，面对自己授课的学生，拥有较大的自主权。校长或行政人员虽然会不定时做教学视导，但事实上却不可能随时"监督"教师的一举一动，更难去要求教师依自己的想法与做法进行相关的教育教学活动。

**（3）校长与教师的连结具有松散性**

校长在行政领域对教师直接控制的力度较大，有绝对影响力，然而在教育教学方面则并非如此。学校的教学不像一般的工厂能有固定的流程可以遵循，学生的素质、起点、行为都各不相同。因此，校长一般不会要求教师按照统一的方法来教育教学，至多是提出相关原则。否则，校长在教育教学上干预过多，不但不能达成管理目的，反而可能引发教师的不满，出现软抵抗现象。韦克基于前人的研究判断认为，在教学系统中，校长与教师之间的关系以松散结合为主。[3]

当然，校长对教师的教学还是有影响的，主要表现在两个方面，一是学

---

① 霍伊，米斯克尔. 教育管理学：理论·研究·实践：第 7 版 [M]. 范国睿，主译. 北京：教育科学出版社，2007：111.

② 欧文斯，瓦莱斯基. 教育组织行为学：领导力与学校改革：第 11 版 [M]. 吴宗酉，译. 上海：华东师范大学出版社，2021：212.

③ WEICK K E. Educational organizations as loosely coupled systems[J]. Administrative Science Quarterly, 1976, 21(1): 1-19.

术权威的影响，二是资源上的影响。"校长可以通过控制资源来影响教师的教学行为：教学空间、设备的可用性、复印机的使用，甚至包括纸和铅笔等日常基本用品的供应。尽管这些手段在某些方面对教师的教学行为有强大的影响力，但它们是相对较为间接（的）。"[①] 所以，校长的职权在教学系统范围内的制约性是较弱的，在专业的教学系统里，教师和校长之间的关系经常是松散的。

（4）教师与行政人员的连结具有松散性

行政系统和教学系统是学校中的两大系统，他们在日常事务的运行中有联系、有影响，但是在涉及彼此专业方面的联系并不紧密，其影响也是有限的。教师和学校行政人员间的关系也是微弱且松散的。"虽然管理者对学校的教学计划负总责，但由于时间和人力的限制，他们监控教师教学行为和学生学习的能力相当有限。"[②]

在学校，行政人员和教师的互动，除了处室主任会因业务需要和教师接触与沟通，或者教师为办理各项人事业务到人事科室洽谈，或者行政人员对与教师相关的问题同其进行交流之外，其余时间行政人员与教师的互动机会较少。对于学校行政做了什么事，教师通常并不是十分清楚，对此关心的程度也不高，有些教师甚至采取漠视的态度。

行政人员对教师的教育教学工作也不是十分清楚，对其专业领域的内容更是不甚了解。一项校务工作的开展或政策的推动，往往因行政人员与教师的"解读"不同，而有不同的结果。积极者可以相互配合推动政策的实施。如果消极者不予配合，那么组织的强制力量就不会大。行政有积极作为，并不表示教师也会跟着改变教学方式；同样，教师个人的教学很有成效，通常也可能和行政人员没有很大相关性。

除此之外，各教研组、各年级、各班级、各教师之间，虽然一起共同从事

---

① 欧文斯，瓦莱斯基. 教育组织行为学：领导力与学校改革：第 11 版 [M]. 吴宗酉，译. 上海：华东师范大学出版社，2021：213.

② 同①212.

教育教学工作，彼此之间也有联系，但却各自保持较大的独立性，其连结也具有松散结合特征。

### 3. 中小学具有双重系统特征

20 世纪 80 年代中期的研究结果发现，科层制与松散结合各自都不能完全描述一些组织的情况。"常常出现的意外是，从韦伯的官僚主义的角度来看，组织通常呈现出来的是松散性；从解构的角度来看，组织通常呈现出来的是结合性。"[①] 科层制理论虽然揭示了诸如工业组织、政府机构、工会组织、宗教机构等一切大型组织的特征，但是它仍然不能解释诸如教育、医院等一些组织中的较多问题，松散结合理论也同样如此。道格拉斯·奥顿（Douglas Orton）与韦克虽然提出了松散结合的组织特性，但是他们认为，如果只用松散结合一个变量来描述组织特点，往往趋于简单化，应该避免这种简单化。[②] 看来单以科层制理论或单以松散结合理论都不能完全解释组织的现象。一些组织，尤其是学校组织既具有科层制的特性，又具有松散结合的特性，是两种特性的有机结合，于是兴起了双重系统（Dual System）理论。

#### （1）学校是具有双重系统特征的组织

双重系统理论（Dual System Theory）是罗伯特·G. 欧文斯（Robert G. Owens）提出的。他认为，教育组织在一些主要方面是松散结合的，在另外一些方面却具有明显的科层组织的特点。[③] 很多学者都赞成了欧文斯的观点。查尔斯·E. 比德韦尔（Charles E. Bidwell）把学校描绘成一个与众不同的科层制与松散结构的混合体。[④] 威廉·A. 费尔斯通（William A. Firestone）及其同事的研究表明："学校可以分成两类：理性科层制，以及无政府主义的或松散耦

---

① ORTON J D, WEICK K E. Loosely coupled systems: A reconceptualization[J]. The Academy of Management Review, 1990, 15(2): 203-223.

② 同 ①.

③ 欧文斯，瓦莱斯基. 教育组织行为学：领导力与学校改革：第 11 版 [M]. 吴宗酉，译. 上海：华东师范大学出版社，2021: 213.

④ 霍伊，米斯克尔. 教育管理学：理论·研究·实践：第 7 版 [M]. 范国睿，主译. 北京：教育科学出版社，2007: 111.

合的系统。"① 霍伊等认为："学校是紧密结构与松散结构相结合的复杂组织。"②
学校通常有两个性质不同的次级系统存在，一为行政系统，一为专业系统。前
者具有科层组织性质，后者属于松散结合系统。③

　　学校是以保存和发展社会文化传统和价值为主要功能的组织，是通过培养
人发挥这一功能的组织，这使其具有区别于其他组织的特点，学校是典型的科
层制与松散制相结合的双重系统组织。科层制表明其要素之间的联结是紧密
的，松散制表明其一些要素的联结具有非紧密性，校长与教师是在这种紧密与
松散相结合的环境下进行互动的。

### （2）学校双重系统特征的表现及分析

　　既然学校是具有双重系统特征的组织，那么这种双重系统具体体现在哪
些方面呢？约翰·W. 梅耶（John W. Meyer）及其助手布莱恩·罗文（Brian
Rowan）通过对制度化组织、组织结构、制度环境及其教育组织结构的研究发
现，学校作为环境中的组织，要遵守规章制度，这是其科层制的方面，但是教
学与科层结构却没有什么联系。④ 欧文斯认为："学校的核心技术活动是松散
结合的（与经典的科层组织所期望的相反），但是非教学活动通常是紧密结合
的。"⑤ 霍伊等认为：学校中可能存在至少两类基本组织：一类是负有制度与管
理职能的科层组织；另一类是专业组织，负责实际的教与学的技术过程。⑥ 两
种系统具有不同特点，学校组织在教学系统方面具有松散结合的特性，而在行
政事务的非教学系统方面，则具有紧密结合的科层体制特性。学校组织的特殊
性决定了学校行政系统的明确性与权威性，以及学校教学系统的自主性与专业
性。上述这两种组织结构的特性，在学校组织中同时存在。

---

① 霍伊，米斯克尔. 教育管理学：理论·研究·实践：第 7 版 [M]. 范国睿，主译. 北京：教育科
　学出版社，2007：112-113.

② 同 ①113.

③ 谢文全. 教育行政学 [M]. 台北：高等教育出版社，2003：149.

④ MEYER J W, ROWAN B. Institutionalized organizations: Formal structure as myth and
　ceremony[J]. American Journal of Sociology, 1977, 83(2): 340-363.

⑤ 欧文斯，瓦莱斯基. 教育组织行为学：领导力与学校改革：第 11 版 [M]. 吴宗酉，译. 上海：华
　东师范大学出版社，2021：213.

⑥ 同 ①113.

学者们还对学校科层制和松散制的原因进行了分析。"为了应对学生能力日复一日的变化问题，教师应该拥有专业判断的自由。学校中不能否认专业自治（professional autonomy）。教师在教室里独立工作，相对来说，不受同事和管理人员的监督，并且拥有对其学生的广泛的自由决定权。这一结果就构成了学校内部的松散结构。"[1] 学校"产品的统一性要求，学生们在一个有序过程中从一个年级升到另一个年级、从一所学校升到另一所学校的需求，以及学生接受教育的长期性，都要求有一系列常规性活动，因此，也就构成了学校组织的科层基础"[2]。正是这些原因使得学校成为具有双重系统的组织。

校长与教师的互动是在具有典型特点的双重系统——科层体制与松散结合的组织中进行的，它不仅要带有科层体制的特点，受到科层体制理论的支撑和制约，还要带有松散结合的特点，受到松散结合理论的支撑和制约。

## 三、校长－教师互动行为资源

互动实际是彼此进行资源交换的过程，是互相以自己的资源给予对方，同时又获得对方资源的活动。资源是"可以通过人际行为传播的任何物质的或者符号的东西"[3]。理查德·M. 爱默森（Richard M. Emerson）对上述定义做了补充。他把"资源"定义为"一名行为者拥有的使其能够奖赏（或惩罚）另一名特定的行为者的能力、财物或其他属性"[4]。

校长与教师的互动也是资源交换过程，在这个过程中，他们为了获取对方的资源，就要借助一定资源实施他们的互动，那么什么资源能够帮助他们实施互动呢？可以粗略地将用于交换的因素分为两大类：内在因素，即谢意、尊敬、赞扬、友爱与服从；外在因素，即劳动、智力、权力、实物、货币。社会

① 霍伊，米斯克尔. 教育管理学：理论·研究·实践：第 7 版 [M]. 范国睿，主译. 北京：教育科学出版社，2007：111.

② 同①.

③ 罗洛夫. 人际传播：社会交换论 [M]. 王龙江，译. 上海：上海译文出版社，1991：15.

④ 同③16.

交换的内容就是这两种要素的不同组合。内在因素与内在因素的交换，外在因素与外在因素的交换，内在因素与外在因素的交换。[①]

这里分析的资源特指在中小学组织中，当校长与教师互动时，能够对对方构成影响，并具有相互交换价值的东西，也可以分为外在资源与内在资源，即外界赋予资源与个体内生资源等。

### （一）互动行为的外赋资源

互动行为的外赋资源是指外界赋予的资源。校长－教师互动的外赋资源比较丰富，例如，社会资源、政府资源、学校资源、家庭资源等。由于本研究是基于中小学校组织中的校长与教师的交换探究，故这里主要研究组织机构、组织制度、领导体制在内的学校中的资源。

### 1. 组织机构资源

组织机构是"组织发展、完善到一定程度，在其内部形成的结构严密、相对独立、并彼此传递或转换能量、物质和信息的系统"[②]。学校组织机构是指"依据教育法律法令、管理原理和教育科学原理设立的，能够发挥某种管理功能和教育功能的各种机构、部门"[③]。总之，学校组织机构是为实现教育目标，完成学校教育教学任务，按一定的管理和教育原理，将职务、岗位、人员进行科学组合，形成的权责清楚、层次恰当、结构严密的有机整体，是组织成员之间有秩序和统属关系的编排形式。

学校组织机构可以分成两大类：一类是行政组织机构，这是为完成正常的教育教学任务、维持日常运转而设立的；另一类是非行政组织机构，它是为了监督、保证、配合各项活动而设立的。就中小学的行政组织机构而言，目前一般规模的中小学，基本在校长下面设有校长办公室、教务处（或称为教导

---

① 刘杰，徐祥运. 社会学概论 [M]. 大连：东北财经大学出版社，2005：156.

② 教育管理辞典编委会. 教育管理辞典 [M]. 3版. 海口：海南出版社，2005：57.

③ 中国管理科学学会. 管理大辞典 [M]. 北京：中央文献出版社，2008：801.

处、教学处等）、德育处（或称为政教处、教育处等）、教科室、总务处等，各处室下又设有不同部门，负责相关事务。近些年来很多中小学进行了组织机构变革，中小学组织机构状态呈现出了多元化，但是就其职能来说仍然需要教务处、德育处、总务处、校长办公室和教科室等机构。故本研究基于这些行政组织机构来进行研究。

教务处是协助校长领导教学工作的职能机构，专门负责办理教学活动事务，其下设教研组、图书馆、实验室、体卫室等部门；德育处是协助校长领导教育工作的职能机构，专门负责学生思想教育，其下设年级组、学生会、心理咨询室等部门；总务处是协助校长领导后勤事务工作的职能机构，专门负责学校经费的开支及各项修缮工程等业务，其下设财务室、勤杂组等；校长办公室是在校长领导下处理日常工作的办事机构。随着科研与教研对学校、教师、学生发展作用的不断加强，教育教学研究越来越受到重视，教科室的作用也得到了大家的普遍认可。于是一些学校将原来附设在教务处下的教科室提升至校长层级下的直属部门，一些原来没有类似机构的学校也在校长这一层级下设立了教科室。教科室主要是在校长领导下负责学校教育教学研究的部门，其下主要设有课题组等。

在这样的组织机构结构形式下，校长位于整个金字塔的顶端，教师则处于金字塔的基础层。在校长与教师之间还存在副校长、主任、组长等管理层级。副校长所在的管理层，虽然不是一个层级组织机构，但是他们却是一个管理层，不同的副校长负责不同机构的管理工作。于是形成了校长、副校长、主任、组长四个权力阶层，学校的组织机构以及这四个层级的管理阶层按照任务目标、分工协作、层次跨度、统一指挥等原则进行管理。

组织机构是组织管理的前提和基础，是管理活动的表现形式，是管理实体存在的外在形式，是组织活动的存在形式。任何一个组织要正常开展工作，必须把组织中的各类人员有机地组合起来，按一定形式组合成一个纵横交错的系统，即组织机构的结构形式。这样的机构以及由此形成的结构形式，在领导活动中起着至关重要的作用，扮演着重要载体的角色。

领导活动的目的——实现组织目标、满足成员需要，离不开人力、物力、财力等资源，因此对资源的谋划、筹集、掌握、分配和运用，就成了组织机构的基本工作内容。另外，组织的任务也要分解并落实到每一个成员身上，这些都是利用组织机构这个载体"运输"到教师那里去的。任务、资源分配下去后，教师会遇到很多涉及人、财、物等资源的问题，这些问题使得教师不知所措，需要领导的指导；教师还会遇到各种关系，如领导与被领导的关系、教师与教师的关系、师生关系、教学人员与后勤人员的关系等，这些都需要领导协调。不仅如此，教师还会产生压力、厌烦、怠慢等问题，需要领导的减压、激励等。无论是指导、协调还是激励，以及更多的领导活动，都要通过组织机构形成的结构形式来实施，通过它将领导者的指令传达下去，将成员的意见反馈上来，将领导活动实施下去，从而实现组织目标，完成组织任务，满足成员需要。

中小学的领导就是基于这样的组织机构的结构形式进行的，校长与教师的互动活动也离不开它们，校长与教师都可以借助学校的组织机构进行思想沟通、事物传递、信息交流，从而对彼此产生影响，所以，组织机构是校长与教师互动的共有资源。

### 2. 组织制度资源

关于制度的定义众说纷纭，学者们从不同的视角对制度给予了不同的界定。

韦伯从法学角度给制度下了定义，他认为："制度应是任何一定圈子里的行为准则。"[1] 约翰·罗尔斯（John Rawls）从政治学角度给制度下了个定义："把制度理解为一种公开的规范体系，这一体系确定职务和地位及它们的权利、义务、权力、豁免等等。这些规范指定某些行为类型是可允许的，另一些则为被禁止的，并在违反出现时，给出某些惩罚和保护措施。"[2] 道格拉斯·C.诺思（Douglass C. North）从经济学视角研究了什么是制度，他认为："制度是一

---

① 韦伯. 经济与社会：上卷 [M]. 林荣远，译. 北京：商务印书馆，1997：345.

② 罗尔斯. 正义论 [M]. 何怀宏，何包钢，廖申白，译. 北京：中国社会科学出版社，2009：42.

个社会的博弈规则，或者更规范地说，它们是一些人为设计的、型塑人们互动关系的约束。从而，制度构造了人们在政治、社会或经济领域里交换的激励。"①W. 理查德·斯格特（W. Richard Scott）从组织学角度阐述了制度，他认为："制度是由为社会行为提供稳定性和有意义的、认知的、规范的和管理的结构与行为组成的。"②"制度具有多重的面相，是由符号性要素、社会活动和物质资源构成的持久社会结构。"③

还有学者从制度哲学视角进行了阐述："制度就是这样一些具有规范意味的——实体或者非实体的——历史性存在物，它作为人与人、人与社会之间的中介，调整着相互之间的关系，以一种强制的方式影响着人与社会的发展。"④社会学视角认为社会制度"是指制约和影响人们社会行为选择的规范系统，是提供社会互动的相互影响框架和构成社会秩序的复杂规则体系"⑤。

不难看出，不同学者对制度有不同的表述。尽管表述不同，但是其核心都认为制度是一种准则，通过人们共同遵守来实现一定社会目的。"'制度告诉人们能够、应该、必须做什么，或是相反。'这大概是所有制度的判断中最没有争议的一个判断，这其实说出了制度作为一个规范范畴的本质。"⑥

总之，制度是各种约束人类行为的规则总称，这是其最本质的内涵。制度是人们设计出来的，以此来对分歧的事实、对应规定的事物进行共同性的说明，从而达到规范、制约人们行为的目的。不同制度对人们的约束渠道和力度是不同的。它们"可能是通过直接胁迫及政治或组织的权威所强加给的，或者仅仅是通过社会化或教育而习得、内化的一些合理行为象征"⑦。

---

① 诺思. 制度、制度变迁与经济绩效 [M]. 杭行，译. 上海：格致出版社，2014：3.
② 斯格特. 组织理论：理性、自然和开发系统 [M]. 黄洋，李霞，申薇，等译. 北京：华夏出版社，2002：124.
③ 斯科特. 制度与组织：思想观念与物质利益：第 3 版 [M]. 姚伟，王黎芳，译. 北京：中国人民大学出版社，2010：56.
④ 辛鸣. 制度论：关于制度哲学的理论构建 [M]. 北京：人民出版社，2005：51.
⑤ 郑杭生. 社会学概论新修 [M]. 4 版. 北京：中国人民大学出版社，2013：253.
⑥ 同 ④59.
⑦ 马奇，奥尔森. 重新发现制度：政治的组织基础 [M]. 张伟，译. 北京：生活·读书·新知三联书店，2011：20.

制度可以分为正式制度和非正式制度。正式制度是指人们有意识设计的一系列法律法规等制度形态，通常是成文的、可见的、明确的、外在的，通过法律、法规、政策、组织安排等形式呈现出来。非正式制度"是指人们在长期交往中无意识形成的，具有持久生命力，并构成代代相传的文化的一部分。主要包括价值信念、伦理规范、道德观念、风俗习惯、意识形态等因素"①。两种制度对人们的规范程度不同，正式制度要求人们都要遵守，具有强制性。"非正式制度一般是不成文的或无形的，并主要是在社会舆论和社会成员自律等非强制力或'软约束'作用下实施的。"②这种"软约束"更多是通过人们的理解、认同、接受等来彰显作用，具有内在性。

制度作为约束人类行为的规则，具有合法性和规约性。

### （1）制度具有合法性

韦伯很早就提出了合法性的概念，而且非常重视此问题。他认为，没有一种统治自愿地满足于仅仅以物质的动机或者仅仅以情绪的动机，或者仅仅以价值合乎理性的动机，作为其继续存在的机会。任何统治都企图唤起并维持对"合法性"的信仰。③韦伯认为，能够"适用"的制度才具有合法性，"适用"的制度能够使人们按照习俗、按照利害关系所制约的社会规律，以及对违反制度而产生的不利认定来选择行为。即有约束力的或榜样的制度才"适用"。④韦伯还认为，制度的合法性，或是基于过去一直存在的，或是基于情绪的信仰，或是基于价值合乎理性的信仰，或是基于规程，即彼此达成的协议、强制的服从等。⑤韦伯提出的合法性引起了很多学者的关注，塔尔科特·帕森斯（Talcott Parsons）对韦伯的合法性进行了研究。他认为："对于韦伯来说，合法性乃是秩序的一种性质，也就是对行为起支配作用或者起码是行动可以（或必

---

① 辛鸣. 制度论: 关于制度哲学的理论构建 [M]. 北京: 人民出版社，2005: 102.

② 同①.

③ 韦伯. 经济与社会: 上卷 [M]. 林荣远，译. 北京: 商务印书馆，1997: 239.

④ 同③62.

⑤ 同③66-67.

须）据之确定自己取向的一个规范体系的性质。"① 对此，帕森斯用另外一句话进行了解释："对于认为该秩序是合法的并遵从其规则的人来说，在这个范围之内乃是一个道德义务的问题。"② 总之，在韦伯的合法性理论中，制度的合法性更多地与社会传统、信仰、法律、准则、章程等相关，合法性既要符合法律、法规等，又要被社会成员认可。

马克·C. 萨奇曼（Mark C. Suchman）是自韦伯之后，对合法性研究做出很大贡献的学者，他的研究非常具有代表性。1995 年，他在《管理学评论》上发表了《合法性管理：战略和制度的方法》一文，对合法性进行了比较系统的阐述。他认为，合法性是一种普遍看法或公认假设，这种看法或假设是一种合意的、恰当的、合适的存在行为，它们包括在由社会规范、价值、信念和限定等建构的体系里。③ 萨奇曼还研究了战略学派与制度学派对合法性的认识，战略学派的研究将合法性描述为一种运作资源，制度学派的研究将合法性描述为一种基本信念。萨奇曼认为，由于现实中组织既面临战略运作挑战，也面临制度带来的压力，应该将二者结合起来纳入一个更大的图景，在这个图景中，既强调合法性作为可操作的资源，又强调把合法性作为一种理所当然的信念体系。④

新制度主义学的代表学者斯科特认为："合法性不是一种被占有或交换的日常用品，而是一种反映被感知到的、与相关规则和法律、规范支持相一致的状态，或者与文化—认知性规范框架相亲和的状态。还有，与物质资源或技术信息不同的是，合法性不是一种为了生成某些新的、不同的产出而进行的投入，而是一种以外部可见的方式来展示的符合性价值。"⑤ 周雪光认为："'合法性'不仅仅是指法律制度的作用，而且包括了文化制度、观念制度、社会

---

① 帕森斯. 社会行动的结构 [M]. 张明德，夏遇南，彭刚，译. 南京：译林出版社，2012: 740.

② 同 ①741.

③ SUCHMAN M. Managing legitimacy: Strategic and institutional approaches[J]. Academy of Management Review, 1995, 20(3): 571-610.

④ 同 ③.

⑤ 斯科特. 制度与组织：思想观念与物质利益：第 3 版 [M]. 姚伟，王黎芳，译. 北京：中国人民大学出版社，2010: 68.

期待等制度环境对组织行为的影响。"① "制度的合法性是指制度的这样一种特性，这种特性不仅来自正式的法律或命令，而更主要的是来自根据有关价值体系所判定的、由社会成员给予积极的社会支持与认可的制度规范的可能性或正当性。"②

根据学者们的研究，可以看到，制度的合法性指的是制度被认可的一种特性，这种特性不仅来自法律、法规与政策的认可，还包括了文化制度、观念制度、社会期待等，以及来自基于公共道理判定的成员的认同。具有合法性的制度，才能被大家认同、接受，才能确信应该遵守，才有可能成为规约组织与成员行为的力量。制度的合法性概念，为人们遵守制度提供了一种解释。同时也为使人们遵守制度提供了制定的依据，一是制定制度时所要考虑的，二是为了让大家遵守，要让大家能够理解制度、认同制度、掌握制度。

### （2）制度具有规约性

制度对人们行为的作用主要体现在它具有的规约性上。制度作为一种规范、规定，对人们能做什么、不能做什么，有什么权利、义务等方面做出规定，制定、颁布制度的目的之一就是规范人们的一些行为。所以制度的规约性是由制度建立的目的性本身决定的。正式制度与非正式制度在规约人们行为的程度上是不同的，前者是外在的制度，对人的行为具有强制性的约束；后者对人的行为或者具有强制性的约束，或者具有柔性的约束。作为校长与教师互动的外赋资源的制度也具有规约性，这种外在设计的正式制度具有强制性。

可以说，外在设计的制度"作为人与人、人与社会之间的中介，调整着相互之间的关系，以一种强制的方式影响着人与社会的发展"③。韦伯认为，科层体制下的组织制度是基于法律规范，以目的、价值理性为取向而制定的，是非个人的制度，管理者的指令又是在制度允许的范围内下达。所以，管理者有权

---

① 周雪光. 组织社会学十讲 [M]. 北京：社会科学文献出版社，2003：74.

② 辛鸣. 制度论：关于制度哲学的理论构建 [M]. 北京：人民出版社，2005：202.

③ 同②51.

要求组织成员必须遵守它，组织成员也有义务遵守组织制度、服从上级的管理。[①] "制度是一个具有中介作用、整合功能的关系范畴。每一个社会主体与其它主体发生关系都要遵守制度范畴。"[②] 如果遵守了制度规范，将会得到适当的奖励；如果违背了制度的宗旨，将会受到一系列惩罚。

中小学的外在制度内容包括国家、教育行政部门以及学校在允许范围内自己制定的各种制度等。

国家、教育行政部门颁布的各种相关政策、法律、法规等，诸如《中华人民共和国教育法》《中华人民共和国教师法》《中华人民共和国义务教育法》《教师资格条例》《关于深化教育改革全面推进素质教育的决定》《关于基础教育改革与发展的决定》《2003—2007年教育振兴行动计划》《国务院关于加强教师队伍建设的意见》《义务教育学校管理标准》《关于全面深化新时代教师队伍建设改革的意见》《关于深化教育教学改革全面提高义务教育质量的意见》《深化新时代教育评价改革总体方案》等。

国家的政策、法律、法令是具有普遍意义的规范，它们更多的是针对社会中普遍存在的问题来制定的，或许不能完全兼顾到具体组织中的事情。所以，学校作为肩负国家重要使命的正式组织，要制定出本组织适用的成文规章制度，用以约束组织成员的行动，保障正常的互动行为。韦伯认为，在科层体制中，行政管理就是在法律和组织制度允许的范围内来维护组织利益。行政管理要以目的、价值理性为取向制定组织制度，组织制度是非个人的制度，管理者要在制度允许的范围内下达指令。[③] 因此，学校有义务制定本校的规章制度。事实上中小学都在国家的政策、法律、法规、制度基础上制定了自己的规章制度，包括规范整个学校的规章制度，以及规范不同类型人员，诸如教师、行政人员、学生等的制度。例如，《校长职责》《教学工作细则》《班主任工作细则》《青年教师培训制度》《听课评课制度》《考试制度》《监考制度》等。

---

① 韦伯. 经济与社会：上卷 [M]. 林荣远，译. 北京：商务印书馆，1997：242-243.
② 辛鸣. 制度论：关于制度哲学的理论构建 [M]. 北京：人民出版社，2005：58.
③ 同 ①.

合同是"两方面或几方面在办理某事时，为了确定各自的权利和义务而订立的共同遵守的条文"①。合同也可以说是制度的一种，但是它与某些语义下的制度不同，例如"坐班制度""奖惩制度"等。合同是一种协议，是双方都认可的事务，是双方的法律行为。制度不完全是协议，更多是单方面制定的。制度虽然要考虑执行者的意愿，但更多反映的是制定者的意愿。合同的执行是双方自愿的，而制度的执行带有强制性，不管制度对象是否赞同，都要执行。合同可以是两个人，或几个人之间的事情，不一定是组织行为，而正式制度一般是组织行为。

合同、制度作为中小学的资源，是校长与教师的共有资源，双方都可以运用制度来规范、控制对方，双方都可以将其作为资源与对方进行交换，当然双方运用这种资源的程度不同。

### 3．领导体制资源

目前我国中小学的领导体制基本是校长负责制。校长负责制是一个完整的概念，它包括校长对学校工作全面负责、党支部保证监督、教职工民主管理三个有机组成部分，三者相互联系、相互依存，缺一不可。由于这里研究的是校长与教师的互动，故下面重点对校长权力与教职工民主管理进行阐述。

#### （1）校长职权资源

校长作为中小学这个组织的最高领导者，尤其在科层体制下，无疑掌握学校最核心的权力，这种权力实际是职权。按照领导科学的观点，领导者的权力根据其来源可以分为职权和权威。职权是上一级国家权力机关赋予的，是外来的，属于外赋资源。职权是由于担任某种职务而存在的，有什么职务就有什么职权，是与职务相对等的权力。校长的职权具有合法性与强制性。

校长职权的合法性：

《中共中央关于教育体制改革的决定》对中小学领导体制进行了规定，该决定指出："学校逐步实行校长负责制。"《中国教育改革和发展纲要》再次明

---

①  中国社会科学院语言研究所词典编辑室. 现代汉语词典 [M]. 北京：商务印书馆，1978：508.

确中小学实行校长负责制。《中华人民共和国教育法》第三十一条规定："学校的教学及其他行政管理，由校长负责。"《2003—2007 年教育振兴行动计划》规定："中小学要实行校长负责、党组织发挥政治核心作用、教代会参与管理与监督的制度。"

校长负责制这种领导体制赋予校长全面管理学校的权力，校长具有决策权、指挥权、人事权和财务权等。校长有权根据相关政策和学校实际情况对学校工作进行决断，有权按照财经制度使用学校经费，有权按照规制向下授权、授责、下达任务，有权按照合同及制度对教师的聘任、辞退、使用、考核、奖惩做出决定。这种权力是国家权力机关赋予的，是一种公共权力，是与其职务相当的权力，属于职权范围。校长的职权具有韦伯所提到法定权力的特点，是"合法授命进行统治"的权力。[①]

不仅如此，对于这种上级权力机关赋予校长的权力，教职工是认同的。当校长依法或根据制度进行领导时，教师就"服从有合法章程的、事务的、非个人的制度和由它所确定的上司——根据他的指令的正式合法性和在他的指令的范围内服从他"[②]。在这个行政等级制度内的上级，在工作范围内，都要为自己下属的工作承担责任，这意味着他对下属有权发号施令，下属则有义务服从。[③] 在教师的头脑中有一个概念，职权是上级权力机关向任职者提供的一种法定权力，是使领导者们具有强力统治力的权力。即校长有权力管理整个学校，作为学校的成员应该服从这种管理。

校长职权的强制性：

校长的这样一些职权具有强制统治的可能性。[④] 学校的规章制度是在校长主持下制定的，即校长具有对制度、政策等进行制定的权力。中小学管理中一

---

① 韦伯. 经济与社会：上卷 [M]. 林荣远，译. 北京：商务印书馆，1997：241.

② 同①.

③ 布劳，梅耶. 现代社会中的科层制 [M]. 马戎，时宪民，邱泽奇，译. 上海：学林出版社，2001：17.

④ 欧文斯，瓦莱斯基. 教育组织行为学：领导力与学校改革：第 11 版 [M]. 吴宗酉，译. 上海：华东师范大学出版社，2021：330.

种主要管理模式是科层制下的行政管理，校长在实施行政管理时，要按照行政管理的规则来实施。行政管理是通过行政系统、运用行政手段、采取发布行政命令方式进行管理的模式，其依据是法律、法令、条例、规则、章程等，而这些都具有强制性。不仅如此，校长还具有依法、依规对政策、制度等进行解释和完善的权力。各种已有的规章制度等并不能穷尽组织管理中的方方面面，加之社会正在以越来越快的速度发展，组织管理中会出现很多新问题。面对不能穷尽和新出现的事物，就没有相应的上述规范来告诉领导者如何处理，但是行政管理的模式又要求领导者必须按照政策、制度来行事。此种情况下或者立即制定、完善相应管理规则，或者往已有的规则上靠，即用已有的类似规则来处理和解释，无论如何都由校长来决定。所有这些都强化了校长职权的强制性。

校长职权的强制性表明，校长依法、依规下达指令，教职工要听从，且要认认真真做好相应的事情，不能不服从，否则要付出代价。校长职权的这一特点是因为职权包括了奖励权与惩罚权。奖励权是通过诱导和吸引来发挥作用的，它使成员认识到服从领导者的意愿、完成组织交给的任务，将会使自己的某种需求得到满足，将会实现自己的一些欲望。奖励的实施会让成员更加积极主动地亲近领导者，更加认真自觉地完成领导者布置的各项工作。惩罚权是奖励权的对立物，它是建立在惧怕之上的，是通过强迫、驱使来发挥作用的，它使成员认识到，不服从上级的意愿就会受到惩罚。

当然，校长职权的合法性和强制性是建立在党支部保证监督和教职工民主管理基础上的。国务院在《国家教育事业发展"十三五"规划》要求完善中小学校长负责制，"中小学校党组织要在学校各项工作中发挥政治核心作用，推进中小学校党组织和党的工作全覆盖"。《教育部等八部门关于进一步激发中小学办学活力的若干意见》中指出："学校发展规划、重要改革、安全稳定等重大事项和涉及师生员工切身利益的重要问题，由学校党政领导班子集体研究决定，并充分听取广大师生的意见，主动接受监督。党组织要强化政治功能，加强对重大事项、重要问题的政治把关。"

### （2）教师民主监督权力

在中小学领导体制中，教职工的民主管理是三位一体中的重要内容。《中共中央关于教育体制改革的决定》规定："要建立和健全以教师为主体的教职工代表大会制度，加强民主管理和民主监督。"《教育部等八部门关于进一步激发中小学办学活力的若干意见》中也强调："学校要认真落实教职工代表大会或教职工全体会议制度，对学校重要工作进行审议、听取意见。"

校长的职权从形式上看是上级政府机关的授予，实际是一种公共权力，公共权力来自社会中的全体公民、来自组织成员。按照政治学的观点，教师作为社会公民要向社会交出相应权利，公民所交出的这部分权利（Right）汇总成为公共权力（Power），然后由国家权力机关代行。为了更好地代行这部分权力，国家权力机关进行层层授权，于是作为公立学校的校长，便具有了这部分权力，成为这部分权力的代行者。法国 18 世纪中叶的启蒙思想家让·雅克·卢梭（Jean-Jacques Rousseau）把公共权力的来源及其运作的原则讲得非常清楚。他认为，"每个人由于社会公约而转让出去的自己的权利、财富、自由"[1]。所以，一个组织的权力实质上是每个组织成员贡献出来的，校长管理学校的权力实际是教师赋予的。

作为公民也好，作为组织成员也好，他们愿意献出自己的权利吗？公民不是毫无条件转让的，公民的转让是为了得到自己的相关利益，"人们都可以获得自己本身所渡让给他的同样的权利，所以人们就得到了自己所丧失的一切东西的等价物以及更大的力量来保全自己的所有"[2]。这便是政治学中说的等价交换。为了实现等价交换，就要求运用公共权力的人或者运用组织权力的人按照公意行事，即按照公民或组织成员的意愿行事。为此，作为权利所有者的公民，就要监督其让渡权利的运用情况，由此我们看到教师的民主监督权力具有合理性。

我国中小学的领导体制不仅赋予了校长全面管理学校的权力，而且赋予了教师民主监督的权力。《中华人民共和国教师法》第七条规定：教师享有的权

---

[1]　卢梭. 社会契约论 [M]. 何兆武，译. 3 版. 北京：商务印书馆，2003：38.
[2]　同 ①20.

利包括"对学校教育教学、管理工作和教育行政部门的工作提出意见和建议，通过教职工代表大会或者其他形式，参与学校的民主管理"。《中华人民共和国教育法》第三十一条规定："学校及其他教育机构应当按照国家有关规定，通过以教师为主体的教职工代表大会等组织形式，保障教职工参与民主管理和监督。"这些规定明确了教师对校长领导监督的意义，这是政策、法律赋予教师的权力，具有合法性。

校长拥有全面管理学校工作的权力，他们会按照"公意"来按部就班地运作权力吗？法国 18 世纪上半叶的启蒙思想家查理·路易·孟德斯鸠（Charles Louis Montesquieu）指出："一切有权力的人都容易滥用权力，这是万古不变的一条经验。有权力的人们使用权力一直到遇有界限的地方才休止。"[①] 孟德斯鸠理论表明，如果校长的权力没有"遇有界限"，他们很容易"滥用权力"，权力的无限必然带来腐败。如何让校长们不滥用权力呢？孟德斯鸠认为，"从事物的性质来说，要防止滥用权力就必须以权力约束权力"[②]。组织理论告诉我们，任何权力的运行都应该有制约它的权力存在，不能存在某种权力，在其运行过程中没有相应的权力制约它。校长的职权运作同样也需要民主监督，所以，教职工民主管理是有必要的，这也是政策、法律赋予教职工民主管理的价值所在。

校长的职权是校长特有的资源，教师作为组织成员，不具有这样的资源；教师的民主管理、民主监督是教师的资源。这些资源在互动中发挥作用，由于学校组织文化不同，它们发挥作用的程度也不同。

## （二）互动行为的内生资源

内生资源指互动双方赋予自身的资源，例如，品质资源、性格资源、气质资源等。这些资源都是用来影响他人的重要资源，也是校长与教师自身具有的内生资源，是他人无法给予，也是无法拿走的。每个人都具有这种资源，但不同的人表现不同。由于这种差异的存在，产生了彼此交换的意向和行为，从而

---

① 孟德斯鸠. 论法的精神：上册 [M]. 张雁深，译. 北京：商务印书馆，1959：184.

② 同①.

在互动中具有吸引、影响他人的力量。这里主要阐述包括道德与职业道德、专业知识与技术、态度与行为方式等在内的个人品质资源。

### 1．道德与职业道德

"道德"一词是人们在生活中经常使用的，也吸引众多学者对其进行研究。学者们有不同的表述："道德的行为或不道德的行为始终是一种社会现象。"[①] "我们实际上都把道德视为一个由各种规范组成的体系。"[②] "'道德'主要是指一定的潜在的倾向，可以简要地解释为人的愿望、感情和行为。"[③] "道"就是事物存在和变化的总原则，是推动事物运动和变化的内在力量，是事物发展和运动的规律，是一种常理规定；"德"则是遵循这种规律而表现出来的功能，是这些规定的现实标准。所以，道德就是一定社会条件下人们行为规范的总和，是人们应当遵循的行为准则。

道德不是靠强制，而是靠一定的社会舆论，靠内在的信念来调节人们之间的相互关系，来维系人们的社会行为。道德在评价人们的行为、调整人们之间的关系、树立社会风尚等方面有巨大的作用。道德的形成离不开传统力量、风俗习惯、思想信念和价值观念，教育在其中起着很大作用。

人类生活可以分为个体私人生活、社会公共生活、职业生活三个基本领域，调节这三个生活领域的道德分别是私德、公德和职业道德。私德是人们在私人生活中必须遵循的行为准则。私德教育是要培养人们的私人生活的道德意识，养成其在私人生活中与他人交往的道德行为习惯，特别是在恋爱、婚姻、家庭生活中的道德行为习惯。公德是人们在社会公共生活中必须遵循的行为准则。公德教育就是要培养人们的国家意识和社会意识，养成其符合国民公德及社会公德的行为习惯，如遵守社会公共秩序、文明礼貌、讲究卫生、爱护公物、保护环境、救死扶伤、见义勇为、维护国家安全和民族尊严等。职业道德

---

① 阿多诺. 什么是道德 [J]. 谢地坤，译. 世界哲学，2003（6）：21-28.

② 涂尔干. 道德教育 [M]. 陈光金，沈杰，朱谐汉，译. 上海：上海人民出版社，2006：80.

③ 威尔逊. 道德教育新论 [M]. 蒋一之，译. 杭州：浙江教育出版社，2003：75.

是所有从业人员在职业活动中应该遵循的行为准则。职业道德教育就是要培养人们的职业道德意识，养成其符合职业道德的行为习惯，如忠于职守、勤恳工作、诚实劳动、廉洁奉公、团结合作、维护本行业声誉等。

教师职业道德是一定社会对教师职业行为提出的基本要求，是其在教师职业活动中应该遵循的行为准则，也称师德。师德是社会道德的重要组成部分，是社会道德在教师领域中的特殊表现。我国对教师职业道德非常重视，教育部先后印发了《中学教师专业标准（试行）》《小学教师专业标准（试行）》《义务教育学校校长专业标准》《普通高中校长专业标准》，这些标准的基本理念都是师德为先。

我国非常重视教师职业道德，很早就颁布相关政策来进行规范，近十来年更是颁布了多部政策来规范教师职业道德。1997 年，我国就制定了《中小学教师职业道德规范》。2008 年 9 月，教育部、中国教科文卫体工会全国委员会又对此进行了修订，从爱国守法、爱岗敬业、关爱学生、教书育人、为人师表和终身学习等六方面规范了中小学教师职业道德。2014 年，教育部印发了《中小学教师违反职业道德行为处理办法》。2018 年 11 月，教育部又对其进行了修订，再次明确了教师不可触犯的师德禁行行为。2013 年 9 月颁布的《教育部关于建立健全中小学师德建设长效机制的意见》，就建立健全教育、宣传、考核、监督与奖惩相结合的中小学师德建设长效机制提出了意见。2018 年 1 月，中共中央国务院《关于全面深化新时代教师队伍建设改革的意见》强调师德建设在兴国、强师中具有战略意义，要全面加强师德师风建设。2018 年 11 月，教育部还印发了《新时代中小学教师职业行为十项准则》，这十项准则是：坚定政治方向、自觉爱国守法、传播优秀文化、潜心教书育人、关心爱护学生、加强安全防范、坚持言行雅正、秉持公平诚信、坚守廉洁自律、规范从教行为。

总之，教师应该具有良好的职业道德，教师还应做到以下几点。

第一，政治坚定，忠于职守。教师要具有较高的思想政治素质，始终保持政治上的清醒和热情。面对学生的基本要求，凡事身体力行，必须做到"身教"重于"言教"，身教言教统一，做践行师德的模范，充分发挥示范育人的特殊作用，始终保持自身的人格力量。教师要有强烈的责任心和使命感，认真履行自己的职责，做好本职工作。事业的真谛在于奉献，强烈的事业心和责任感是对教师的基本要求，是做一名合格教师的思想基础。

第二，严于律己，以身作则。教师在教书育人的过程中对学生最具影响力的不仅是知识技能的传授，更重要的是，学生在接受教育和管理时，教师的思想、情操、作风、言行、学识会对其产生深刻持久的影响。教师要增强自律意识，重视品德修养，不断完善自我，锤炼人格，用高尚的道德情操感染、影响学生，升华自己。孔子说过："其身正，不令而行。其身不正，虽令不从。"

第三，踏实肯干，乐于奉献。教师工作繁杂琐碎，内容涉及知识传授和生产，涉及学生的思想、学习、工作、生活等方方面面，其教育劳动的价值难以用确定的量化标准来计算。教师必须具有踏实肯干的精神，把工作做得深入、细致。教师要自觉抵制拜金主义、功利主义的侵蚀，要乐于奉献。

第四，立身公正，处事守道。教师要做到在教育和评价学生态度和行为上公正、无私、不偏袒、不偏心，满腔热情地关心和对待每一个学生，克服偏见和歧视。在歧视和偏见织就的不公正的罗网中，师生之间潜藏着对立的意识，要形成良好的关系就不太可能了。教师还要实事求是地认识和把握学生的优点和缺点，辩证地看待"好学生"和"差学生"，冷静而理智地对待学生的"优点"和"缺点"。

## 2．专业知识与技术

教育作为一个专业领域，学校作为一个从事专业教育的场所，其间的教师作为专职教育工作者，他们自然应该掌握该领域的专业知识与技术。"一个专业既是一种高度复杂和熟练的工作，又是一种根植于知识的职业行为。……把某些事情称为专业即表示这些事情有一个在学府里被广泛运用的知识基础"[1]，"学术知识对专业人员的工作是必不可少的"[2]。因此，教师的专业知识与技术等在教学专业化、教师专业化中占有非常重要的地位，失去这个基础性的要

---

[1]　舒尔曼. 理论、实践与教育的专业化 [J]. 王幼真，刘捷，编译. 比较教育研究，1999（3）：37.
[2]　同①.

素，教育与教师的专业性也就失去了真正的意义。教学若被视为一种专业，则首先需要教师具有专门的知识与技术。

教师的专业知识是教师职业区别于其他职业的理论体系与经验系统。教师应该具有精深的学科知识，主要包括该学科的概念、理论、观念、组织框架、证据和证明，以及获得学科发展的实践和途径等；广博的文化科学知识，即与所教学科密切相关的其他学科知识；丰富的教育科学知识，有效设计教学、组织教学、实施教学的方式。李·S. 舒尔曼（Lee S. Shulman）认为，教师应该具有学科知识（subject matter content knowledge），这是教师用来教授学生的自身知识，是知识结构中的主要内容。学科教学知识（pedagogical content knowledge），指理解各学科所需要的专门教学方法与教学策略。课程知识（curriculum knowledge），指对学科在给定水平上的设计，对与此相关的多种多样教材的了解，以及什么该给学生、什么不该给学生等的把握。[1]马克思·范梅南（Max Van Manen）认为，优秀的教师除了掌握学科、教学法、教育学、心理学、管理学和教育技术等知识外，"还有一种比'知识渊博'更为重要的品质，即教育的敏感性与机智"[2]。"教育的敏感性和机智是一种特殊的才能，它与我们为人处世的方式有关。它是一种既来自心灵也来自头脑的知识。"[3]

教师的专业技术是教师顺利完成教育教学活动的技术。主要包括：教学设计，指在对教学目的理解的基础上，对教学过程中的各个要素及其相互关系进行统一、系统、整体的协调安排，从而有效实施教学的技术。教学研究，指有意识地用研究者的眼光去发现问题、解决问题，运用理论创造性地分析、解释问题，从而提升对现象的认识、发现事物规律的技术。信息素养，指辨识自己信息需求，知晓有用信息资源，制订信息检索策略，评估信息相关度及有用度，有效组合、使用信息，运用信息解决问题的技术。反思，指在教育教学过程中，将教育教学活动本身作为意识的对象，不断地对自我及教育教学活动进

---

[1]　SHULMAN L S. Those who understand: Knowledge growth in teaching[J]. Educational Researcher, 1986, 15(2): 4-14.

[2]　范梅南，李树英. 教育的情调 [M]. 李树英，译. 北京：教育科学出版社，2019: 166.

[3]　同 [2]12.

行积极、主动的回忆、思考和评价，对过去经验的不断总结、提升，同时又是做出新的计划和行动方案的技术。组织领导，指在教育教学工作中，为实现既定目标，对学生进行组织、协调、引导，从而对他们施加影响的技能。

《中学教师专业标准（试行）》和《小学教师专业标准（试行）》对教师从专业理念与师德、专业知识和专业能力三个维度上进行了要求。

校长作为学校的主要领导者，除了要具有一定的教育教学知识与技术外，还要具有管理与领导方面的知识与技术。要有马克思主义理论基础、广泛的科学文化知识和深刻的管理科学与领导科学知识。要有规划、决策、协调、整合、辨才、用人、创新等能力。《义务教育学校校长专业标准》和《普通高中校长专业标准》从六个方面对校长专业职责提出要求：规划学校发展，营造育人文化，领导课程教学，引领教师成长，优化内部管理，调适外部环境。

校长对权威的认识与具备也是其管理专业知识与技术的内容之一。前面在阐述校长职权时已经明确，校长具有职权和权威，职权是外来的，权威是内在的。权威是领导者自身具有的、使人们信从的力量和威望，属于内生资源。权威是由于领导者自身具有优秀品格、渊博知识、超凡出众的才能，自然而然地赢得成员的敬重和信任，心甘情愿地服从，从心理上愿意接受其影响而获得的权力。领导者是否具有权威，以及权威的大小，都是由领导者自身素质决定的。领导者品格优秀、知识渊博、能力强，权威就大；反之，权威就小，甚至无权威。权威不是外在赋予的，有职务的人不一定有威望，没职务的人也不一定没权威，权威的大小也不由职务而定。所以，权威是自身产生的，是内在资源，不是别人可以随便取消掉的。权威是互动中校长的命令被教师接受的保障。巴纳德的权威接受论表明，一项命令是否有权威性取决于接受命令的人，而不是取决于权力当局或发布命令的人。[①] 教师听从校长的指挥，他的职权就能发挥作用，否则他的职权就产生不了效应；教师接受校长职权的程度高，他的职权效应也就大，反之，他的职权效应就小。

校长与教师专业知识与技能具有鲜明的个体性特征。校长与教师在从事管

---

① 巴纳德. 经理人员的职能：珍藏版 [M]. 王永贵，译. 北京：机械工业出版社，2013：120.

理和教育活动过程中所使用的知识与技术不完全是一种纯粹理性的、自然科学式的知识与技术。纯粹理性的、自然科学式的知识与技术是外在的、抽象的、普适的，有时与丰富多彩的管理和教育教学想象联系不十分密切，所以，它们不能完全有效地指导纷繁复杂的管理与教育教学实践活动。校长与教师在使用这些知识与技术的时候必须根据具体情况，结合个人的个性、经验、价值等因素加以理解、选择和使用，在纯粹、自然的知识与技术，以及鲜活、生动的实践和自己丰富的经验基础之上，建构具有个体性特征的，丰富、灵活、合理的知识与技术。校长与教师的这种具有个体性特征的知识与技术是个体智慧的结晶，充满着个人的管理与教育艺术，是校长与教师专业水平的重要体现，是校长与教师专业权威的表现。所以，校长与教师的专业知识与技术是他们在这个领域的至关重要的资源，也是他们用来影响他人的关键要素。

### 3．态度与行为方式

态度是人们对待事情的看法；行为方式是人们说话做事所采取的方法和行动样式。态度和行为方式是人们综合素质的体现。互动中的态度与行为方式主要是指对待别人的态度与方式，例如，持有什么价值观，是否尊重对方，是否有信任对方的诚意，是否会向对方投入感情，等等。

（1）价值观

价值观，即价值观念的简称，是人们关于人生目的、态度、价值和理想的根本观点，是关于周围客观事物的好坏、得失、善恶、美丑等具体价值的立场、看法、态度和选择，是人们心目中关于某类事物的价值的基本看法、总体观念，是人们对该类事物的价值取舍模式和指导主体行为的价值追求模式。它主要回答什么是人生、人生的意义、怎样实现人生的价值等问题，具体表现为苦乐观、荣辱观、生死观等，包括人们的社会信念、人生信仰、政治理想、道德追求、生活原则等，是人们的价值信念、价值标准和价值理想的综合体系，是人们利益、需要、心理和行为的内心定向系统。

价值观念的内容，一方面表现为价值取向、价值追求，凝结为一定的价值目标；另一方面表现为价值尺度、评价标准，成为主体判断客体有无价值及价值大小的观念模式和框架，是主体进行价值判断、价值选择的思想根据，以及决策的思想动机和出发点。从微观角度来看，价值观是人心中的一个深层的信念系统，在人们的价值活动中发挥着行为导向、情感激发和评价标准的作用，构成人生观的重要内容，制约着人生活动的方方面面，是一个无形而有力的世界；从宏观角度来看，价值观是社会文化体系的内核和灵魂，代表着社会对应该提倡什么、应该反对什么的规范性判断。

由于价值观就是人们对于这个世界、这个社会的一种认识，就是人们对于人、事、物的意义及重要性的总评价和总看法，所以人们会把这种认识、看法和评价响应到自己的行为中去，在同一客观条件下，对于同一个事物，由于人们的价值观不同，就会产生不同的行为。价值观不仅影响个人的行为，还影响着群体行为和整个组织行为，当然也影响着校长与教师的互动行为。人们常常由于价值观的类同，而走到一起，从事同样的事业，当然也会因为彼此的价值观不同而分开。所以价值观是人们互动中的重要资源。

**（2）尊重**

尊崇而敬重，是建立在对价值评价上的一种态度，包括自尊与尊人，是二者的统一。自尊即对自己的自我尊重，是人对自己尊严和价值追求的表现，是人对自我行为的价值与能力被他人与社会承认或认可的一种主观需要。"社会上所有人都有一种获得对自己的稳定的、牢固不变的、通常较高的评价的需要或欲望，即一种对于自尊、自重和来自他人的尊重的需要或欲望。"[1] 尊人是对他人、社会和自然的尊重，是一种对人不俯不仰的平等相待，对他人人格与价值，及其社会与自然价值的充分肯定。尊重是一种修养，一种品格。

自尊虽然是人们主动发展的动力，但是不论是自尊的形成还是自尊的发展，都离不开周围世界的影响和制约，离不开和周围世界的互动。人要想获得自尊，得到发展，就要不断地调节自己和周围世界的关系，这里有认识关系、实践关系，但最本质的是价值关系，也就是尊重的关系。如果不尊重他人、社会与自然，自尊也不能获得。如果一个人最高的追求是自我价值，那么说明他

---

① 马斯洛. 动机与人格: 第三版 [M]. 许金声，等译. 北京: 中国人民大学出版社，2013: 23.

懂得价值是什么，也就会同样理解他人的价值，尊重他人的价值。因此，自尊总是和尊人联系在一起的。

"尊重意味着能够按照其本来面目看待某人，能够意识到他的独特个性。尊重意味着关心另一个人，使之按照其本性成长和发展。"① 尊重意味着把自己与对方看作有独特作用、有发展潜能、有自我指导力量的行为主体，这种需要的满足，"导致一种自信的感情，使人觉得自己在这个世界上有价值、有力量、有能力、有位置、有用处和必不可少"②。

（3）信任

信任对于人们来说是一个经常被提到的词，很多学者也对信任进行过研究，他们对该词进行了不同界定。尼克拉斯·卢曼（Niklas Luhmann）认为，"在其最广泛的涵义上，信任指的是对某人期望的信心，它是社会生活的基本事实"③。彼得·什托姆普卡（Piotr Sztompka）认为，"信任（trust）就是相信他人未来的可能行动的赌博"④。查尔斯·F.萨贝尔（Charles F. Sabel）认为，"信任是交往双方都相信的事物，即都相信不会利用对方的弱点（vulnerability）去做事"⑤。还有学者认为，信任是"在有风险的情势下，对他人的动机抱以一种积极的、自信的期待状态"⑥。信任是指任何一个人或一个群体都努力在行动上遵循明确或不明确的任何承诺；信任是指任何一个人或一个群体都忠诚于协商产生的承诺；信任是指任何一个人或一个群体都不谋取任何额外利益，甚至在有机可乘的情况下也一样。⑦

总之，信任是相信而且敢于托付的意思，它是一种对人与人之间关系理解的反应，是连接人们之间相互关系的纽带。信任是主体间的一种关系，发生在

---

① 弗洛姆. 为自己的人 [M]. 孙依依，译. 北京：生活·读书·新知三联书店，1988：253.

② 马斯洛. 动机与人格：第三版 [M]. 许金声，等译. 北京：中国人民大学出版社，2013：24.

③ 卢曼. 信任：一个社会复杂性的简化机制 [M]. 瞿铁鹏，李强，译. 上海：上海人民出版社，2005：3.

④ 什托姆普卡. 信任：一种社会学理论 [M]. 程胜利，译. 北京：中华书局，2005：33.

⑤ SABEL C F. Studied trust: Building new forms of cooperation in a volatile economy[J]. Human Relations, 1993, 46(9): 1133-1170.

⑥ 克雷默，泰勒. 组织中的信任 [M]. 官兵，刘穗琴，等译. 北京：中国城市出版社，2003：153.

⑦ 同⑥413.

两个以上的主体间，"信任在互动框架中产生"[1]。"信任的给予通常意味着委托人把某些资源给予受托人，使受托人利用这些资源为自己谋取利益。"[2] 当受到他人的信任，"意味着你能控制别人所看重的资源"[3]。所以，信任是一种财富、一种社会资本。信任，作为社会资本的一种形式，其重要性还体现在相互信任的系统内。信任关系"对双方都有极其重要的心理价值"[4]。

（4）情感

"感情是对人或事物的关切、喜爱的心情。""一般汉语习惯把情感过程的产物叫做感情，或者把情感与感情当作同义语用。"[5] "西方心理学把 feeling（情感）和 emotion（情绪）概称为 affection（感情），即把感情当作情感和情绪的总称。中国习惯于把情感过程的产物叫做感情，或把二者当作同义语。"[6] 感情是经过长期接触以后累积在彼此心里的一种反应，是被对方的某些行为所触动的一种奇妙的、美好的感觉。它与人们的社会属性有关，是人类特有的高级、复杂的体验。

一般说来，人们之间的感情好，彼此之间就会有尊重感与信赖感，并会保持一种谅解、同情、互助、友谊和合作的关系。如果领导者与其成员有相容的感情，成员就会对领导者的思想品质和人格魅力有敬佩感，就会对他的指令有服从感，就会与领导者同心、同德、同步地工作；领导者也会对成员格外关照，成员个体发展的机会也会更多些。领导与成员之间的良好感情，能使组织中的每一个成员都能认识到自己工作的意义，感受到所做的工作受到尊重和信任，体会到自我价值，从而尽心竭力地工作。

其实，领导过程不仅是完成组织任务的过程，也是感情缔结的过程；不仅是实物等经济性因素交换的过程，也是双方在感情上进行交互作用的过程。人

---

① 卢曼. 信任：一个社会复杂性的简化机制 [M]. 瞿铁鹏，李强，译. 上海：上海人民出版社，2005：7.

② 科尔曼. 社会理论的基础：上 [M]. 邓方，译. 北京：社会科学文献出版社，2008：91.

③ 克雷默，泰勒. 组织中的信任 [M]. 官兵，刘穗琴，等译. 北京：中国城市出版社，2003：48.

④ 同 ②284.

⑤ 朱智贤. 心理学大词典 [M]. 北京：北京师范大学出版社，1989：213.

⑥ 杨清. 简明心理学辞典 [M]. 长春：吉林人民出版社，1985：352-353.

们的工作与生活不仅仅需要物质财富的支撑，更需要感情的支撑。离开感情，将不能铸造人的精神世界。感情是维系和协调领导与成员双边活动的纽带和桥梁，是领导活动的灵魂，直接影响着领导效果的好坏。

总之，价值观、尊重、信任和情感是校长与教师互动中的核心资源，是双方自己生成的资源。

## 本章小结

这一章主要探索了校长－教师互动行为的一些理论问题，目的是为后面的研究起到铺垫作用。

首先，阐明了互动行为价值：互动是社会、组织和个体发展的保障，它促使社会形成、组织产生及成长，促进个体形成自我与社会化，还为个体获取发展资源提供保障；互动是领导效能发挥的保障，它确保领导活动任务的完成。

其次，阐明了互动行为的本质特征和环境特征：互动的本质是一种交换，是互动双方相互换取对方资源的过程；互动包括经济性交换和社会性交换；前者奉行的是等价交换原则，后者的核心则是互惠原则；互动是在中小学的组织环境和制度环境基础上进行的，这一环境既具有科层制特征，也具有松散结合的特征，是具有双重系统特征的组织。

最后，阐明了互动行为的内外资源：外界赋予资源主要包括组织机构、制度与合同、校长职权及教师民主监督权等；个体内生资源主要包括道德与职业道德、专业知识与技术、行为态度与方式等。

# 第三章
# 校长－教师互动行为：
# 现象·归类·分析

这一章主要是对校长－教师互动行为现象进行探索，包括对互动行为现象的外部表现形态，以及现象内部联系所反映出来的共同性和差异性的归类，最后对现象的呈现和归类进行理性分析。

# 一、校长－教师互动行为现象

这部分实际上是对校长－教师互动行为的外部表现形态进行研究，是建立在实证基础上的研究，实证研究的数据主要来自访谈和问卷等。通过对互动理论的解读和互动文献的研究，制定了初步的访谈提纲，对中小学校长和教师进行了结构性和半结构性访谈。对访谈数据进行了类别分析，利用编码技术，将相同、相似的材料归为一类，然后从中提炼出相应概念。研究发现，关于校长与教师的互动，大家主要集中从目的、内容、方式、媒介四个方面来说明其互动现象，于是笔者初步确定了这四个维度。然后再次进行访谈，通过访谈验证这四个维度。最后确定从目的、内容、方式、媒介四个方面对校长－教师互动进行描述，进一步清晰呈现他们互动行为的现象。

## （一）校长－教师互动行为目的

我们从与中小学校长以及教师的访谈中发现，校长与教师的互动目的多是围绕工作和解决问题进行的，之后又用问卷方法进行了程度上的描述。

其一，任务为本的互动。

这种互动的直接目的是完成组织任务。学校的组织任务主要是教育教学，所以，这类互动主要是围绕完成教育教学任务而实施的。校长主要是围绕学校行政以及教育教学工作与教师互动，教师则主要围绕教育教学工作与校长互动。

这种情况下的互动，基本是自上而下的互动。校长与教师作为互动主体，他们要同时参与彼此的所有互动活动，若是单方进行的就不是互动了。虽然都同时参与所有互动活动，但是最初的发起者和参与互动活动的主动性是不同的。以任务为本的互动活动，主要是校长作为行政工作和教育教学活动的最初发起者与教师进行主动互动，此时校长居于学校"金字塔"的顶端，其角色身份是学校组织的最高权力者，对教师的作用和影响是运用职权从上往下通过中间层次管理者行事，教师则是被作用及被影响的对象。在这个互动活动中，校长是主动方，教师是被动方。在这样的互动过程中，校长在合同、制度范围内，通过中间层次管理者，围绕正常的教育教学工作给教师布置任务。教师则接受这些任务，同时根据分配的工作，运用自己的专业知识和技术去完成。

在校长与教师之间，这种互动是普遍存在的，即校长会与每位教师实施这种互动，教师也要对这种互动中的影响做出反应。这种情况下互动的结果是非常明确的，即学校的所有与教师有关的工作都有具体教师去做，所有教师都知道自己具体做什么工作。

学校的事情是非常烦琐的，我们每次都要先将所有的教育教学以及行政方面的任务梳理一下，然后根据教师的具体情况进行分配。涉及教师的事情主要是教育教学等工作。较为常规的教学方面，有国家课程和地方课程，诸如数学、物理、生物、化学、语文、英语、政治、历史、地理等课程，都要安排教师上；除此之外还有校本课程，我们学校设置了不少类似课程，初一年级就有优秀诗文诵读与鉴赏、LIVE互动英语、数学史话、风景绘画、信息技术、视听与练耳、篮球、剪纸与折花、环境教育等。较为常规的教育方面的事情主要是班主任工作、学生的心理健康辅导、体育卫生等。除了这些常规事务之外，还有其他许多非常规的事务。总之，学校的所有事情都需要安排好，要落实到具体人员，做到每一件事情都有具体人员来做，每一个人员都有具体事干。（WCD 校长）

我是一名小学五年级的数学教师，教两个班的数学，当一个班的班主任。我每学期的工作有两大部分，即教育和教学。我的教育工作需要做如下事情：班主任工作，要做好学生的心灵导师，要上好班会课并上交班会课教案，做不好好学习的学生的转化工作，根据学生年龄段特点进行适宜的教育，同时与家长取得紧密联系。我的教学工作需要做如下事情：完成学校规定的两个班的数学教学工作；积极参加各种继续教育和学科培训；听 20 节课，参加组内所有教师每学期一次的说听评课；出上课和单元的检测试卷并进行批阅、分析，调整教学，开展个别辅导；根据各年龄段学生的认知规律，选择适宜的授课方式。（ZXA 老师）

我是中学信息技术教师。我的教学工作：承担初一年级五班至七班、初二年级三班至七班的信息技术课教学任务，每周各年级准备一份教案，共计两份教案；承担初一研究性学习《弟子规》的教学工作并撰写教案；承担初二校本课程"趣味 Photoshop"并撰写教案；辅导学生完成作品，参加每年一次的中小学生电脑作品比赛；每个学期末，登录学生学业成绩管理系统，上传所教班级的学生信息技术成绩；每周听 1 ～ 2 节同年级同学科教师的课。学校工作：学校大型活动及领导发言的幻灯片制作；学校教育沙龙等教科研活动的记录，并上传至校园网；为校刊制作搜集学生作品等相关资料；为"区社会大课堂资源信息平台""区课程改革资讯平台"每月按时按量上传相关材料；定期维护学校机房。除了每日的备课、上课、判作业、答疑之外，每周有一些固定工作。即周一全天、周二下午全员坐班。参加周一早晨 7：30 全校升旗仪式，周一下午 4：15 的团队活动，单周全体会，双周教研组会。周一下午第二节课是备课组活动。周四上午教研组听评课，下午去分院进修。（ZYF 老师）

其二，以问题为本的互动。

以问题为本的互动中，一种情况是校长与教师在工作中遇到了麻烦，另一种情况是彼此在个人成长与发展中遇到了麻烦。

在工作中，校长与教师经常会遇到一些麻烦，例如课程改革、新课标的贯彻、研究性学习的实施、校本课程的设置、学生学习中的障碍、家长的过高要求等，为了解决工作中的问题需要对方的帮助，于是产生了互动。访谈结果表明，在中小学中存在这种以工作中的问题为本的互动。

在分配工作时，校长不能直接给普通教师布置任务，而是要通过下面的几个层次安排。工作中出现的麻烦，一般情况下也是通过下面的几个层次解决。但是解决这些事情的思想理念不一定各层级都能理解，为了及时解决问题，我就以交流思想的方式，与教师沟通做这些事情的想法。这种方式很有效，既维护、调动了各级成员的积极性，又让教师知道自己的想法，还了解了他们的想法。另外，我们学校算是规模较大的小学，还有住宿的学生，各种不确定性的问题非常多，有时你是无法预测会出现什么事情的，所以，就工作中的问题与一些教师直接交流的情况还是时常有的。（WSS 校长）

那年我们学校办了个电脑特色班，这种班在这个区，甚至这个市都是没怎么办过的，如何做好相关工作，没有经验，一切都要试着来。在这种情况下，有时就直接找这个班的班主任交流，这样可以掌握第一手资料，这个班的班主任有时也直接找我。其他领导干部对这种事情也是理解的，因为这是新的尝试，如果再由中间人传来传去一是影响办事效率，因为有些事情必须马上办；二是怕经过的人多了，意思不准确了。当然，那种常规性的事情我一般是不会主动插手干预的。（BFW 校长）

我在学校做教研组长的工作，这种工作如果按部就班可以不直接找校长，通过你的上级，比如主任等是可以解决的，所以，一般我也不直接去找校长。但是有些工作上的事情，尤其是你想很快做好的事情，而你又遇到了很大阻碍，就特别需要校长的支持。因此有时我就找校长问一问，该不该这样做，希望得到校长的认可和帮助。（JXC 老师）

我们学校的很多事情需要很多教师的协调，不是单打独斗可以完成的，要牵扯较多的人员。我不是行政领导，学校又让我去做这件事情，我也想把这件事情做好，于是有时我就直接去找校长，请校长出面帮忙协调，我觉得这是必要的，为了工作嘛。比如，那年刚开始搞研究性学习，我就参与进去，我非常赞成这件事情，也非常喜欢做。当时有很多想法，非常希望学校采纳，于是就时不时去与校长沟通。还好，很多建议都被学校接纳了，我也因此提升了在这所学校的地位。（MZL 老师）

这种互动活动虽然存在，但不是普遍现象，校长不会与所有教师就工作问题直接互动，也不是所有教师都会就工作问题与校长直接交流，关于工作问题，教师更多的是去找他们的直接领导者。这种互动既有自上而下的也有自下而上的。自下而上的互动是教师作为互动活动主体的最初发起者，教师是主动方，校长则是被动方。

除此之外，教师在个人发展中，如提职、晋级、评职、加薪、学习等过程中遇到了麻烦，例如，不想当班主任，不想教授如此多的课，没有评上职称，想考研究生，想请长假，遇到不公平现象，或遇到其他事情。这些麻烦可能是中层领导在权力范围内无法解决的，是现有的机构、制度都不能解决的，于是便去找校长。

评职问题在我们学校这几年是非常不好办的事情，这几年够一级、高级条件的教师挺多，可是指标少，就经常有教师来找我，希望得到解决。他们的心情是可以理解的，教师追求高一级的职称是正常的。尤其是那些没几年就要退休的教师，干了一辈子教育，最后如果因为指标问题没有如愿以偿，是挺遗憾的事情。可是我也生不出指标来，就只能好好做做工作，有的教师为此事一遍一遍找我。在学校类似的事情不少。（ZJB 校长）

那年我们进行考核，根据考核评定发奖金，共有四档的奖金，最好的给一等奖金。给了我第三等的奖金，理由是有几位家长对我的班级管理不满。我觉得对我不公，对我工作评价有失公允。这几位对我不满的家长是因为他们的孩子不好好学习还影响他人，我对他们的孩子实施了较严厉的批评。我觉得学校对我这样负责任的教师应该给予肯定，而不是不进行调查就对我的工作成果降级处理。于是我就直接去请校长评理。（KJJ老师）

我们学校在当地是不错的学校，家长都愿意将自己的孩子送到我们学校读书，但是有的孩子并不符合入学条件，于是就经常有人找我托关系。我们学校这方面的事情只能是校长做主。所以，为这种帮别人孩子上学的事情我找过校长两次。实际上我们学校其他同事有时也会因为自己家里孩子的问题或者亲戚朋友孩子上学的问题去找校长。有时能够办成，有时办不成，遇到这种事情校长当然嫌麻烦了，不过校长还是会尽力帮助老师的。（AXF老师）

以前我在一所中学当英语教师，当时准备考研究生。由于学校不支持考研行为，我就自己暗自复习，没想到参加考研辅导班时，被别人看到，于是组长、主任都知道了，他们都纷纷通过各种方式暗示我不能考研。暗示不成功就采取直接的方式告诉我不能考研，理由是教学任务太重。尽管我表示不会影响工作，但是他们还是以会影响教学为由制止我的考研行为，并且威胁我，让我停止复习。我担心考研不成功，反而丢掉工作，于是就多次去找校长。校长总是不明确表态，让我心里特别没底，最后我还是考上了。（GRN老师）

这种情况下的互动一般是自下而上的，此时教师的身份就是校长的成员，希望校长帮助解决自身无法解决的个人问题。当然也不排除校长是为了获得进一步提升的机会而与某些具有较多、较强社会资本的教师进行互动来往，但是这种情况发生的概率不是很大。总之，这类互动多是围绕个人事情，是为了解决个人问题而进行的。

关于互动目的问卷"您与校长（教师）互动是为了"，校长填写与教师的互动目的，教师填写与校长的互动目的，下面是问卷的情况，见表3-1和表3-2。

表 3-1　校长与教师互动目的（％）

| 序号 | 题目 | | 完全符合 | 比较符合 | 一般 | 比较不符 | 完全不符 |
|---|---|---|---|---|---|---|---|
| 1 | 您与教师互动是为了 | 完成好学校任务 | 67.5 | 27.5 | 2.5 | 2.5 | 0.0 |
| 2 | | 获得更大支持 | 57.1 | 33.7 | 6.1 | 3.1 | 0.0 |
| 3 | | 使彼此的观点相似 | 25.6 | 56.2 | 8.9 | 6.2 | 3.1 |
| 4 | | 获得更多荣誉、提职、晋级等 | 5.1 | 10.3 | 28.2 | 5.1 | 51.3 |
| 5 | | 解决自身不能解决的问题 | 24.0 | 51.0 | 15.0 | 9.0 | 1.0 |
| 6 | | 获得彼此尊重、信任和情感 | 60.0 | 35.0 | 4.0 | 1.0 | 0.0 |

表 3-2　教师与校长互动目的（％）

| 序号 | 题目 | | 完全符合 | 比较符合 | 一般 | 比较不符 | 完全不符 |
|---|---|---|---|---|---|---|---|
| 1 | 您与校长互动是为了 | 完成好学校任务 | 20.0 | 51.4 | 20.0 | 5.7 | 2.9 |
| 2 | | 获得更大支持 | 28.9 | 37.5 | 18.5 | 8.0 | 7.0 |
| 3 | | 使彼此的观点相似 | 6.7 | 26.9 | 29.4 | 16.8 | 20.2 |
| 4 | | 获得更多荣誉、提职、晋级等 | 4.3 | 17.3 | 22.1 | 14.3 | 42.0 |
| 5 | | 解决自身不能解决的问题 | 37.5 | 34.9 | 16.8 | 6.7 | 4.1 |
| 6 | | 获得彼此尊重、信任和情感 | 51.4 | 38.6 | 5.9 | 2.6 | 1.5 |

问卷调查表明：无论是校长与教师，他们都围绕工作之事，为了更好地工作，与对方进行不同程度的互动，且进行互动的人员较多、频率较大。所不同的是，校长围绕工作之事与教师互动更加主动，对于互动是为了"完成好学校任务"这一选项，校长认为"完全符合"的占比达到了 67.5%，选择"完全符合"或"比较符合"的占比达到了 95.0%；而教师在回答此问题时，认为"完全符合"的占比为 20.0%，选择"完全符合"或"比较符合"的占比为 71.4%。双方都为了通过互动寻求对方支持自己做好工作，当然其程度不同。针对互动是为了"获得更大支持"这一选项，校长选择"完全符合"的占比达到了 57.1%，选"完全符合"或"比较符合"的占比达到了 90.8%；而教师在回答此问题时，选"完全符合"的占比为 28.9%，选"完全符合"或"比较

符合"的占比为 66.4%。针对互动是为了"使彼此的观点相似"这一选项，双方的选择在比例上也存在差距。校长们选择"完全符合"的占比达到了 25.6%，选"完全符合"或"比较符合"的占比达到了 81.8%；而教师在回答此问题时，"完全符合"的占比为 6.7%，选"完全符合"或"比较符合"的占比为 33.6%。

另外，二者的互动，完全为了荣誉、提职、晋级等显性的功利目的的比例都非常低，只有 5.1% 的校长和 4.3% 的教师互动完全是为了获得更多荣誉、为了提职和晋级。但是在互动是为了"解决自身不能解决的问题"的回答中，校长选择"完全符合"或"比较符合"的占比为 75.0%，教师的占比为 72.4%。看来双方都有各自的问题需要通过互动，由对方帮助解决。

### （二）校长 – 教师互动行为内容

这里研究校长与教师互动内容主要是什么，在互动中彼此主要交换什么，交换的这些内容是在什么范围内进行的。下面这个案例体现了一位中学数学教师在学校中与校长互动交换的内容。

## 案例 3-1：韩老师与校长的互动内容

韩老师是 BEJ 市 F 区 E 中学的一名普通初中数学教师，至今已工作 9 年了，职称为中学一级。该中学有 2600 多名师生，是一所有高中和初中的完全中学，其教育教学质量在区里属于中上等水平。

韩老师所在学校采用的是聘任制，每年教师和学校签署聘任合同，聘期为一学年。在每学年末，学校发给每位教师一份岗位协议意向书，教师将自己的岗位意愿，例如愿意承担哪一科教学任务，愿意承担几个班的教学任务，是否愿意承担研究性学习指导教师任务，是否愿意担任班主任工作等，填写完毕，交给学校。学校根据教育教学的任务需要，并结合教师的意愿安排工作。一般来说安排都会符合教师的意愿，如不能符合教师的意愿，学校会派专人，一般是主管领导，诸如教研组长、年级组长等找教师谈话，重新安排具体工作。然后学校统一安排时间，教师与学校签署两份协议，一份交给学校，一份教师自己保留。那年，韩老师与学校签署聘任合同，担任初二两个班的数学课，以及"数学的多元思维培养与训练"的校本课程的指导教师，没有担任班主任。由于韩老师按质按量地完成了这些任务，期末考评合格。按照聘任合同规定享受相应的工资、福利等待遇。该学校聘任合同规定，工资包括：职务（等级）工资、津贴、提高的职务（等级）工资的10%、教龄津贴、职务补贴、目标奖等国家政策规定所含的内容；福利包括：书报费、洗理费、生活补贴、交通补贴、房补等。

实际上，韩老师在做上述工作的同时，还有许多其他不确定的事情，例如，帮助校长申报课题做PPT。韩老师的PPT做得非常好，于是学校的一些大事都由她来做PPT；再如，校长喜欢承办区里号召的一些活动，当职能人员的人手不够时，校长总让韩老师来做些事情。还有，外单位来参观或有其他事情，也时常请韩老师来帮忙。这些事情虽然不是合同内的事情，需要占用一些时间、耗费一些精力，也没有什么更高经济报酬，但是韩老师有求必应。她觉得校长放心让她干，是看得起她、尊重她，通过做这些事情与校长之间的感情也加深了，这些比经济报酬更重要，也并不是所有教师都能去做的，这让韩老师感到非常愉快。

资料来源：集体访谈2

案例3-1表明：从互动中彼此交换资源的范围角度来看，韩老师与校长互动的内容主要包括两大部分：一部分是韩老师与学校签订的合同内所规定的内容，另一部分是合同没有规定的内容。这说明中小学校长与教师的互动包括合同内互动与合同外互动。

其一，合同内互动。从案例3-1可以清楚地看到，韩老师在学校与校长互动的一大部分内容是通过其劳动的付出，得到基本的生活所需。实际上是用自己的专业知识、技术与学校进行经济、物质等资源的交换，而这样的交换内容已经物化在了教师与学校的聘任合同中。

就目前中国情况来看，一般的中小学教师都与学校签订了聘任合同。校长作为学校的法人，是甲方的代表，教师则是乙方。合同里规定了甲乙双方的权利与义务。以下是 BEJ 市 F 区 Y 中学的教师聘用合同书中的部分内容。

### 二、工作内容、条件和纪律

第二条　乙方同意根据甲方工作需要，在 教师 岗位工作，并同意甲方规定的如下职责要求：必须遵守党纪国法、上级教育行政部门的各种规章制度，服从管理。认真履行《BEJ 市中小学教师职业道德规范》和教育、教学、管理、服务岗位工作职责；自觉遵守校内各项规章制度；承认校内工资分配方案。

第三条　甲方应为乙方提供符合国家规定的安全卫生的工作环境、必要的工作条件和劳动保护，保障乙方的安全与健康。

第四条　甲方根据工作需要，依法制定规章制度和工作纪律，负责对乙方进行遵纪守法、职业道德、岗位技能、必备知识的教育与培训。

第五条　乙方遵守甲方依法制定的规章制度和工作纪律；遵纪守法，遵守职业道德；积极参加甲方组织的培训，不断提高知识水平和岗位技能。乙方违反甲方的规章制度和工作纪律，甲方有权根据规章制度进行处理。

### 三、工作报酬和保险福利待遇

第六条　甲方按照国家和 BEJ 市的有关规定，根据乙方完成工作任务情况，每月以货币形式支付乙方的工作报酬。

第七条　乙方在合同期内的工作时间、公休假日、女工保护、因工（公）负伤或致残和死亡待遇，非因工（公）负伤、患病医疗等待遇，甲方均按照国家及 BEJ 市的有关规定执行。

第八条　甲乙双方按照国家及 BEJ 市的规定参加（全额拨款事业单位应上缴的）社会保险。

第九条　甲方为乙方提供以下福利待遇：国家及 BEJ 市规定的福利待遇；校内相应岗位的福利待遇。

该聘用合同书将学校与教师双方的相关权利、义务进行了说明，是具有法律效用的文书。合同中所规定的内容是双方在互动过程中必须做到的底线，换句话说，没有达到这一规定，就破坏了双方的合同约定。合同一定是双方自愿签署的，其中的不一致意见，根据合同的大致约定内容，双方进行协商，这一点在案例 3-1 中也能够看到。

双方据此进行互动，互动中彼此交换的内容主要是教师聘任合同中规定的。以校长为首的领导者通过为教师提供"符合国家规定的安全卫生的工作环境、必要的工作条件和劳动保护，保障乙方的安全与健康"，要为教师提供相应的各种医疗、保险等福利待遇，提供遵纪守法、职业道德、岗位技能、必备知识的教育与培训；而教师则必须同意学校制定的各种规定，以服从领导者的命令，并按照学校的合理规定完成各种任务作为回报，在此基础上，学校"每月以货币形式支付乙方的工作报酬"。在这一过程中，以校长为首的学校方起主导作用，因为对教师的各种规定是学校方提供和制定的，教师必须遵守，否则如果乙方违反甲方的规章制度和工作纪律，甲方有权根据规章制度进行处理。

合同中未具体说明的内容，尤其是"规章制度和工作纪律"等问题，学校一般都采用制度规范的形式进行了补充，例如，很多学校都制定了教师考勤制度、教师奖惩制度、班主任工作制度、教师教学要求细则、教师上课要求细则、教师布置和批改作业要求细则、教学自我反思制度、教师网上交流制度、校本教研活动制度等，它们详细规定了具体内容。

因此，在中小学中，校长与教师之间的这种合同内互动是普遍的，是客观存在的。教师聘用合同书及学校制定的各项制度，包括政策、职责、条例、规则等，充分说明了这一点。

由此我们看到，目前中小学校长与教师的合同内互动，双方是以经济资源交换为主，经济交换的前提是完成任务；双方都按照合同中规定的正式的角色要求行事，以此得到与工作相匹配的报酬；这个过程受到学校制定的明确制度制约，这是一种自上而下的制度规定；在这种互动关系中，校长作为上级权力机关的委托方，行使的是合法的职权，是一种正式的组织权力。

其二，合同外互动。从案例 3-1 还可以清楚地看到，韩老师与校长进行的互动不仅仅是合同内约定的内容，韩老师还帮助校长做一些合同没有约定的内容，例如帮助校长做 PPT、做活动等。通过这些付出，韩老师得到了较他人更多的、来自校长的尊重、信任和情感。

合同外互动主要指的是互动过程中，彼此实施以尊重、信任和情感等社会因素为主的交换，是合同中没有提到的内容。

在中小学校长与教师之间实施这种以尊重、信任和情感为主的互动并不是只有一两例，下面的访谈印证了这一点。

作为校长，你的很多想法在大会上说，教师们不一定听得进去，倒不一定是他们不听，只是大会上讲的事情他们会认为你是在作秀，不一定相信。另外，有些思想不是在大会上说说教师就能够理解的。所以，我的一些主张、建议等时常要通过与教师聊天等方式让他们感受到我的诚意，接受我的理念。（ZQH 校长）

我们学校有校长谈心日，定期的校长谈心日可红火了，教师排着队前去找校长聊天，一天排上 20 多人，有人排不上队就下次早早来排。在这时教师与校长什么都聊，天南海北，聊得可开心了，如果不是太忙，不是怕占用了别人与校长聊天的机会，聊的时间会长一些。已经去过的还想再去。较早以前我们还有烛光晚餐的活动，烛光晚餐是西餐形式的，在饭桌上什么都可以说。学校有 130 ～ 140 人，有时按年龄分，例如 25 岁以下，30 岁以下等；有时按职务分，例如教研室主任、班主任等；有时按学科分，有时按兴趣分，有时没有什么规矩。总之每人每年都能轮上一次，校长基本上都去。在这里自我保护意识弱化，无话不说，无事不聊，也是非常开心的时刻。（MYR 老师）

我们校长通常也会来到教师办公室，与大家群聊，其实也没有什么要做的事情，主要是了解大家的思想动态，与大家增进感情、获得彼此的信任吧。就是这样，校长越贴近大家，大家也就会贴近校长。没有什么具体的事情就不能找校长聊一聊吗？有时我看校长不是很忙的时候，就去与校长聊聊天。我有什么困难，或者说我有什么想不通的事情，我就会与校长说一说，感觉我们之间好像还有一种亲近感，对于他还是有一种情感寄托的。再有，经常与校长聊天，也可以让他了解你、信任你。（LFF 老师）

有时找校长其实也知道解决不了，但是校长会想办法去安慰、宽慰你，能得到学校管理者的抚慰，让你觉得非常舒服，这恐怕就是人们常说的情绪、情感的需要吧。校长不单单会想着解决教师面临的困难和问题，也会想办法去安抚教师的情绪。与校长沟通，你可以明显感觉到他对你嘘寒问暖，包括对边边角角的一些事情，比如你写了一篇文章，他会说不错啊，对你评价会特别高，肯定你，总的来说，我感觉与校长有一种互相尊重的情感的交流，这是很舒服的。（ZJM 老师）

问卷调查进一步说明了这种互动的普遍程度。表 3-1 的问卷统计数字显示，关于"校长与教师互动目的"是为了"获得彼此尊重、信任和情感"：60.0% 的校长选择"完全符合"，35.0% 的校长选择"比较符合"，二者之和高达 95.0%；表 3-2 的问卷统计数字显示，51.4% 的教师选择"完全符合"，38.6% 的教师选择"比较符合"，二者之和高达 90.0%。这表明，在中小学校长与教师之间实施这种以尊重、信任和情感为主的合同外互动非常普遍。

## （三）校长－教师互动行为方式

这里主要研究校长与教师实现互动目的、实施互动内容的方式，包括他们是通过什么渠道、什么形式进行的；他们是直接进行相互接触、实施相互运动，还是通过中介进行的；是面对面交流，还是通过其他什么手段进行的。先看一个互动实例。

### 案例 3-2：一所小学的工作分配

JIX 省 S 市 H 县 Y 小学有 2700 多名师生，在 S 市属于规模较大的小学。该小学在校长下设校长办公室、教科室、教务处、德育处、总务处等。

这是 5 月下旬周二下午教师例会时间，学生的最后一节课结束后家长基本都把孩子接走了，然后全体教师开会。这次会议的主要内容是期末考试及下学期工作的安排。校长将这些工作安排的主要思想、原则说明后，各个处室主任，主要是教务处、德育处、教科室等主任讲自己职能范围内的事情，然后散会。会后教师们回到各自的办公室，由组长根据教师的具体情况继续将每一项工作落实。

谭老师这学期担任五年级三班的班主任，教五年级三班和四班的语文，按照学校惯例，没有特殊情况就继续下去。但是谭老师下学期不想再当班主任，她说她母亲下半年有事，从 9 月份开始需要她来接送上小学二年级的孩子。实际上她是不愿意带毕业班，因为毕业班的事情比较多。谭老师把自己的想法与年级组长进行了说明，年级组长找不到接替谭老师班主任的人选，于是请示德育处，希望德育主任给予解决。德育主任也找不到教师，此事上报给校长。由于该小学缺编，校长希望谭老师继续做班主任，并责令德育主任、年级组长与谭老师沟通此事。

谭老师得知此事后非常不高兴，觉得组长、主任不体谅她，于是直接找到了校长，校长不慌不忙地与谭老师聊天，讲了学校的整体情况，讲了一些教师的困难，讲了在毕业班工作的辛苦和挑战，讲了当班主任对年轻教师发展的价值。最后校长非常诚恳地希望谭老师继续做班主任，无论是学校的工作，还是自身的发展，都需要谭老师克服困难，做好学生在小学最后一年的工作。两天后谭老师告诉校长，表示她愿意继续当这个班的班主任，校长代表学校感谢谭老师的理解和付出。

资料来源：访谈 TEJ 老师

案例 3-2 表明：从形式上看，校长与教师之间的互动，一部分是借助年级组长和德育主任实现的，即间接互动；一部分是不需要他人的作用而直接与教师进行的交流，即直接互动。

其一，间接互动。间接互动是指校长与教师之间通过他人作为中介而进行的相互作用、相互影响的活动，主要是借助于学校各级组织机构中的人员实现的。

以下是访谈实录。

> 我们学校规模一般，教师与学生加起来1700多人。基本上是我下面设有学校办公室、教务处、德育处、总务处等机构，还有两个副校长，一个主管教学及教科研等工作，一个主管学生思想同时兼管学校办公室等一些事情。通过这些干部我把学校工作安排给教师们，我不给教师布置常规性任务，而是通过中间层次的管理者来布置。只要从上往下、从下往上的渠道是通的，基本我这里的工作安排等都能够落实到每一个教师。所以，教师因为任务不清楚、任务分配太不合理找我的基本没有，有什么不清楚的组长也就解决了，实在不行再找中层干部也就行了。就常规性任务与教师的接触不是很多，在我们学校由于教师常规工作不清楚出现问题的情况基本没有。（WHB校长）

> 我在学校做过教研组长，也做过年级组长。如果是教学方面的事情，教务处下达任务后，我来安排。如果这方面教师有什么事情，我也是先找教务处，他们如果处理不了再找校长；如果是年级管理方面的事情，基本是德育处找我，我再找班主任。班主任有什么不清楚或解决不了的事情，我能够帮就帮，帮不了的再上报德育处，由德育处负责解决。（GLY老师）

> 在我们学校一般事情基本上不会去找校长，因为学校各种事情都有专人、专门部门管理，基本上他们就能把一些事情解决了。我每学期的工作是两大部分：教育与教学。我的教育方面的工作是年级组长分配的，而年级组的工作又是德育主任分配的，再往上是德育副校长、校长。我的教学方面的工作是教研组长分配的，而教研组织的工作又

是教学主任分配的，再往上是教学副校长、校长。（GXR 老师）

　　我们学校规定，日常性工作的事情、比较固定的工作要先找你的直接上级。所以，我工作中的事情一般是先找组长，如果是关于教学方面的事情就找教研组长，如果是班主任方面的事情，就直接找年级组长，一般不先去找校长，其他教师基本也是这样。即便是你找到校长了，校长也会让你去找你的组长等解决。（JLC 老师）

　　这表明，在中小学实践中，校长一般是通过中间层次的下级，诸如副校长、主任、组长等给教师布置任务，教师也通过中间层次的上级与校长进行沟通。实际上，中小学校长与教师之间形成了三条主要互动渠道，即校长—教学副校长—教务主任—教研组长—教师；校长—德育副校长—德育主任—年级组长—教师；校长—教学或德育副校长—教科室主任—课题组长—教师。如下图 3-1 所示。

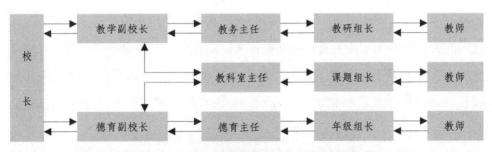

图 3-1　中小学校长与教师之间的主要互动渠道

　　间接互动主要是在这样的互动渠道中进行的。校长与教师之间虽然不直接接触，但是通过中间层次管理者他们可以相互作用，他们是在中间层次管理者的中介下发生相互影响的。

　　这种间接互动方式，在中小学中是普遍存在的，即校长与全体教师都要通过这种方式进行互动，尤其是那些常规性的事物更要通过这种方式实施并完成，当然其中的主动状况不同。校长作为主动方与所有教师进行这种互动，所有教师作为被动方接受这种互动。教师或者采用明确的方式通过各层上级对校长的工作分配表示赞成或不赞成，或者采用默认的态度去从事被分配的工作，无论如何，教师都对校长的行为做出了反馈，即他们彼此之间的这种间接互动都是客观存在的。

研究表明，学校里存在教师作为主动者、校长作为被动者参与的间接互动，但是这种互动不普遍。像案例3-2中的谭老师那样，运用"个人—年级组长—德育主任—校长"渠道主动与校长实施上述间接互动的教师不是很多。教师问卷调查表明，利用这种方式向校长反馈意见的，只有11.8%的教师选择"完全符合"，41.1%的教师选择"比较符合"。校长问卷调查也表明，利用这种方式向校长反馈意见的，只有3.4%的校长选择"完全符合"，23.7%的校长选择"比较符合"。

其二，直接互动。直接互动不需要他人作为中介，是校长与教师之间直接实施的相互运动、相互变化的活动。直接互动可以是面对面接触，也可以通过电话、邮件、书信、短信、微信等手段进行。

上面我们看到，在完成中小学任务的情况下，一切都由副校长、主任、组长进行安排，这种情况下，校长与教师之间是否还存在直接互动呢？有无不通过中间人的媒介而实施的直接影响呢？实证调查发现，在中小学，校长与教师之间存在直接接触，存在直接互动行为，案例3-2中，最后谭老师直接去找校长谈不当班主任之事就是直接互动。访谈和问卷对这一互动路径也进行了验证。

采用结构性访谈法访谈的中小学教师中，有75.86%的教师说他们直接找过校长，另外，24.14%的教师没有专门与校长就某个问题进行过直接交流，但是也有过直接接触。有13.79%的教师表示校长就相关问题主动与之面对面交谈过，有27.59%的教师说校长听完他们的课，在教室主动与他们进行过交流。对校长的访谈表明，他们也就有关事情直接与教师沟通过，教师就有关情况也与校长直接沟通过。

问卷调查表明了直接互动的普遍程度。在校长问卷中，关于"您与您的教师经常直接接触"的选项中，选择"完全符合"与"比较符合"的分别是37.3%与42.4%；在教师问卷中，关于"您与您的校长经常直接接触"的选项中，选择"完全符合"与"比较符合"的分别是 24.8% 与 32.4%。这表明，无论是校长问卷，还是教师问卷，选择直接互动的都超过了半数。

访谈调查说明了校长与教师直接互动的必要性及必然性。

> 我们学校校级领导要定期与教师谈心，听听他们的意见。所以，我经常与一些教师就他们的教育教学、生活等事情进行交流。教师的性格不同、能力不同、思维方式也不同，现有的制度很难顾及每个人的需求，个人的需求得不到满足也会影响他们的教育教学和个人的生活，所以每月我都要接待几个教师，与他们聊一聊，解决他们的一些问题。（GFH 校长）

> 我在学校设置了校长接待日和校长信箱。每周二为校长接待日，教职员工、学生及家长等可以利用这个时间与我进行面对面的沟通，大家畅所欲言。除此之外，其他时间大家也可以随时反映各方面的问题和困难，随时与我进行思想上的交流。不便面对面与我说的，可以通过校长信箱进行沟通，给我提出意见或建议，还可以通过信件、电话、短信、邮件等方式反映问题和困难，我会亲自收取各类信件等。（PSY 校长）

> 我们学校虽然有 2000 多人，但是那种等级制不是很严格，不一定非要一级一级进行管理，校长经常与教师谈工作、聊天。我们学校每周二下午 2：30 以后是教师开会时间，有时是全校大会，有时是教研组活动。有一次，我们教研组刚准备散会，校长进来了，我们就与校长天南海北地聊开了。那天聊得真开心，天都黑了我们都没有意识到。我们学校的教师也经常去找校长聊天。（WXY 老师）

> 我们学校的环境曾经非常不好，走进校园不是鸟语花香、书声朗朗，而感觉到的只是一栋栋建筑带来的压力与重负，后来刘老师直接就这个问题找了校长；青年教师曲老师就学校多项举措的实施提出了自己的建议，并呈上了一份详细策划书；马上要退休的张老师觉得自己身体、精力都还挺旺盛，就找到校长，表示希望被返聘回校继续教

学；刚来两年的小蔡要报考教育硕士，当然也得校长同意，他就与校长谈论此事。（XDD 老师）

我就是学校的一名普通教师，好像没有那么多的事情要直接找校长，也不怎么去校长办公室，但是与校长直接接触的机会还是有的。有几次我曾在校园路上遇到过校长，校长问我对学校发展有什么建议；还有一次是学校要办一个活动，校长问我对这个活动有什么看法；再一次是了解一下我的公开课上得怎么样；还有，……，反正总有话题。（GYM 老师）

关于校长与教师直接互动的形式。访谈研究表明，主要是面对面，其次是利用电话、短信、微信、电子邮件和信函等方式；直接互动一般以语言沟通为主，书面信函的方式不是很多。近几年技术的发展，微信成为二者之间直接互动的主要手段。校长与教师面对面直接互动的地点主要是在学校，诸如校长办公室、教师办公室、教室、会议室、会谈室、工会活动室、餐厅、楼道、路边、校园的某个地方等。例如，全校大会上校长做报告，会后就校长报告与之对话；再如，校长听完教师的课，二者进行交流研讨；还有，行进路上彼此相遇，互相打个招呼、问候，然后顺便就某个问题进行交流等。去对方家里进行交谈的情况现在越来越少，只是偶尔有。

正式的事情，一般在校长办公室或会议室，采取面对面的形式进行。例如，那次我们数学教研组想与其他学校数学教研组建立联系，共同搞活动，校长也很支持。我们就到会议室与校长商讨此事。其他事情的交谈地点是很随机的，例如。楼道里碰见，校园里遇见，都会打个招呼，会寒暄几句，诸如"校长好""某某好""你这会儿下课啦""您正忙呢"。有时我们与校长也可能进行交谈，问问对方"什么事情怎么样了"等。（HXL 老师）

我经常会碰到校长，比如听课的时候，评课的时候，或者吃饭、升国旗、早操时等，碰到的概率还是蛮高的。碰到后我们都会主动和对方打招呼，如"校长好"，然后他会回一个"您好"或者"你好"。有时校长也会停下来多问几句话，或简单拉拉家常什么的。（SHX 老师）

有时在学校餐厅会遇见校长，校长看见我们就端着他的碗过来与我们聊天，家长里短，天南海北，此时大家都一样，没有等级上的区别，那种感觉还是非常美好的。有时也与校长通电话，现在有了短信、微信，通话也不太多了。尤其是近年可以微信语音留言，与校长的交流就更方便了。（ZHZ 老师）

路上遇见校长，除非他有事，一般他都会主动与我聊几句，问一些事情，或就一个问题交流一下彼此的看法等，这种交流是很随机的。时间长了，我也会在遇到校长时问一些问题，例如，我们教师怎么进步？（ZLH 老师）

我们学校这几年，每年元旦，校长通过邮件给每位教师捎去新一年的祝福；每年春节，校长向全体教师发送短信、微信拜年；每学期初，校长还向每一位教师致亲笔信，祝愿教师幸福地生活、快乐地工作。当然，教师也会把美好的祝福通过这样的方式传达给校长。（ZYX 老师）

## （四）校长－教师互动行为媒介

校长与教师的互动是彼此相互作用、相互影响的过程，这个过程除了要具有校长与教师两个互动主体外，还必须通过一定的媒介，使他们从完全异己式的孤立、隔离状态，走向彼此之间真正发生相互关联的状态。这里我们就要了解他们运用什么媒介来与对方相互作用，通过什么媒介来影响对方。根据访谈，我们发现，校长与教师彼此影响的媒介主要是：学校的制度、合同；校长的职权；教师的民主监督；彼此的信任、情感、价值观、专业权威等。这些要素使得校长与教师之间真正发生相互作用，使得他们之间从可能的关系转化为现实的关系，使得他们之间发生诸多联系，从而达到相互影响的结果。这些互动媒介，从其是来源于校长与教师自身还是其自身之外，我们也可以将它们分为外在媒介和内在媒介，即前一章所提到的外在资源与内在资源。

外在互动媒介是指外界赋予校长及教师的非自身具有的且又能够在彼此互动中对对方发生影响的因素。例如，制度及合同、校长的职权、教师的民主监督等。这些我们在前一章已经分析过，它们或者是人们设计出来的，或者是政策等赋予人们的，总之都是校长与教师自身之外存在的事物，又都是协调、制约、影响彼此的互动行为的强有力的手段和工具。

内在媒介主要是指我们前一章所谈到的个人品质资源，诸如彼此的信任、情感、价值观、道德品质、专业知识与技术等。这些媒介是校长与教师自身具有的素质，不是外界能够设计和赋予的。这些媒介在校长与教师的彼此活动过程中的确在起着作用，确实影响着对方。当然他们所起的作用不同，所影响的程度也不同，案例 3-3 说明了这一点。

## 案例 3-3：庞老师的坚持

BEJ 市 F 区 E 中学在校学生 2600 余名，教职员工 200 名，其中专任教师 150 多名。该中学是 BEJ 市的示范高中，在 F 区属于二类中学。

庞老师是这个学校的青年教师，有 6 年教龄，中教一级。由于教学较出色，所以被安排到高三担任文科班的政治教师，并担任一个文科班的班主任，这是她第一次负责高考班的教学和班主任工作。庞老师一直都想带高考班，想磨炼一下自己，也想进一步发展。因为学校规定：带高考班的教师有经济补助；如果高考所任班级成绩优秀，其青年教师的培训分数加 3 ～ 5 分；评选骨干教师的条件之一是高考中个人教学成绩优秀——高中区排位不低于第三名。这些对于一个青年教师来说都是非常具有诱惑力的。

高考中，文科综合考卷（文综）包括政治、历史、地理，每科 100 分，共计 300 分。与数学、语文、英语相比，别看政治只占 100 分，但是一点都不比其他学科少花时间和精力。学校校长给他们下达指令，与全区第一名差 5 分之内，且领先于第三名 8 分以上，即 "5·8" 原则。这样的目标对于一个二类中学来说难度太大了，因为一类中学的生源好，聚集了全市的优秀学生，只比一类中学低 5 分之内，相当困难；他们各方面条件并不比三类中学强多少，要拉开 8 分的距离，真是不敢想象。他们紧张、焦虑、不安、劳累，但是仍然竭尽全力去为这个目标而奋斗。

在临近高考的三个月里，庞老师他们没有节假日，每天只有两个去处——学校、家。家只是睡觉的地方，因为早上 6∶40 就要出门，晚上学生上完自习才能回家，三顿饭都是在学校吃。用庞老师的话说，如果学校有住的地方，可能这 100 多天就只有一个去处——学校。实际上他们的艰难远远不止这些，付出时间与精力，大脑和体力累一些，放弃对丰富多彩生活的享受，这些都是可以忍受的，让他们最难以承受的是来自学生和家长的紧张、焦虑、不安、抱怨。教师自己处在高压下，还要耐心细致地做学生和家长的工作，缓解他们的压力。好几次庞老师都不想再继续下去了，也不想再加分、再评骨干教师了，可是她坚持下来了。因为几乎在她犹豫想找领导换工作时，校长总会出现在她的视野中。

一次是她刚刚查完晚自习，在楼道里遇到了校长，她惊讶于校长也没有回家，校长开玩笑地说："我要与我们的小庞老师一起实现高考高分的目标呀！"这让庞老师感到了温暖和力量。

另一次是学生让庞老师做政治考试的标准答案，而当前的政治考试及判分的方式使得教师不可能做出标准答案，于是有的学生就说庞老师不行，把她气哭了。看到老师受到了委屈，一些学生来安慰她，其中一名学生说："校长跟我妈说了，庞老师是我们学校最出色的年轻教师，一定能够让学生得高分的。校长都信任您，我们也信任您，您别生气了。"学生无意中的流露让庞老师感到了校长的信任。

还有一次是几个星期连续考试，考得学生"皮"了、不当回事了，考得庞老师都快熬不住了。那天教研组长告诉庞老师，抽时间去找一下校长，校长想了解一下高考的事。去找校长，正是庞老师求之不得的事情，可以借此表示不干了的想法。后来庞老师才知道，校长并不是想了解什么事情，因为校长知道很多这方面的事情，他只是想与庞老师聊一聊天。那天校长讲了他没钱求学的艰难，讲了第一次来到这所城市不被学生和家长接受的尴尬，讲了担任高考班教学及班主任的艰辛。他还与庞老师交流了摆脱困境的经验和建议。庞老师感到从校长办公室出来的那天是这段时间以来最轻松的一天。与校长的交流让庞老师坚定，不管再遇到什么困难，都不要再打退堂鼓了。

越临近高考，庞老师他们就越艰难，但是她坚持下来了。

资料来源：集体访谈 2

案例 3-3 的故事表明：最初是校长运用职权进行工作分配，运用制度激励庞老师去接受带高考班这样的艰巨工作，这些都是外在媒介在校长与庞老师的互动中起影响作用。可是接下来庞老师的坚持行为就更多的是与校长的情感交流，来自校长的尊重、信任，来自校长的专业知识与技术的影响。可见，无论是外在媒介还是内在媒介，他们都在影响彼此的互动，但影响的方面及程度不同而已，问卷调查也显示了这样的结果。

问卷调查表明，在外在媒介中，制度、合同及校长的职权在彼此互动中的影响较大，校长问卷在 50.0% 以上，教师问卷在 60.0% 以上。而民主监督对校长的影响较小，教师问卷显示"完全符合"与"比较符合"加起来也不过只有 12.9%。

在内在媒介中，根据选择"完全符合"与"比较符合"两者之和的统计来看，无论是校长问卷还是教师问卷，对彼此影响的因素依次都是：尊重、信任和情感，道德品质，价值观，专业知识与技术。具体所占比例，校长问卷分别是 89.8%、86.8%、75.4%、54.4%；教师问卷分别是 59.8%、56.4%、50.7%、44.3%。看来校长与教师对这些影响因素的感觉是不同的。

问卷与访谈还发现不同的地区、不同的学校，他们对互动的媒介的影响程度是不同的，有些地区和学校对校长职权、制度等媒介影响的选择统计高达 70.0%、80.0% 以上；而内在媒介在彼此互动中的影响程度则非常小，如尊重、信任和情感选择"完全符合"的只有18.8%，专业知识与技术选择"完全符合"的只有6.2%。这使我们看到，不同地区、不同学校，领导者治理学校的影响物是不同的，大致的结论是：三流的学校靠职权，二流的学校靠制度，一流的学校靠文化。

## 二、校长－教师互动行为归类

前面对中小学校长与教师的互动现象从目的、内容、方式、媒介等几个方面进行了描述。根据对现象的研究及不同的分类标准，可以将中小学校长与教师的互动进行不同分类，验证假设。就其事物的现状或表现而言，即从双方互动的表现形态角度，可以将他们的互动分为体制化互动与非体制化互动。体制是各级各类组织机构和相应制度规范的有机结合，关于中小学的各级各类组织机构及其相应的制度规范等，在第二章已经明确。

### （一）体制化互动与非体制化互动概念

下面阐明什么是体制化互动和非体制化互动，并明确二者与领导－成员交换理论中提到的低水平交换和高水平交换的关系。

#### 1．体制化互动的内涵

中小学校长与教师的体制化互动是指围绕学校组织目标和教师需求，校长与教师基于中小学设置的组织机构和各种规范的互动。

在体制化互动中，校长围绕教育目标设置任务，通过中间层次的管理者给教师下达任务，教师接受并且完成分配的任务。这种互动主要是自上而下、以任务导向为主的间接互动。其互动媒介主要是双方签订的聘任合同、各级各类制度及校长职权等。学校的日常行政工作及常规的教育教学安排基本都是通过这种体制化互动来实施的。

在这种互动过程中，校长与教师都要基于各级各类学校组织机构，都要遵守各级各类制度；教师要按照合同规定完成工作任务，要服从校长的职权指挥；校长则根据教师聘任合同及教师完成任务、遵守制度的情况，按照规定给予教师相应报酬，包括工资、奖金、福利待遇、教育培训等；教师在权利范围内可以提出自己的意见，可以对校长进行监督，校长要听取教师的意见，接受教师的民主监督。

## 2. 非体制化互动的内涵

非体制化互动是指校长与教师不限于正式组织及其相应正式规范而进行的互动。

非体制化互动没有明确双方必须要完成什么任务，不存在一纸合同规定彼此必须为对方做出什么贡献；也不存在文本性的制度规定，去约束双方的互动；也没有明确双方必须按照什么组织原则、在什么组织结构中实施互动。这种情况下的互动主要是为了获得彼此的尊重、信任和情感等。

在非体制化互动中，双方不一定要通过组织机构中的中间层次管理者，也不一定受到组织设计的一些规范制约，他们可以直接面对面地互动，也可以通过电话、网络、书信等进行互动交流，所以非体制化互动较多实施的是直接互动。互动中的影响因素主要是人们内在的东西，例如，道德与职业道德、专业知识与技术、态度与行为方式等。

这种互动既有自上而下的互动，也有自下而上的互动，双方是在一种平等、友好气氛中进行的。虽然他们互动过程中的很多话题是围绕任务而进行的，但目的不仅仅是完成任务，而是为了更加出色地培养学生、更有效地实现学校目标。

虽然没有成文的正式组织制度来规范非体制化互动，但是在实施这种互动时仍然是有控制及激励机制来指导这种互动的。道德准则、组织文化等在这里起着主要的约束与调节作用。

## 3. 体制化和非体制化互动与低水平和高水平交换的关系

LMX 理论中描述了低水平交换与高水平交换。低水平交换即合同范围内的交换，是一种自上而下的、以等级关系为基础的契约关系，受到正式组织权力的控制和明确制度的规范。在这种交换中，组织为成员提供契约中规定的报酬和利益，同时成员也仅仅承担自己工作角色之内的工作职责，双方主要实施的是经济以及具有明显利益等的交换，例如，工资、奖金、评职、晋级、提职等。在高水平交换中，成员往往有更积极的工作态度，往往愿意付出额外努力，从而取得更好的业绩；领导也往往向这些成员施以一些特权，例如格外的支持、充分的信任、更多的肯定、更大的自主权等，即双方的交往都会超过工作说明书的范围，交换将向更高层次发展，双方的关系也由于相互尊敬和信任而得到加强，也加深了彼此的感情。本书的实证研究表明，在中国的中小学存在西方 LMX 理论研究下的高水平交换与低水平交换。

本研究最初是借助 LMX 理论框架进行的探索，当初访谈等一些调查中使用了"高水平""低水平""交换"等词语。在与中小学校长和教师的访谈中发现，他们不喜欢"交换"这一词语。尽管"交换"这个词语在社会交换理论与 LMX 理论中具有非常丰富的内容，既包括经济性因素交换，也包括社会性因素交换，是一个非常广泛的词语。但是他们总是不自觉地将"交换"与经济市场中的"交易"画等号。访谈还发现，中小学校长和教师对"互动"这个词语的理解与理论中涉及的"交换"一词较吻合。另外，"高水平"与"低水平"，从中文词的表述来看，感觉前者是积极肯定词语，而后者是消极否定词语，访谈也发现了同样的问题。一提到"高水平"大家就认为是"高大上"，涉及自己尽量借助此词语说事。而提到"低水平"时，大家就觉得是"低趣味"，尽量描述不喜欢的人员。进一步的研究发现，现实中的很多互动是超出目前 LMX 理论中的高低水平交换研究范围的，于是本研究使用了体制化互动和非体制化互动这组概念。

本研究提到的"体制化"与"非体制化"是中性词语，是从客观角度来描述校长－教师互动的，大家看到这样的词语也不会马上产生积极、消极和肯定、否定这样的联想。尽管体制化与非体制化互动都存在积极的、肯定的与消极的、否定的成分，它与情感的互动相关，但这些都是与具体的互动联系在一起的，不是这两个词语本身决定的。

本研究在进行体制化与非体制化互动的归类时，充分参考了 LMX 理论中低水平交换与高水平交换的归类以及这种描述性概念的表述，同时根据我国中小学的现实互动状况做了一些补充，又从组织机构及制度规范角度进行了明确，后面还对这样的互动现状进行了特点的揭示。实际上低水平交换主要是体制化互动范围内的交换，高水平交换主要是非体制化互动范围内的交换。体制化互动与非体制化互动不仅仅包括低水平与高水平交换，其内涵、范围等要更大，从词语的表述上也能看出这一点。

## （二）体制化互动与非体制化互动的特点

为了进一步理解校长－教师体制化互动与非体制化互动，需要通过对其特点的揭示来了解它们更深层次的内涵。

### 1. 体制化互动的特点

中小学校长与教师的体制化互动具有全员性、必须性、经济性、显性化等特点。

#### （1）全员性

全员性主要指学校的校长与全体教师都要参与体制化互动，不存在一个人游离于这种互动之外的情况。

作为具有独立意识的个体，他们有权选择是否与另一方进行互动，但是这种选择是在没有成为一个具体的组织成员或在其组织成员的具体角色未确立之前。一旦个体来到一个具体的组织，成为这个组织的成员，就意味着他将自己的部分权利（right），即与该组织相关的权利交给了这个组织，形成了组织权力（power）。组织可以运用这部分权力来规范他，此时他选择与其他组织成员互动的权利就会缩小，甚至没有，例如，是否选择与他的各层级主管互动的权利就不再属于这位成员，而是必须与各层级主管互动。

同理，校长与教师作为具有独立意识的个体，在来到中小学这个组织之前，可以选择是否与对方进行互动，一旦双方选择了这所学校，签订了在此工作的合同，确立了在同一所学校的"校长""教师"角色，双方的互动就具有了必然性，校长与全体教师都要参与这种互动，双方都没有了选择的可能性，除非退出该组织。校长必须与学校的全体教师实施体制范围内的互动，同时学校的所有教师也都必须与校长进行这种互动，即参与这种互动的人员是校长与学校的全体教师。

实际上这样的活动在教师与校长签订聘用合同之时就开始了，之后，学校给每一位教师安排工作，根据教师的工作情况支付与其劳动相匹配的报酬，用合同、制度等规范校长和每一位教师。每一位教师则在合同、制度规定范围内享有劳动权利，享有获得工资、奖金、福利、晋升、荣誉等权利。另外，校长与每一位教师都有使用公共资源与对方互动的权利，例如，运用合同、制度规范对方、激励对方，运用组织机构这个平台与对方交流等。这些都充分体现了互动过程的全员性。

（2）必须性

必须性主要指校长与教师的体制化互动是务必要进行的，务必要受到组织机构的结构形式及制度、合同等的约束。

当校长与教师共处于同一所学校时，就注定了二者之间必须进行这种互动，谁也没有置身这种互动之外的选择，这一点在全员性中已经进行了阐述。这里主要阐述受正式机构和规则约束的必须性。

由于体制化互动是在中小学组织机构内的互动，所以它必须受到组织正式规则制约。例如，组织机构的设置原则规定"不要越级指挥"，因为按照亨利·法约尔（Henry Fayol）"统一指挥"的观点，"下属人员只能服从一位领导者的命令"[①]。否则，一个下属如果接到了两个或两个以上的命令，这种多头领导的现象可能使下属无所适从，造成工作混乱。越级指挥就有可能导致多头领导的局面出现，所以，在体制化互动范围内校长只能给他的直接下级布置任务，他不能直接去找任课教师安排事情。这种情况下教师也形成了比较统一的行为，即一般情况下与直接上级对话，而不是大事小事都去找校长。因为校长已经授权下面各层级去分配任务，这种情况下校长对一些具体情况不一定熟悉，直接上级是最了解情况的。虽然从组织原则上说，教师可以直接找校长交

---

① 法约尔. 工业管理与一般管理 [M]. 张扬，译. 北京：北京理工大学出版社，2014：88.

流情况，但是如果他们越过直接上级去找校长，校长还要了解事情经过，然后再下达命令让各层级去执行。这种情况下，教师要付出时间、精力以及各层上级心理不认可的成本，所以，科层体制下的规则使得教师一般也遵循层层反馈的策略。

体制化互动彼此还要受到一些规则的制约。因为，组织要在规则约束下运作，① 组织是"由一些固定不变的抽象规则体系来控制的……这个体系包括了在各种特定情形中对规则的应用"②。"在组织的各个层次上，都有成文的规章制度控制着成员的行为"③，"有特意建立起的一般规则体系，以指导和控制职员的决策和行为"④。每位成员都必须了解组织运作的规范以及自己所履行的岗位职责要求。组织中的"工作按照既定的规则进行，而不听任于任意和个人偏好"⑤。这表明科层体制下的学校组织活动，包括组织成员间的活动与关系，都要符合法律程序和法律规则，要在法律和组织制度允许的范围内来行事，要受到规则限制。同时，这种规则也保证了组织运行秩序等。作为组织活动之一的校长与教师的互动行为，既会受到合同、制度等规则的保护、协调与支持，同时也要受到相关规范的制约，即在实施彼此相互作用、相互影响的互动时，双方都必须遵守国家的政策、法律、法令及学校的具体规范。学校与教师签订的聘任合同是一种协议，它明确了双方的主要权利与义务，它是具有法律效应的文本，对双方都有约束力。

体制化互动主要依靠校长的正式职权，这一职权在互动活动过程中对教师也有较大力度的制约性。由于存在制度性的角色地位及身份的差异，校长与教师之间的行为主要是"控制—服从"，校长指向教师行为的宗旨在于"控制"，控制是校长领导行为的本质。这种状况下的校长与教师之间的互动带有较大的

---

① 韦伯. 经济与社会：上卷 [M]. 林荣远，译. 北京：商务印书馆，1997：243.

② 布劳，梅耶. 现代社会中的科层制 [M]. 马戎，时宪民，邱泽奇，译. 上海：学林出版社，2001：17.

③ 吉登斯. 社会学：第 4 版 [M]. 赵旭东，译. 北京：北京大学出版社，2003：440-441.

④ 斯格特. 组织理论：理性、自然和开放系统 [M]. 黄洋，李霞，申薇，等译. 北京：华夏出版社，2002：42.

⑤ 毕瑟姆：第 2 版. 官僚制 [M]. 韩志明，张毅，译. 长春：吉林人民出版社，2005：4.

约束性，要求校长与教师必须同时相互运动、相互作用和相互影响，其实质是同时付出、给予且遵循等价交换原则。

　　中小学制度是校长职权下的产物，校长根据国家的教育方针、政策、法律等，以具有合法性的职权制定学校的各种制度，包括角色规范、任务要求、工作安排、考核标准、奖惩规则等。这一特点强化了制度在约束人们行为过程中的服从性。而校长运用职权进行管理，其中很大程度是在制度的规范下来约束教师，而制度本身的强制性又强化了校长职权的约束力度。马克斯·韦伯强调，科层体制下，组织的制度是在法律规范下，以目的、价值理性为取向而制定的，是非个人的制度，管理者的指令又是在制度允许的范围内下达的。所以，管理者有权要求组织成员必须遵守它，组织成员也有义务遵守组织制度、服从上级的管理。① 制度与职权的强制性互相强化，共同体现互动中的强制性。

　　（3）经济性

　　经济性主要指校长与教师在体制化互动中彼此交换的内容主要是具有经济性的利益。

　　前面我们已经明确了互动中的主要内容是双方的资源交换，包括经济性交换和社会性交换。体制化互动中，校长与教师之间主要进行的是以物质利益为主要内容的经济性交换，主要表现为货币、实物等的各种经济收入。

　　以校长为首的学校，按照与教师签订的合同给教师安排工作，当教师按照要求完成任务后，便给予合同中规定的报酬。如果要鼓励教师多干工作，学校就要给予相应承诺的奖励，例如奖金、超课时费、加班费等。总之，互动中校长是借助工资、奖酬等来完成组织任务的，所提供工资、奖酬的数量以及给予方式由任务的难度及教师的任务完成情况来决定，这些也吸引着教师去做贡献，决定着教师的贡献水平。教师则是通过完成学校工作来获取其生存的资源，借助完成超额工作量等来获取更多奖酬。奖酬获取水平既取决于任务的实现水平，也取决于校长对努力过程的认可程度。

---

① 韦伯. 经济与社会：上卷 [M]. 林荣远，译. 北京：商务印书馆，1997：242-243.

　　这种取向下的交换目的较功利，而且交换双方十分清楚，人们更多关注具体的、短期的、经济的互动关系，期盼的是通过付出获取现实的、直接的经济利益，而在情感等方面都不可能有较多及较深的投入。

　　这种情况下的交换原则是价值规律，根据社会必要劳动时间确定教师劳动的价值量，以此为基础，彼此进行等价交换。交换资源也往往有一个可度量的社会价格，可以用货币来衡量。例如，在这一地区，上一节数学或英语课大约要付给教师多少课时费；担任小学三年级或初中二年级某个班的班主任，要付给教师多少班主任费等。这些一般来说校长与教师都是比较清楚的。

　　（4）显性化

　　显性化主要指校长与教师在实施体制化互动中双方的付出与收益都是较为显性的。

　　付出与收益的显性表现，例如，对于校长而言，教师薪酬和福利、教师的教学用品和工作条件等都是外在付出，学生升级、学生毕业、上级任务完成等是显性收益；对于教师来说，工作时间支出、工作强度投入、体力消耗、遵守学校规章制度等是外在付出，工资、奖金、实物等的获得是显性收益。

　　体制化互动，从形式上看，是校长的给予和教师的付出。校长通过明确角色和任务要求，向教师阐述绩效的标准和相应的奖酬，通过给予的方式来吸引教师参与工作。而教师会通过一定的付出来得到这种奖酬，所付出的内容就是实现领导者提出的任务目标；从本质上讲，交换的内容则是校长手中的权力与教师的劳动时间、强度等的付出，这种付出的内容是教育教学知识、技能。校长手中的权力规定着教师满足的条件与要求，决定着教师的努力方向和付出的品质；教师的教育教学知识、技能及其付出的程度、质量等，决定着组织目标实现的品质。这些都是比较明确的。

## 2．非体制化互动的特点

　　中小学校长与教师的非体制化互动具有个别性、自愿性、社会性、隐性化等特点。

（1）个别性

非体制化互动是校长与个别教师实施的，校长与哪些教师实施这种互动，取决于双方的选择。

由于校长在时间、精力等方面的有限性，不可能与所有教师进行这种自愿性互动，那么校长究竟与哪些教师实施这种互动行为呢？研究发现，在教师中有一部分人发挥着较他人更为重要的作用，他们可以成为校长领导学校发展的有力助手，与他们实施非体制化的亲密互动有利于更有效地实现学校组织目标。

校长究竟与哪些教师进行超出雇佣合同之外的互动，除了校长对不同教师的选择外，还要取决于教师的选择。教师对校长给予的认同，由于教师需求不同，对学校满足需求的期望不同，加之教师时间、精力、能力等的有限性，只有那些对校长手中资源在满足自我需求过程中有强烈期望的教师并认为有可能得到的教师，才会投入更多的时间、精力，运用更多自身资源与校长进行这种互动。这部分教师便与校长发生了非体制化互动，当然这部分群体成员也处于动态变化之中。

（2）自愿性

非体制化互动是校长与教师的一种自愿行为，他们可以选择实施，也可以选择放弃。

由于校长与教师双方对对方有一种感情的期待、信任的意向，使得双方有彼此互动的内在愿望，这种愿望促使双方开展互动。这是一种由互动主体选择的内在化机制形成的互动。如果校长与教师不想就某事相交，他人不能强迫其去互动，因此这种互动的基础是由互动主体双方需求、欲望、兴趣、志向、性格等的相投性决定的。

这是超出工作范围的互动，组织结构和规章制度对互动的影响是指导性的，通常并不具体规定该怎么做，双方的行为不受正式制度约束，也不受科层制的组织原则限制，个人可以根据自己的理解和环境的要求具体设计自己的行动方案。只要彼此的互动行为是在政策、法律和道德允许范围内，双方愿意与对方进行资源互换时就可以进行互动。这种行为是否持续下去，取决于双方对这种交换行为的认可程度，这种认可又取决于双方在交换中形成的某些公认的价值观念和多元化需求的满足程度。

所以，非体制化交换行为是在双方都自愿的情况下实施的，是在自然、自由的气氛中进行的，是一种平等和民主的关系，而不是一种控制和占有的关系。"交往合理性的核心，是让主体之间进行没有任何强制性的、诚实的交往与对话，在相互承认的基础上达到理解与合作。"①

（3）社会性

非体制化互动中校长与教师互动的目的、内容、方式等主要是建立在社会性基础上的。

首先，双方互动的目的不像体制化互动中寻求经济回报那样目的明确。这种互动主要是达到一种社会性的目的，例如，彼此之间建立一种友谊，获得对方的尊重、信任及赞扬等。有时，双方互动的目的不明确，比较模糊；有时，互动中主动的一方对目的是清楚的，但被动的一方不一定十分清楚。

其次，他们互动的内容主要是社会层面的，是与人们的美好生活、健康成长、卓越发展等有关的精神方面因素的互动，例如，人们的价值观、信念、感情等多元化的丰富因素，而非货币、实物等的交换。在这种互动中每一方都提供给另一方超出聘任合同规定的东西，都注重真诚的承诺和情感的投入。

最后，这种互动实际是校长的精神世界与教师的精神世界的对话活动，这种活动取决于双方的内在修养和自觉努力，不取决于制度对他们所施加的外在的控制。所以，这种互动也没有明确的规则约束，没有明确的法律保护措施，只依靠双方的信任，是一种默会。

（4）隐性化

非体制化互动中校长与教师的付出难以衡量，回报也难以确定，其回报时间也会滞后。

互动中他们资源交换的价格较为模糊，信任、情感、赞同、服从等交换内

---

① 郑召利. 哈贝马斯的交往行为理论：兼论与马克思学说的相互关联 [M]. 上海：复旦大学出版社，2002：7.

容没有一个可度量的社会价格，不能明码标价。例如，校长的付出：给教师创设良好的人际关系和组织氛围，创设具有工作保障感、生活安全感、组织归属感的工作环境，创设心理上有愉悦感、崇高感和使命感的生活环境，提供能够带来精神上的享受及安慰的多样、有趣的活动内容，提供更有利的个人成长机会、自我实现机会、工作与职业取向吻合机会等，给予更大的工作自由、更多的工作权限等；再如，教师的付出：对学校发展全力奉献，忠诚学校，维护学校形象，对学校有高承诺，对工作满腔热情，愿意多干工作，有很高的内驱力和创造力，因材施教，具有团队合作互助精神等。上述无论是校长的付出，还是教师的付出都难以衡量其价格。

社会交换理论表明，"个体在他们的社会交往中追求社会报酬，这是一条原则"[①]。校长与教师互动中的付出也需要得到回报，只是这种回报在互动前并没有做明确的规定，呈现出隐性化的特点。实际上，教师的付出就是校长的回报，校长的付出也是教师的回报，由于其付出难以衡量，其回报自然也难以进行确定性的支付。他们对所获得回报的认可和接受，是根据互动双方的主观判断来达成的。如果双方认可和接受了回报，则表现为互动继续下去，否则互动将会终止。不仅如此，回报也不一定能做到立即兑现，有时需要很长的一段时间，如理念的认同、信任的出现、情感的建立等都是一种长期的投资，需要较长的时间才有回报。

## 三、校长－教师互动行为分析

实证研究表明，在中小学，校长与教师之间确实存在体制化互动与非体制化互动，为什么会存在这种互动现象呢，以下是原因分析。

### （一）校长－教师体制化互动行为分析

校长与教师之间普遍存在体制化互动，主要是中小学组织功能的实现要

---

① 布劳. 社会生活中的交换与权力 [J]. 孙非，张黎勤，译. 北京：华夏出版社，1988：20.

求，是组织设置的必然选择，是体制资源的运行结果，也是校长与教师基础动机的满足需要。

### 1．中小学组织功能的实现要求

社会学家塔尔科特·帕森斯（Talcott Parsons）认为，一个社会系统要有适应、目标实现、统一、模式维持四大功能。[①]这四大功能要解决四大基本问题：适应问题，要获得足够多的社会生存和发展资源；目标问题，要实现社会发展目标；统一问题，要维护社会的统一；维模问题，要继承和发展社会的文化传统。[②]与此相适应，要有四大类社会功能的组织存在，它们是：生产组织，其基本任务是获得资源，创造财富，解决适应问题；政治组织，其基本功能是要达到这样或那样的社会目标；整合组织，其功能是要维护社会的团结统一；维模组织，其基本任务是维持和更新社会的文化传统和价值。[③]

在第四类组织中，学校是典型代表。学校要继承和发扬人类的文化遗产，这是这类组织的功能，是学校存在的基础，也是人类赋予学校组织最基本、最崇高的历史使命。因此，教育教学就成为学校最根本的任务，完成教育教学任务就成为学校组织的价值体现。所有来到这个组织中的人，都要承担并完成这一任务。"组织中的许多行为是（或看起来是）以任务为导向的，而且往往也能够有效实现目标。"[④]作为组织活动内容之一的领导，自然也要为组织任务的完成而付出辛劳。领导理论认为，领导活动的目的之一是完成组织任务，即"确定要执行的任务，以及努力建立明确的组织模式、沟通渠道、程序方法、进度安排和职责分工。"[⑤]学校组织的存在及领导活动的存在都是为了完成教育教学任务。作为这个组织成员的校长与教师都要为此而努力，尤其是作为学校

---

① 帕森斯，斯梅尔瑟. 经济与社会：对经济与社会的理论统一的研究 [M]. 刘进，林午，李新，等译. 北京：华夏出版社，1989：17-18.

② 高宣扬. 当代社会理论：下 [M]. 北京：中国人民大学出版社，2005：555.

③ 谢文全. 教育行政学 [M]. 台北：高等教育出版社，2003：128.

④ 西蒙. 管理行为：珍藏版 [M]. 詹正茂，译. 北京：机械工业出版社，2013：83-84.

⑤ 欧文斯，瓦莱斯基. 教育组织行为学：领导力与学校改革：第 11 版 [M]. 吴宗酉，译. 上海：华东师范大学出版社，2021：332.

高层领导者的校长，要履行领导活动中应有的义务。因此，校长与教师之间的互动，要以任务为本来实施。以任务为本的互动也是学校这种组织持续存在的必要条件，这就是作为具有科层组织特征的学校普遍存在任务导向互动行为的原因。

### 2．中小学组织设置的必然选择

第三章对中小学组织机构的设置进行了说明，这种设置的结果使得校长与教师之间有了一些中间层次的领导者。上述实证研究表明，校长不是直接给教师安排工作的，而是通过中间层次的一些领导者给教师分配任务；教师一般也是先通过中间层次的一些领导者与校长互动，图 3-1 说明了这一点。实际上在校长与教师之间形成了两个链条：一个是指挥链，校长—副校长—主任—组长—教师；一个是反馈链，教师—组长—主任—副校长—校长。如图 3-2 所示。

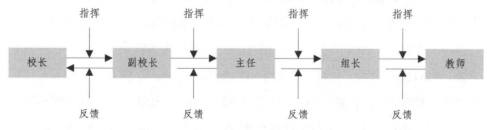

图 3-2　中小学校长与教师之间的指挥链与反馈链

中小学是具有浓厚科层体制特点的组织，这种组织指挥系统的实施，从管理角度来说是有明确规定的，即领导者在给下属下达指令时，不允许出现越级指挥的现象。这就要求校长只能给他的直属下级下达指令，不能直接去指挥普通教师，否则就是越级指挥。越级指挥可能导致多头指挥，即对下属的指令不唯一，使下属同时接到来自两个领导的命令。当出现多头指挥时，就可能在时间、空间等方面出现指挥不统一的情况，可能使下属感到无所适从。无论下属依照哪一个指令行事，都可能忽视其他指令，或违背其他指令。这种多头领导的现象会造成工作混乱，对组织起破坏作用。所以，20 世纪初，法国著名管理学家亨利·法约尔认为："为了达成一个共同目标，只能有一位领导，按照统一规划，领导并协调全体行动。"[1] 斯蒂芬·P. 罗宾斯（Stephen P. Robbins）也认为，统一指挥"意味着一名下属应该有且只有一位直接上司"[2]。根据不能越级指挥的原则，校长决策后，只能是依次由副校长、主任、组长负责执行，最后校长的指令传达至教师，而作为与学校签约的教师必须服从校长的合理指挥。因为成员一旦与组织签订了聘任合同，就意味着要交出自己的与组织相关的一些权利。这部分权利一旦交给了组织，组织就可以运用它对成员的行为进行支配、规范等。所以，凡是与学校签订聘任合同的教师都要接受校长的指令及在聘任范围内的任务分配，即都要与校长进行被动互动。

反馈链也为教师提供了与校长沟通、联系的渠道。反馈链的使用，下级可以一级一级向上反映情况，也可以越级向上一级、再上一级直接反映情况。由于具体为教师分配任务的是组长，组长又是距离教师最近、最了解任务分配情况及教师情况的领导。因此，关于工作问题教师一般总是先找最近的、最了解情况的领导，即他们的组长。除此之外，人们实际上有一种认识：你是我的下级，你有问题就应该直接找我。如果下属越级反映问题，当上级不认可时，他们在心理上会有一种失落感、不被信任感，甚至误认为下属给自己告状。这些感觉会影响彼此的和谐关系，影响下属的发展。因此，一般来说，涉及工作任务之事，教师都采用"就近原则"及"了解原则"。当组长不能解决相关问题时，他们就跨过组长直接与主任或校长等上级进行反馈，就像案例 3-2 中谭老师不愿带毕业班的问题，最后反馈到校长那里。所以，反馈链的存在是非常有意义的，它为教师与校长之间的间接互动提供了渠道。由于并不是所有教师在任务完成中都有问题，也并不是所有问题都是组长及主任等不能解决的；再有，目前一些教师工作比较忙，没有更多时间去关注学校工作中的问题，一些教师参与学校管理的意识还不是非常强。所以，利用这条渠道主动、积极与校长进行互动的还不是十分多。

---

① 法约尔. 工业管理与一般管理 [M]. 张扬，译. 北京：北京理工大学出版社，2014：88.

② 罗宾斯，贾奇. 组织行为学：第 16 版 [M]. 孙建敏，王震，李原，译. 北京：中国人民大学出版社，2016：385.

正是由于上述原因，使得中小学校长与教师之间不仅存在间接互动，而且还是普遍现象。

### 3．中小学体制资源的运行结果

校长与教师在实施体制化互动过程中，主要使用的媒介是外在影响物，前面的实证研究表明，外在影响物在校长与教师的互动中的影响作用是不同的。其原因如下。

任何一种组织都是以某种形式的权力和制度为基础的，没有这种形式的权力和制度，其组织的生存就是非常危险的，也谈不上实现组织目标。权力和制度可以消除组织的混乱，使得组织健康运行。在中小学这样的具有科层制的等级化组织里，校长占据最高位置，校长的职权和学校制度无疑是中小学存在与发展的基础。校长职权及合同、制度等的合法性我们在第二章已经明确，它们不仅仅是法律允许范围的事物，而且它们已经被校长及教师充分认可，再就是它们都具有强制性，如果不听从校长的命令，不服从校长的指挥，不遵守合同、制度等的规范，不受它们约束，将有一系列惩罚措施。另外，科层体制下的组织结构，形成了纵横的层次与部门。校长对不同层次、不同部门的授权以及它们的运作，保证了职权的效应，同时也保证了制度的贯彻执行。这就是它们作为媒介，在校长与教师互动中具有较大影响力的原因。

教师对校长的影响，主要通过以下途径：一是合同、制度等，二是教师的民主监督，三是舆论的监督。

科层体制下，合同、制度等明文规定的内容作为校长与教师的共有资源，不仅对教师的行为起着很大的制约作用，而且对校长的行为也起着制约作用。尤其是合同，它是双方的一种协议，是双方都认可的事物，是具有法律效应的文本。所以，制度、合同在双方互动过程中，是制约双方行为的媒介，当然对校长的互动行为也是具有制约性的。然而制度实际是一种以权力定位的社会制约方式，它通过引导社会态度、规范社会行为，服务于权力的拥有者。所以，制度带有极强的利益倾向，权力的归属决定了制度的性质。由于制度是在校长的主持下制定、修改、完善的，由校长负责执行，校长职权的强制性强化了制度在互动中对教师行为约束的力度。反之，当校长将制度、合同等作用于教师，运用制度来影响教师时，制度的强制性又强化了校长职权对教师影响的力度。所以，在彼此的互动中，教师们普遍认为制度对他们的影响极大，占到了60%以上，有些地区占到了70%以上；而校长问卷中超过40%的校长表明，制度、合同等在彼此的互动中有影响，低于教师问卷结果。由于校长是领导者，教师是被领导者，制度、合同对教师的约束性更大，而对校长的约束性相对较弱。

在校长与教师的互动过程中，教师的民主监督是具有合法性的，这一点我们在第二章已经阐明，所以它对校长具有一定的约束力，前面的实证研究中也得以论证。既然教师的民主监督具有合法性，那它应该对校长有较大约束力，但是现实情况却不是这样，教师的民主监督对校长影响的作用相较校长职权对教师的影响作用小得多，前面的实证研究也已经表明了。其原因如下。

目前，中小学的民主监督形式主要有校务委员会、教职工代表大会、教师对校长的评价、教师言论的力量等。

《中共中央关于教育体制改革的决定》规定："学校逐步实行校长负责制，有条件的学校要设立由校长主持的、人数不多的、有威信的校务委员会，作为审议机构。"由此我们看到这种审议机构的条件之一是校长主持，这说明校务委员会是校长职权行使的地方，这样的结构难以对校长的行为进行较大约束。因为，组织理论表明，监督机构与决策机构、执行机构应该分离，否则，决策机构、执行机构代为行使监督职能，形成自己监督自己的局面，等于没有监督。

关于教职工代表大会，《中共中央关于教育体制改革的决定》规定："要建立和健全以教师为主体的教职工代表大会制度，加强民主管理和民主监督。"就目前情况来看，学校教职工代表大会制度不健全，如有的学校没有组建教职工代表大会，"我们学校换过多位校长，有的校长刚来时挺有干劲，说是要建立教职工代表大会，但是后来也就不了了之了"（ZCC老师）；有的学校虽然有，但也是摆设，"我来到这个学校三年多了，从没有听说过开教职工代表大会的事情"（ZLJ老师）；有的学校虽然定期召开教职工代表大会，但起不到实质性民主监督作用，"我们学校的教职工代表大会年年开，校长在大会上说说学校工作，然后有人再说些学校工作的好话就完事了"（LML 老师）。其原因主要是大家的民主意识还不是很强，校长职权的力度太大，也没有一系列组织机构和一系列的制度对教职工代表大会起保护性作用。另外，有些学校教职工代表大会由校长负责领导，于是它又成为校长行使职权的机构。所以，教职工代表大会对校长的制约也是非常有限的。

上级教育行政部门定期到学校来，让教师实施无记名方式对校长进行评价，"这种评价对校长多少有一些制约性，但不是特别大，除非教师们都画'不合格'，可是一般情况下不会。因为，一般情况下校长也不会管理得如此差劲。再有，不是所有教师都参加对校长的评价，而是部分教师，这些教师的选定由人事部门或具有这种职能的人负责，而这样的职能部门或职能人员又是在校长领导下，当然他们要与校长商定了。所以，实际上对校长的评价，校长事先也差不多就知道大致情况。另外，对校长的评价也没有什么反馈，评价完就完了，时间长了大家也就更觉得这个没什么用了。你说它对校长的制约性能有多大"（MZL 老师）。这表明，教师通过这个途径来影响校长的作用不是很大。

舆论指的是公众的言论，是公众对现实社会以及社会中的各种现象、问题所表达的信念、态度、意见和情绪表现的总和。舆论对人们的行为具有支持与制约作用，这种作用是通过舆论引导而产生的。舆论引导是运用舆论影响人们的意识，引导人们的意向，从而使其按照舆论的倾向行事。舆论的强大作用是建立在诸如报刊、广播、电视等传媒工具的基础上的。另外，舆论虽然对校长的行为有一定约束作用，但它是一种个体行为，而不是组织行为。自媒体社会的教师虽然有渠道发声，但这种声音也会给自己带来麻烦，教师一般不会轻易使用。所以，舆论对校长的强制性影响力是有限的。

以上事实及分析表明，教师通过上述因素对校长进行影响，其作用是非常有限的。正是上述原因，职权、制度作为影响中介是普遍存在的，且是具有很大影响力度的因素，这也是体制化互动在中小学普遍存在的原因之一。

### 4．校长与教师基础动机的满足需要

亚伯拉罕·马斯洛（Abraham Maslow）的需要层次理论表明，人的低层

次需要，诸如生理需要、安全需要等是最基本的需要，首先要满足这些需要，"假如一个人在生活中所有的需要都没有得到满足，那么生理需要而不是其他需要最有可能成为他的主要动机"①。人们在来到一个组织时，就一般而言，首先要考虑这里能否解决他的生存问题，不管他们是有意识的还是无意识的，这都是要面对的。"科层制形式组织的高效率的一个重要原因是它将个人的利益和动机与执行组织职能系统地联系在一起。"②

在具有科层制的中小学组织中，教师凭自己的专业所长、教育教学技术能力应聘相应岗位，学校按教师的技术资格给予其某个职位。教师获得工作机会，享受相应工资报酬。当教师完成了学校交给的任务后，学校根据教师业绩考核结果，给予承诺的工资、课时费、班主任费等经济报酬和不同奖励，并根据教师的工作成绩与资历条件决定其是否晋升与加薪，从而促进个人为工作尽心尽职，保证组织效率的提高。在科层制中，统治者倾向于运用实质上的功利主义来进行他们的管理。他们依照制度规定，通过满足被统治者的需要来完成任务。③

科层制下的体制化互动，校长与教师交换各自具有的、对方需要的资源。校长借助教师需求的奖酬来实现学校组织目标，而教师则是借助完成校长交给的任务来获取自身需要的奖酬。作为具有经济人特征的校长与教师，会为了达到自己的利益而尽力完成领导者下达的任务。双方借助互动过程中的资源交换这种互惠行为，得到自身需要的事物、取得自身所期望的利益，各自在争取满意结果的同时，也帮助了对方，满足了双方的部分需要。通过互动中的交换，双方都实现了各自意愿。

另外，体制化互动，人们之间的关系很简单、明了，或是上下级的工作关系，上级发布命令，下级听从执行，彼此是指挥—服从的关系；或是同级的工作关系，彼此是平等的，没有谁指挥谁、谁服从谁的关系。校长与教师之间的

---

① 马斯洛. 动机与人格：第三版 [M]. 许金声，等译. 北京：中国人民大学出版社，2013：16.
② 约翰逊. 社会学理论 [M]. 南开大学社会学系，译. 北京：国际文化出版公司，1988：289.
③ 韦伯. 经济与社会：上卷 [M]. 林荣远，译. 北京：商务印书馆，1997：251.

关系按照职务等级划定，具有"上级—下级"和"指挥—服从"的关系。他们之间的互动关系是，教师按照聘任合同的规定完成工作任务，然后学校给予相应报酬。彼此间的互动活动与关系都会受到一些规则制约，公事与私事之间具有明确的界限，大家事先知道什么事情该与校长沟通、什么事情不该与校长沟通，彼此交往该怎么做，做到什么程度，在这种互动中彼此保持理性状态，避免感情上的冲动和个人的偏好。

学校已经建立起的升迁制度也让校长与教师了解什么条件下可以评职、晋级、提升等。学校根据教师的技术资格授予其某个职位，并根据教师的工作成绩与资历条件决定其晋升及加薪与否，同与校长的远近关系无关，人人在规则下得到平等待遇。

有些校长与教师崇尚这种简单、明了的互动关系，从对校长与教师的访谈中可以看到这一点。下面的访谈，反映出部分校长与教师的心声。

> 学校要稳定、要很好地教学，必须有明确的任务分工，有制度约束，干好了怎么办，干不好怎么办。如果没有这些，有些人就会出问题，然后来找校长，以为校长说句话就可以。有些人总认为与校长关系好，遇到麻烦事情好说话，他们喜欢利用关系而不是制度来做事情。一旦你满足了这些人的需要，那些好好工作的人就会有其他想法，甚至效仿。虽然不好好工作的人是少数，但是如果没有控制住，就会产生波纹效应，那样一来校长的工作就会很麻烦，会陷入说不清、道不明的复杂关系中。在工作中用规则说话，使得彼此之间的关系简单、明了，而且很公平，大家都少了很多猜疑，效率也会提高。
>
> （集体访谈3）
>
> 我觉得我只是那种想把我的工作干好，不想别的事情的人。我非常羡慕那些与校长走得近、有很多话题的人，但是我做不到，我不太擅长去应付那些事情，处理不好那些关系，也不喜欢那种感觉。我觉得那是非常复杂的事情，而我是一个简单的人。我也曾经试着做过，但是没有成功，反而还把自己搞得疲惫、烦恼，产生很重的心理负担，工作都

受到了影响。后来想明白了，何必把自己搞得身心那么紧张、焦虑，自己是什么人就做什么人，那样才能活得轻松、愉快。我对权力的渴望没有那么强烈，也没有想在行政上面被提拔什么的。每学年、每学期、每月、每周、每天都有事情做，该做什么就做什么；学校的制度都明摆着，按照学校规矩，该怎么做就怎么做，而且自己也能够做好。如果你做到了，根据政策和制度你该评职就评职、该晋级就晋级，我不希望自己通过接触校长来达到提职、晋级的目的。我觉得这样简单、明了地生活、工作挺好。所以，我并不是很渴望与校长有更多沟通、接触，我觉得这是件无所谓的事情，有需要就去找他，没有需要我只要把自己的工作做好就行了。另外，在我的意识里要和领导者保持一定距离，我觉得保持一定距离会比较安全，要是走得太近了我倒无所适从，看到人家那样，我也不会有失落感，每个人都有自己的生活和工作方式。（LIM 老师）

总之，这种互动关系使得"下属的行为由于具体化了其角色关系、澄清了其等级联系而变得更为可靠"①，更为简单。这使得一些校长与教师们感到轻松、愉快，使他们可以一心一意地工作，全力以赴为了工作、评职、晋级而努力，不必为拉关系而付出较多时间和精力，从而确保了他们工作的有效性。正因为如此，体制化互动在中小学中普遍存在。

## （二）校长－教师非体制化互动行为分析

科层组织体系下，一切都在组织机构的结构内、都在相应的制度规划内进行，体制化互动已经具有了完成学校教育教学任务、维护学习正常秩序的功能，这种情况下校长与教师之间为什么还存在非体制化互动呢？非体制化互动存在的主要原因是教育事业及教育者的需要、教育管理特点及现实的需要、校长与教师降低风险的需要。

---

① 斯格特. 组织理论：理性、自然和开放系统 [M]. 黄洋，李霞，申薇，等译. 北京：华夏出版社，2002：43-44.

## 1. 教育事业及教育者的需要

马克斯·韦伯在意识到科层制在扩大组织规模、加强控制、提高效率等方面所发挥的正向功能的同时，也意识到了它可能带来的负面影响。他认为科层制"形式主义的非人格化的统治：没有憎恨和激情，因此也没有'爱'和'狂热'，处于一般的义务概念的压力下"[①]。科层体制下，人们"需要付出精神或情感方面的沉重代价。过去那种有助于赋予生活以目的和意义的个人之间忠诚的联系被科层制的非私人关系破坏了。对自发情感的满足和欢乐被合理而系统地服从于科层制机构的狭窄的专业要求所淹没。总之，效率的逻辑残酷地而且系统地破坏了人的感情和情绪，使人们沦为庞大的科层制机器中附属的而又不可缺少的零件"[②]。人们彼此之间变得冷漠、刻板，组织气氛缺少生气与活力，工作士气受影响。

教育不仅仅是一种理性的活动，更是一种感情活动，教育等于美好希望，追求希望是一种感情投入的活动。从事这种事业的人要有爱、有恨，要有发自内心的纯真的感情，要有从内心深处产生的激情。我们可以设想，如果校长与教师间的互动只是建立在科层体制下纯粹的程式化、规范化的相互作用、相互影响，彼此之间不讲人情、就事论事，冷漠、刻板，缺乏激情和感情，教师再用这样的状态与学生互动。这种模式的互动，可以完成上级交给的教育教学任务，但是难以把教育作为一项伟大的事业，让其应有的功能得以释放，难以让享受教育的人真正有美好的感情向往。另外，为了有效实现教育目标，也需要情感，"情感的作用是把你的注意力从当前的关注对象，转移到需要你马上关注的其他事情上"[③]。情感有助于对激起的目标进行积极的相关思考。因此，教育这种事业本身需要以感情为主的互动。另外，教育也需要尊重和信任。教育是一种美化、建造人们心灵的事业，校长与教师是美化、建造人们心灵的"工艺师"；教育的真谛是让人们有价值感，校长与教师则是让人们产生这种价值

① 韦伯. 经济与社会：上卷 [M]. 林荣远，译. 北京：商务印书馆，1997：250.
② 约翰逊. 社会学理论 [M]. 南开大学社会学系，译. 北京：国际文化出版公司，1988：292.
③ 西蒙. 人类活动中的理性 [M]. 胡怀国，冯科，译. 桂林：广西师范大学出版社，2016：24.

感的"培育者""引导者";领导的真谛是让人们的价值感得以实现,校长与教师则是让人们的价值得以实现的"设计者""实施者"。所有这些都是建立在尊重、信任基础上的,一种没有尊重、信任的教育很难让人们有价值感,更难让人们的价值感得以实施。因为,只有当人们得到尊重、信任时,他们才会感到非常轻松、自在,否则人们会感到紧张、不安。而价值感的产生和实现需要一个宽松、自如的环境。

从事教育工作的校长与教师也有其特点。霍桑实验表明,人不仅仅具有经济人的特点和需要,人还是"社会人",还有社会性需要,社会性需要会促使生成效率的提升。"在某种程度上,产量的提高是人与人之间的同志情谊和相互交流的结果。"[1] 社会人表明,人们有归属、尊重、自我实现等需要。"人会渴望同人们建立一种关系,渴望在他的团体和家庭中有一个位置";"社会上所有人都有一种获得对自己的稳定的、牢固不变的、通常较高的评价的需要或欲望,即一种对于自尊、自重和来自他人的尊重的需要或欲望";"一个人能够成为什么,他就必须成为什么,他必须忠实于自己的本性"。[2] 尤其是具有教育教学及管理知识与技术的校长与教师,他们的工作性质,使得他们也具有强烈的社会性需要,他们在渴望物质报酬的同时还希望有其他回报,例如尊重、信任、情感、自我实现等的回报,他们把这些看得非常重要。教育事业本身的这种特点又强化了校长与教师的这种需要。这种需要的满足,"导致一种自信的感情,使人觉得自己在这个世界上有价值、有力量、有能力、有位置,有用处和必不可少"[3]。这些使得校长与教师喜欢做可以满足他们社会性需要的事情。

在校长的管理工作中,与这个群体交流、互动的主要是人。校长专业标准要求校长要营造育人文化、领导课程教学、引领教师成长。所以,校长最经常交流的对象就是教师,校长要做好这些工作,必须

---

① 梅奥. 工业文明的人类问题 [M]. 陆小斌,译. 北京:电子工业出版社,2013:84.

② 马斯洛. 动机与人格:第三版 [M]. 许金声,等译. 北京:中国人民大学出版社,2013:22-24.

③ 同②24.

让教师信任你、尊敬你，不然不可能引领他们，不可能领导课程教学，更不可能营造育人文化。这些靠校长的命令是不行的，要通过与他们的感情交流，让他们支持你。校长专业标准还要求校长要调适外部环境，营造学校与家庭、社会（社区）支持性的发展环境。校长与学生家长、社区、社会没有直接的行政权力关系，依靠的是彼此的理解、尊重，其中与家长的关系更多的是通过教师来协调的。而这些很难通过行政命令下达给教师，即便下达了，他们不理解、不执行，也难以考核。所以校长与教师之间通过感情的交流，建立彼此尊重、信任等良好的关系是至关重要的，只有这样，校长的工作才能做得更好。（集体访谈 3）

在学习的过程中读到需要理论中的友谊需要、尊重需要、情感需要，我觉得这些理论说得都非常好，大家在一起开开心心地干工作都舒服。学生对教师的一言一行在意，我们对校长的言行也在意，如果大家相处融洽，你尊重人家、你对人家好，人家也会尊重你、对你好。尤其是教师，更要与领导保持良好的关系，否则，你如果做不到这些，学生也会效仿你，你会很难办，你在学生面前就没有威望。再有，教师要传递给学生快乐，只有你快乐，你才能传递，如果你不快乐，靠装是装不出来的。这就是教师如此在意尊重、在意彼此之间的情感交流、在意友谊的原因了。（集体访谈 5）

由此我们看到，非体制化互动是教育事业的内在要求，是校长与教师多元化、高层次需求的表现。而科层体制下的体制化互动行为不利于彼此之间情感的充分与及时的交流，缺乏对彼此的尊重与信任，缺乏对人们需求反应的随机性与灵活性，不能完全满足教育事业和校长与教师的多元化、高层次需要，而非体制化互动在一定程度上能够弥补这些。

## 2. 教育管理特点及现实的需要

科层体制下的体制化互动的确解决了中小学的许多问题，"科层化的结构和管理被设计用来解决常规化的问题"①。值得注意的是，现实中有很多非常规化的问题，诸如我们前面所提到的，工作中的问题和个体发展中的问题，这些问题依靠科层体制下的互动是难以解决的。

在影响教育管理工作的众多因素中，有系统性因素，也有偶发性因素。前者是在教育管理中长期起作用的因素，具有稳定性，人们可以据此事先制定相应的管理措施。后者是在教育管理中偶然出现的因素，具有不稳定性，人们难以预测它的出现，也难以事先制定相应的管理措施。

> 一天我们正在会议室开行政会议，忽然听见楼道里有人大声吵嚷，还没等我搞清楚是怎么回事，会议室的门就被猛烈推开，5个人气呼呼地进来，嘴里还不停地说着："这事必须找校长，不管现在校长干什么都要给我们评评这个理。"还没等随后进来的年级组长解释，他们就你一言、我一语地说开了，实际上是嚷嚷开了。原来这5个人是一名学生的父亲、母亲、爷爷、奶奶和姥姥，由于该学生在学校里被同班学生打了，家长认为班主任对打人者处理轻了，于是找到年级组长，他们认为年级组长偏袒班主任，于是来到我的办公室。我就在这位班主任下课后直接找到她，共同解决这件事情。类似的事情在学校经常出现，你要花费很多时间、精力去处理这些事情。（ZQH校长）

教育的这一特点，使得教育管理中，既有规范性管理，又有权变性管理。例如，编班、安排课程、考评教学工作量等都属于规范性管理。关于这些工作的互动，事先都有明确规定。但是教育管理中还有一部分属于非规范性管理，如何处理由偶发性因素造成的问题，没有明确规定。校长应该根据具体情况采取相应的管理措施。尤其在教育管理中，人的因素占主导地位，有许多变化的不定性，也会因非理性因素而出现偶发事件。在影响校长与教师工作的众多因素中，有一大部分属于随机性因素，它们在校长及教师工作中随机出现，具有

---

① 汉森. 教育管理与组织行为：第五版 [M]. 冯大鸣，译. 上海：上海教育出版社，2005：23.

不稳定性，可能校长无意中的一个行为，就会对教师产生极大影响。教师不经意间的语言和行为也会对学生产生类似的影响。"我们的教育生活中常常发生许许多多的'小'事。比如说，老师的一个眼神，一句赞誉的话，一个手势，一次座位的安排，等等。这些对孩子产生了莫大的影响。"① 对于这样的因素校长与教师都难以预测它的出现，也难以事先制定相应的措施规范它，而是应该根据具体情况采取相应的措施。当校长与教师遇到这类问题时，他们可能就得去找对方。教师认为校长是最有效解决问题的领导者，校长认为教师是最能实现他意愿的具体执行者，于是关于以问题为本的直接互动就出现了。

教师在学校除了会遇到工作中的问题外，还会遇到自身发展中很多无法解决的问题，这些问题影响着他们的工作和生活。对于这些问题，现有的机构、制度都不能解决，中层领导在权力范围内无法解决，于是教师便去找校长。

> 实际上学校的制度、机构不是很完善，并不是说每个人安分守己地办事就能把大部分的问题解决好，教师工作、发展中有许多事情是现有的制度不能解决的，但是又必须解决，于是就需要一个机构或一个人来做这样的事情。其实有些事情可以找工会，但是工会不是独立于学校所有行政事务机构之外的一个部门，它不能为学校与教师进行调解，也不能解决发生在学校中的一些问题。由于目前学校缺乏这样的中立机构，教师有问题的时候，在没有更好的调解方式的情况下，就只能直接去找校长。（ZJM 老师）

另外，管理原则虽然明示了校长的命令传达行为，即校长在任务分配等的管理过程中不能越级指挥教师，但是管理原则并没有禁止教师越级反映问题的行为，也就是说教师对学校工作中的问题及个人发展中的问题等，可以直接找校长，校长必须接待教师，这是校长的职责。校长接待教师的方式及态度，在一定程度上决定了互动的水平。

---

① 范梅南，李树英. 教育的情调 [M]. 李树英，译. 北京：教育科学出版社，2019：154.

体制化互动强调遵守条文、按照科层制的组织结构进行互动沟通，但是并非所有学校中的所有事情都可以通过组织结构及制度条文解决，并非校长与教师遇到的所有事情都在制度规定的范围内，并非体制化互动能够解决双方的所有事情。学校教育管理的权变性、教师工作和发展中问题解决的迫切性及学校组织机构、制度的不完善性等，使得校长与教师要跨过组织层级、超越制度规范等进行直接互动。

### 3．校长与教师降低风险的需要

#### （1）校长降低风险的需要

学校作为一个组织，处于组织最高层的校长既是代表组织利益而工作的委托人，又是同组织签订合同并履行特定职责的成员。这种身份特征决定了校长既要向上级负责，又要向下级负责；既要设法完成学校目标，又要满足教师需要，校长必然要面对双重风险。实施好体制内的互动，是校长减少风险的必要措施，但是在学校里仅仅有这种互动是不够的。因为在科层体制下的体制化互动，真实客观的信息在传递到校长那里时容易失真。

其一，校长位居学校组织的金字塔顶端，根据不要越级指挥的组织原则，校长的指令是通过中间层级的执行者传递给教师的，教师虽然可以直接就学校相关之事与校长进行联系，但是这种沟通要付出一定成本，例如，时间、精力及中间层级的执行者心理上的问题，而其所得却可能微乎其微。所以教师一般不会因为学校之事直接与校长沟通，结果在体制化的交换情况下，校长很难经常与掌握学校组织内部真实情况的最基层教师进行交换，通常也难以知道学校中的一般人所知道和传递的真实客观信息。

其二，在体制化互动情况下，校长与教师之间进行的是正式的组织、制度范围内的互动，彼此之间是正式的工作关系。由于存在制度性的角色身份及地位的差异，校长拥有的是下级，而不是平等工作的同事。即使最率直和勇敢的下级也不会如同和自己平级的同事那样，平等地和上级对话。人们在向领导者汇报或告知事情时，都是经过选择的，"这是因为下属都不愿意去交流那些可能会在他们上司看来不利于他们的事情。事实上，可能会有这样一种倾向，即只交流那些令他们看起来优秀，或他们认为上司愿意听的事情"[1]。而且越是层级高的领导，越是掌握重要权力的领导，往往所得到的信息越是经过人为精心处理甚至是被策划过的，这说明信息在传递过程中每经过一个组织化的层级都会有所失真。组织规模越大，组织层级就越多，信息失真的可能性就越大。

这种情况下，任何领导都难以摆脱错误的判断。因为正确的判断通常来自人们之间无拘束的、自由的评价与沟通。所以，金字塔式的组织结构阻碍了坦诚意见的反映，影响了真实信息的传递，延缓了信息的反馈，长此下去将导致校长做出错误的决策。为了规避被歪曲的、不透明的信息交换，校长通常会采取一种自我保护措施，即尽可能地营造一种宽松的交换氛围，在这种交换氛围下，形式上保持"领导者—下级"的正式关系，实际上与教师之间建立一种非"领导者—下级"约束的亲密交换行为关系。

领导－成员交换理论的研究发现，"领导者从高交换关系中所获得的利益是明显的。当领导者的工作任务需要一些成员的首创性和努力才能成功完成时，成员的支持是重要的。对于一个缺乏时间和精力去实现他（她）所负责的所有行政管理职责的经理来说，支持性成员的协助是珍贵的"[2]。当与成员处于高水平互动关系时，成员对领导者"则有更为组织性的文明行为、对领导者更多的支持、更开放地与领导者交流和更少使用压力策略（如威胁、需要）"[3]。总之，为了使风险最小化，校长必须引入积极的互动行为来加以防范，他必须与教师们建立除了体制化之外的互动关系。

**（2）教师降低风险的需求**

教师也同样存在进一步降低风险的需求。科层体制下教师的工作都有统一分配，对这些工作的完成还有明确的规范，有些学校规定得比较细，例如，每周不同学科教师上几节课，怎么备课与上课，留多少作业，辅导多少次学生等。科层体制下人们的发展也是有统一标准的，例如，评职称都有明确规定，

---

[1]　霍伊，米斯克尔. 教育管理学：理论·研究·实践：第7版 [M]. 范国睿，主译. 北京：教育科学出版社，2007：84.

[2]　尤克尔. 组织领导学：第五版 [M]. 陶文昭，译. 北京：中国人民大学出版社，2004：135.

[3]　同②138.

要在任职期内完成多少工作量，要当够几年班主任，要有一定的教学、科研论文等。完成这些工作量、达到这样的标准，对于一些教师来说并不是很轻松就能够做到的，他们常常要付出 8 小时之外的工作时间和精力，常常要在节假日继续工作。教师压力大，这已经是众所周知的事情，严峻的就业形势又增加了这种压力。在今天，实际上教师在科层制规定的范围内已经是在超负荷运转，但是当教师达到了统一标准后，有时并不能如愿以偿，因为诸如评职、晋级等的资源是有限的。这表明，教师们在科层体制内的付出不一定会有所回报，他们将面对多付出、少回报的现实，将承担高成本、低收益的风险。

教师们为了有效规避这种风险，就必须寻找体制化之外的路径，即与校长实施非体制化互动，与校长交换超出工作说明书范围的事情，自愿付出额外努力并取得更好的成绩，使双方的关系建立在超科层制的非人格关系基础上，形成彼此信任、尊敬的友好感情。领导－成员交换理论的研究还发现，组织成员与领导者进行高质量的交换活动，可以使组织成员得到更多的关怀和支持、更多的参与行为和更快的专业发展。[①] 当与领导者处于高水平互动关系时，"领导者有更多的支持性行为、更多的咨询和委派、更多的指导、更少的监督和更少支配性交流"[②]。当与校长建立了非体制化互动关系后，校长也就会向这些教师施以某些特权，如他们接触到更多关键信息，使其在工作中具有更大的自主权，获取较他人更为有利的条件和机会等。事实也确实如此。

> 比如在评职称、评优评先的事情上，也许校长一句不经意的赞赏，就可能影响其他人的抉择。校长不会很明显地说，或者有可能根本就是无意识说的，但是校长的倾向可能会影响到其他人的决策。因为他可能已经从心里欣赏了某个人，然后就会有意无意地引导大家。（LJH 老师）
>
> 我能来读教育硕士，就与我跟校长高水平互动有很大关系。我们

① 诺思豪斯. 领导学：理论与实践：第二版 [M]. 吴荣先，等译. 南京：江苏教育出版社，2002：74.
② 尤克尔. 组织领导学：第五版 [M]. 陶文昭，译. 北京：中国人民大学出版社，2004：138.

那个地方不像北京，大家都知道如何向上走一走，我们那儿的教师就知道干领导交办的工作，干完就回家做家务，没有多少人有到北京来读教育硕士的想法。我有时愿意到校长的办公室坐一坐、聊一聊，自然感情就好些。校长毕竟比我们见得多，可以指点一下你，那天校长就与我提起了考教育硕士这件事。说你还年轻，又是学外语的，可以试一下，说北京一些师范大学招收这种硕士。校长的话给我提了醒，于是我开始准备，这个过程中校长还鼓励我，没想到我还真的成功了。（集体访谈 1）

其实学校为教师提供的专业发展机会并不是很多，如果你与校长关系好，当然这些机会你就会比别人更可能获得了。比如，那次我们县里举行青年教师教学技能大赛，全校就只有一个名额，但是想去的教师很多，因为这是你被大家认识的机会。最后获得机会的那位教师虽然也可以，但是大家都觉得，实际上是校长喜欢她起了很大作用。这种情况在学校里太多见了。（GYM 老师）

总之，双方为了降低各自风险，有效实现各种目标都必须与对方形成超出雇佣合同要求范围的非经济性互动，即进行超出雇佣合同要求范围之外的社会性互动，这种互动便是基于双方的感情，建立在领导与成员之间相互尊重、信任基础上的。非体制化互动会给双方都"带来更多的决策投入、相互支持、非正式影响、信任和谈判余地。低质量的领导－成员关系通常会减少相互支持、使用更多的正式监控、降低决策投入以及减少领导的信任与关心"[1]。领导的双因素理论认为，领导活动一方面要完成任务，另一方面"强调在领导者与被追随者之间的关系中建立友谊、相互信任、尊重和温暖的关系"[2]。

---

[1] 罗瑟尔，阿川. 领导力教程：理论、应用与技能培养：第 3 版 [M]. 史锐，杨玉明，译. 北京：清华大学出版社，2008：244.

[2] 欧文斯，瓦莱斯基. 教育组织行为学：领导力与学校改革：第 11 版 [M]. 吴宗酉，译. 上海：华东师范大学出版社，2021：332.

## 本章小结

本章主要描述了校长－教师互动行为的具体现象，接着对这些现象进行了归类，并分析了现象背后的原因。

从目的、内容、方式、媒介等不同视角对校长与教师的互动行为进行了实证研究。根据对互动现象的研究及不同的分类标准，可以将校长－教师互动归为体制化互动与非体制化互动，验证了最初的假设。体制化互动是指围绕学校组织目标实现和教师需求满足，校长与教师基于中小学设置的组织机构和各种规范基础上的互动，这种互动具有全员性、必须性、经济性、显性化等主要特点。非体制化互动是指领导活动中双方不限于正式组织及其相应规范而进行的互动，它具有个别性、自愿性、社会性、隐性化等主要特点。

为什么在校长与教师之间会存在体制化与非体制化互动？理性分析表明：学校作为社会中的组织，其存在的价值是保存、传递、完善人类的文化遗产，其间的互动活动都要围绕这一任务而进行；科层体制下的组织机构的结构形式，规定了这一组织成员的互动活动形式；学校体制的运行，极大地影响了互动行为；人们基础动机的满足需要。所有这些都是体制化互动存在的原因。教育事业的情感需要，学校管理的权变性特点，科层体制的风险性，以及校长与教师作为高知识人群社会性需求特点，使得校长－教师互动中的很多事情无法在体制化互动中得以解决，为了解决他们工作和发展中的问题，为了规避风险，他们又选择了另外一种互动形式——非体制化互动。

# 第四章 校长 - 教师互动行为对领导效能的影响

校长作为学校的最高领导者，教师作为学校教育教学的主体，二者的互动会对学校的方方面面产生影响，本书主要研究二者的互动对领导效能的影响。前面已经对校长 - 教师互动行为的类型等进行了阐述，本章对领导效能的研究框架进行探索，运用实证方式呈现校长 - 教师不同互动类型对领导效能的具体影响，通过验证假设，对这种影响的原因进行分析。

# 一、领导效能研究框架

这一部分主要阐述领导效能研究框架的构建过程及结果，在此基础上根据研究需要，对领导效能框架中的一些具体概念进行界定和研究维度的明确。

## （一）领导效能研究框架的确立

要研究校长－教师互动对领导效能的影响，就要搞清楚用什么指标来考察领导效能。"对如何评价领导效能问题没有简单的答案。选择合适标准取决于做这种评价的人的目的和价值，而人们有着不同的价值观。"[1] 由于研究者所处的环境不同，价值观有差异，故学者们的观点不是很一致。"众多的不同的评价效能的尺度，而且并不清楚哪一个尺度更为重要，所以评价领导者的效能很困难。"[2] 因此，关于领导效能，尤其是学校领导效能的指标研究需要进一步的探索。为此，我们通过文献研读，对教育特点的分析，以及对校长与教师进行访谈等，构建了本研究的领导效能框架。

### 1. 领导效能研究框架指标的判断

最初判断领导效能研究维度，是通过对领导效能概念解读及对领导效能文献的研读形成的。

#### 第一，解读了领导效能的概念

第一章关于领导效能概念的界定表明，领导效能是领导活动产生的效用，

---

① 尤克尔. 组织领导学: 第五版 [M]. 陶文昭，译. 北京: 中国人民大学出版社，2004: 12.

② 同①11.

是领导者在实施领导活动过程中，运用领导方式后的工作状态和工作结果，它反映了领导活动进行的状态和结果，以及领导活动实施与领导方式运用是否引起了组织状态、组织环境、组织关系及成员的有效变化。其中成员有效变化是衡量领导效能的重要指标，因为组织目标达成、组织绩效提升，都要依靠成员去做。

　　以往总是根据领导者具备的品质及表现出的领导行为判断其领导活动的成功与否，判断其领导效能高低，这些判断虽然重要，但是难以揭示领导效能的本质。实际上领导者的成功和失败，领导活动效能的高低，更多应该取决于他们的成员是否接受其领导，是满意地接受还是不得已地接受，接受后他们的态度如何，他们表现出来的行为如何，他们最终是否达成了组织目标。尽管领导者的人格特质和行为对这些指标有着重要的影响，但是在判断一个领导者的相对成功程度时，我们考虑的是这些行为的后果或影响，而不是特质和行为本身。所以判断领导效能的指标应该包括组织目标达成度，还应该包括成员对组织的态度与行为，以及成员对工作的满意度。这些指标表征了成员对领导方式接受的程度及接受的效果。

### 第二，研读了领导效能文献

　　切斯特·I. 巴纳德的组织理论认为，作为协作系统的组织能够继续存在下去，"就必须能够在实现组织目标方面是有效果的，而在满足个人动机方面是有效率的"[①]。加里·尤克尔认为，"领导效能最常用的测定指标，是领导者所在的组织成功实现其任务和达到目标的程度"[②]。韦恩·K.霍伊认为，领导效能（leadership effectiveness）的定义就包含了一个比较客观的维度（组织目标的达成度）和两个主观的维度（重要参照群体的感知评价和下属的总体工作满意度）。[③] 这表明，领导活动的两大任务是实现组织目标和满足成员需要。因此，

---

① 巴纳德. 经理人员的职能: 珍藏版 [M]. 王永贵，译. 北京: 机械工业出版社，2013: 30 周年版导言 XLVI.

② 尤克尔. 组织领导学: 第五版 [M]. 陶文昭，译. 北京: 中国人民大学出版社，2004: 10.

③ 霍伊，米斯克尔. 教育管理学: 理论·研究·实践: 第 7 版 [M]. 范国睿，主译. 北京: 教育科学出版社，2007: 375.

这两个方面一定是测评领导效能的重要指标。

弗雷德·E.菲德勒等认为,"士气、工作满意感、出勤率和安全对一个工作群体完成任务来讲是颇为重要的"[1]。理查德·L.哈格斯(Richard L. Hughes)等认为,可以通过测评绩效、满意度、组织气氛、士气、激励水平等来评估领导效能。[2] 按照他们的观点,领导效能的测评应包括士气、工作满意感、出勤率、安全、工作绩效等。

一些学者还认为,成员的态度、感知、行为等也是衡量领导效能的指标:"追随者对领导者的态度是评价领导效能的另一个常见指标。""领导者是否促进了团队的团结、成员的合作、成员的激励、问题的解决、决策的做出以及化解成员之间的冲突?领导者是否促进了角色专业化的效率、组织活动、资源积累以及团体应对变化和危机的准备?领导者是否改进了工作生活的质量、树立了追随者的自信、增加了他们的技能以及他们的心理成熟和职业发展?"[3] "对绩效的感知评价(perceived evaluation)十分重要:学校内部的领导者本身、下属、同事和上级以及学校外部的公众对领导者的主观判断是测量效能的手段。在学校中,学生、教师、管理者和资助人的态度如尊重、钦佩与忠诚等,非常重要。"[4]

还有一些学者认为,领导效能包括团体目标达成度、组织承诺、士气与凝聚力、效率、领导能力等。[5] 领导效能的指标可以分为:组织绩效、组织承诺和工作满意感。[6] "衡量领导效能的最重要的指标就是实现目标的程度。其他一些有关评价领导效能的标准,如士气和工作满意感也是很重要的,但是就领

---

① 菲德勒,加西亚. 领导效能新论 [M]. 何威,兰桦,冯丹龙,等译. 北京:生活·读书·新知三联书店,1989:12.

② 哈格斯,吉纳特,柯菲. 领导学:在经验积累中提升领导力:第5版 [M]. 朱舟,译. 北京:清华大学出版社,2007:92.

③ 尤克尔. 组织领导学:第五版 [M]. 陶文昭,译. 北京:中国人民大学出版社,2004:10-11.

④ 霍伊,米斯克尔. 教育管理学:理论·研究·实践:第7版 [M]. 范国睿,主译. 北京:教育科学出版社,2007:375.

⑤ 李元墩,张丽华,林琨堂. 非民营企业领导型态、沟通满足与领导效能之研究 [J]. 应用心理学,1998,4(2):33-41.

⑥ 黄孝俊. 企业文化与领导效能的关系研究 [J]. 决策借鉴,2000,13(4):50-54.

导学的原理来看，则必须把领导效能限定在任务绩效的范围内。"[1] 基于价值观的领导理论将下属认同、满意、激励以及下属认为的领导团队绩效作为衡量领导绩效的指标。[2] 还有学者提出了衡量领导效能的具体组织行为指标：可以通过测量员工态度的方法来评估领导对下属的影响力大小，比如员工的工作满意度、组织承诺、组织支持感、组织公民行为等。[3]

　　文献研究表明领导效能表现在许多方面：组织目标达成度、团队工作绩效、人员流动、成员工作满意度、组织承诺、组织公民行为、组织认同、组织支持感、组织士气等。文献研究还表明，多数学者普遍认为组织目标的达成度和成员满意度是考查领导效能的指标。除此之外，学者们还认为成员对组织的态度及其所产生的行为也是衡量领导效能的指标，即可以将学者提出的其他指标概括为成员的态度与行为。关于态度与行为提到较多的是组织承诺和组织公民行为。

　　总之，通过对领导效能概念解读，以及对领导效能文献的研读发现，将组织目标的达成度、成员满意度、组织承诺和组织公民行为作为衡量领导效能指标较为合理。

### 2．学校领导效能研究框架指标的验证

　　上节对领导效能的研究框架进行了阐述。这一研究框架是否适合中小学呢？下面笔者将通过对教育管理自身特点分析和校长与教师的访谈来进行探索性验证。

　　第一，对教育管理自身特点进行了分析。教育具有自身的特点，诸如教育组织的复杂性、教育现象的随机性、教育过程的双边性等。

　　学校是教育组织中最庞大的群体，这个群体涉及很多人员及关系。从学校内部来说，有行政人员、教师和学生。学生是青少年，中小学是他们从童年走

---

① 刘建军. 领导学原理：科学与艺术 [M]. 上海：复旦大学出版社，2001：303.

② 吴维库，富萍萍，刘军. 基于价值观的领导 [M]. 北京：经济科学出版社，2002：56.

③ 罗明亮. 组织行为学 [M]. 南京：南京大学出版社，2007：189.

向成年的过渡期，他们有不同于成年人的特点。生理上急剧变化，心理上也存在诸多矛盾。他们渴望独立，但是又不具备独立的条件；喜欢标新立异，这种心理使一些学生出现反叛性；有时表现得很温顺，有时又很冲动；有时很开放，有时又很封闭，尤其是对成年人封闭。从外部来说，有家长、亲戚、社区成员，其中家长是一个庞大的与学校有密切关系的群体。中小学学生基本都是未成年人，不具有完全民事行为能力，家长是他们的监护人。所以，中小学管理不仅仅要面对学生，还要面对家长。而家长这个群体是具有不完全组织性的群体，他们没有明确的组织目标、组织结构、组织规则等。可控性系统的条件之一是具有一定程度的组织性，因此，对家长这个群体的管理具有很大的难度。从人员组成及特点看，教育组织具有复杂性。

教育现象的随机性是指在教育工作中会出现一些偶发性因素，它们在随时影响教育和管理的效果。面对偶发性因素，事先难以预测它的出现，也难以事先制定相应的教育与管理措施。例如，由于某种原因这堂课换了一个条件不好、室外又有喧闹声的教室，导致课堂教学质量不佳；再如，某位教师讲话不慎，伤害了某名学生的自尊心，影响了他的学习积极性，导致学习质量下降。由于是随口一句话，事后教师忘记了，不知道该学生学习下降的原因。面对偶发性因素，必须根据具体情况采取相应的管理措施。这种情况下不存在适用于任何情况的"最佳"管理方法和措施。埃德加·沙因认为："没有一种唯一正确的管理策略在所有时候对所有的员工都管用。"[1] 哈罗德·孔茨等学者认为："有效的管理总是随机制宜的或因情况而异的管理。"[2]

教育过程的双边性是指领导效能的达成是领导者通过影响被领导者，让被领导者按照教育目标去行动，改变自己不符合学校组织目标的行为来实现的。斯蒂芬·P. 罗宾斯认为："管理是涉及协调和监管他人工作的活动。"[3] 这种活动对他人有较大的依赖性，所以管理活动都具有双边性，教育管理的双边性更加

---

[1]  沙因. 沙因组织心理学 [M]. 马红宇，王斌，译. 北京：中国人民大学出版社，2009：97.

[2]  孔茨，奥康奈，韦里克. 管理学 [M]. 黄砥石，陶文达，译. 北京：中国社会科学出版社，1987：28.

[3]  罗宾斯，库尔特. 管理学：第 13 版 [M]. 刘刚，程熙镕，梁晗，等译. 北京：中国人民大学出版社，2017：8.

突出，且有其特殊性。教育是一种培养人的事业，教育领域中的很多东西人们难以定论或把握，例如，怎么做就是启发式教学，什么行为就是因材施教等，教师的教育理念、工作态度、责任心等，很难通过教师的某种行为去判定，也很难预估教师在从事某项工作时是什么心态、会做出什么行为。这种情况下，与被管理者之间的相互运动，尤其是积极的运动对实现教育目标、满足被管理者的需要显得格外重要。

上述教育及教育管理的这些特点表明，衡量中小学的领导效能，不仅要看确定性工作完成情况，如学生考试成绩，学生升学状况，教师学历、职称及获奖情况等，还要看教师的满意度、教师对组织的态度与所表现出来的组织行为，例如，是否热爱教育事业、热爱学生，是否愿意真心留在学校从事教育教学工作，是否愿意做合同规定外的事情，是否认可学校的教育理念，是否关心学校的发展等。据此，中小学可以将学校目标达成度、教师满意度和教师态度与行为作为衡量学校领导效能的指标。关于教师的态度与行为，根据前面的探索，学者们普遍认为组织承诺和组织公民行为能够比较全面和客观地反映教师的态度和行为，故以此作为研究指标。

总之，这里把学校组织目标达成、教师满意度、教师组织承诺和教师组织公民行为作为领导效能研究框架中的重要指标，下面再通过实证研究，判断其与现实的契合度。

第二，对中小学校长及教师进行了访谈。访谈问题是"你认为什么能够衡量领导活动的最终结果？"。校长与教师回答的内容涉及多方面，大致有：学生学习成绩、学生思想品德、学校任务完成情况、教育教学质量、学校环境秩序、学校工作效率、教师教研成果、教师工作绩效、教师满意度、教师工作态度和行为、教师的归属感与成就感、教师对学校的认可度及感情、教师对领导方式的接受程度等。这些内容可以归为目标达成度、教师满意度及教师工作态度和行为等指标。下面是校长、教师的部分访谈实录。

校长的领导是为实现教育教学目标对教师实施影响的过程。通过学校领导者的素质及行为判断他们领导的成功或失败是一个方面，有一定道理，但是这些是不够的，或者不是主要的。判断一个学校领导效能的高低更多应该取决于教师是否能够好好地从事教育教学工作，是否认可学校的领导，是否接受校长和主任的领导，以及对他们的领导是否满意。如果老师们从心里认可他们、接受他们，对领导们满意，基本可以判断，这个学校的领导效能不会低。（集体访谈3）

判断领导活动的效能，当然要看教育教学任务完成情况，除此之外还要看这个学校的文化氛围，看教师的表现。如果教师工作都很自觉、很积极、很努力，这个学校的领导效能不会差。教师都按部就班地工作，该干什么干什么，好好备课，认真教学，这个学校学生成绩在同类学校中不会差。否则，教师倦怠，相互攀比，不比谁干得多，就比谁干得少，那这个学校好不了。（NTS校长）

看一个学校怎样，看一个校长领导得怎样，要看他们学校教师对教育理念等的了解、理解及认同程度，如果学校有共同的教育理念，说明校长教育思想明确，善于把自己的思想传递给教师，否则教师怎么知道（学校的教育理念），怎么会有共同的认识。还要看教师是否把教育理念表现在行为上，是否能够自觉去做，否则只说不练，学校前进不了。（CMR校长）

我觉得衡量一个学校领导效能如何，主要看校长的领导方式是否被大家认可和接受，如果教师接受，他们就会听领导的话，就会服从领导的安排，也就会好好工作。如果大家都好好工作了，对学校感觉挺好，都从心里愿意待在这所学校，都心情舒畅，他们肯定愿意好好干。至于专业素养，等教师心情舒畅了，再引导他们去提高，他们是愿意的。素质高了，对学校理念的理解与接受就到位了，对学生的培养能力也会随之提高，学校工作肯定能够干好，学生成绩不会差，家长的反映也不会差。（CHH副校长）

我认为，中小学领导效能主要表现在学校教育教学任务完成情况，或者说培养人的情况上。中小学就是传递知识的地方，是从事教育教学的地方，是否很好地完成了你的本职工作当然是衡量领导效能高低的主要标准。不过，教育教学完成情况要通过教师的工作来反映，教师积极性高，完成得就好，积极性不高也要完成，但是效果不会太好。（CBS 老师）

看一个学校校长领导得如何，可以了解教师的满意情况，如果教师满意度高，说明校长领导得好。教师满意度高，他们心里也舒服，工作起来也有动力，积极性也高。教育是一个需要情感投入的工作，教师愿意工作了，他们的情感投入也就多，工作也就做得好，领导效能当然也高了。如果还想进一步了解，可以用组织行为中的一些指标来判断。我们觉得组织承诺、组织公民行为可以比较全面、客观地来反映这个问题。（集体访谈 4）

我们上课时曾经学到的一些知识，感觉其中提到教师满意度、教师组织承诺、教师组织公民行为等几个概念挺好的。教师满意说明学校领导方式挺不错，否则教师不会满意。如果教师组织承诺高，说明认可学校的目标。还有教师组织公民行为，如果这个学校的教师有这种行为，那这个学校太棒了。总之，如果这个学校的这些都好，那教师肯定能够很好地教学，也一定都对学生好，这是确定无疑的，这些都做到了，学校目标不可能实现不了，只会实现得非常好。（集体访谈 5）

访谈研究也表明，校长与教师提到比较多的内容是领导是否可以设法让教师顺利完成教育教学任务，是否可以让教师心情舒畅地工作，是否可以让教师努力工作，尤其是教师满意度、态度和行为是访谈提到的最多的内容。这表明将学校组织目标达成度、教师满意度、教师组织承诺、教师组织公民行为作为指标，可以比较有效地判断学校领导效能的情况。

### （二）领导效能衡量指标的阐述

根据上面对中小学领导效能研究框架的讨论，明确了互动影响的具体指标内容：学校组织目标达成度、教师满意度、教师组织承诺和教师组织公民行为。这里对这四个指标的概念进行具体解析，同时进行研究维度的探索。

## 1. 学校组织目标达成度

组织目标是通过组织成员的共同努力期望达到的目的，是对未来组织发展状况的期待，是对组织活动的指导和制约。组织目标是组织中的领导者和成员的行动指南、前进方向，阿米泰·埃兹奥尼（Amitai Etzioni）认为："组织目标通过描绘组织试图实现的状态，赋予组织活动以方向。"[①] 组织目标的实现需要人们去努力，要沿着目标方向前进，不能偏离，所以目标实际也是一种约束。组织目标是对人们角色的约束，包括对管理层，尤其是组织中的高层管理者的约束。[②] 组织的力量大就在于大家有一致的目标，可以让成员的劲往一处使，否则作用力分散，人再多力量也不一定大。因此，必须有一个成员共同接受的组织目标。

教育组织的产生是为了维持和更新社会的文化传统与价值，学校组织作为教育场域中最重要的组织，其目的是通过培养人来继承和发扬人类文化遗产，然后在此基础上创造新的知识和技术，所以学校必须达成培养人的教育目标。2017 年 10 月，中国共产党第十九次全国代表大会上题为《决胜全面建成小康社会　夺取新时代中国特色社会主义伟大胜利》的报告明确提出教育要"培养德智体美全面发展的社会主义建设者和接班人"，这便是学校组织最终要达到的目的。2019 年 7 月，《中共中央 国务院关于深化教育教学改革全面提高义务教育质量的意见》再次强调了要"培养德智体美劳全面发展的社会主义建设者和接班人"。

组织目标是组织形成的条件，任何一个组织都是因为一定的目标而组织起来的。斯蒂芬·P. 罗宾斯认为："组织是为了实现某个特定目的而对人员的精心安排。"[③]W. 理查德·斯科特认为："组织是拥有共同目标的个体所组

① ETZIONI A. Two approaches to organizational analysis: A critique and a suggestion[J]. Administrative Science Quarterly, 1960, 5(2): 257-278.

② SIMON H A. On the concept of organizational goal[J]. Administrative Science Quarterly, 1964, 9(1): 1-22.

③ 罗宾斯，库尔特. 管理学：第 13 版 [M]. 刘刚，程熙镕，梁晗，等译. 北京：中国人民大学出版社，2017: 6.

成的集合体。"① 弗雷德·E.菲德勒等认为："所谓组织是指在统一管理下，具有共同的目标并为达到这些目标相互合作、相互联系、相互依赖的一组群体。"② 这表明没有目标就难以形成组织，正是这种目标才能把分散状态的人群，分离状态的事物聚合在一起，使人们"进行的是有意识的、有计划的、有目的的合作"③。所以，切斯特·I.巴纳德认为："当具备下列条件时，组织就生成了：存在能够彼此交流的人、他们愿意做出贡献、为了实现共同的目标。""这些要素是组织最初成立时的必要条件和充分条件，并存在于所有的这类组织之中。"④

　　组织目标是组织生存与发展的保障，但是以它的实现为保证的。组织理论认为，虽然组织的类型不同，但是"每个组织都由人组成，由人来完成工作以实现组织的目标"⑤。人们为什么会来到组织，帮助组织实现其目标，是因为他们有共同的意愿，但是这种意愿的存在是有条件的。"组织的活力在于成员贡献力量的意愿，而这种意愿要求这样一种信念，即共同目标能够实现。如果在进行过程中发现目标无法实现，那么这种信念就会逐渐削弱并降到零，这样，有效性就不复存在了，做出贡献的意愿也就随之消失。"⑥ "理性是指为了最有效地达成预定目标而以某种方式组织起来的一系列行为逻辑。所以，理性并不是指目标选择而是指目标达成。"⑦ "如果组织能够成功实现它的目标——建立起一批追随者或创造出对新产品或服务的需求，它就能够生存、成长并得以建立。"⑧ 由此看到，组织存在是以实现组织目标为基础的，实现组织目标是组织

---

① 斯格特. 组织理论：理性、自然和开放系统 [M]. 黄洋，李霞，申薇，等译. 北京：华夏出版社，2002：24.

② 菲德勒，加西亚. 领导效能新论 [M]. 何威，兰桦，冯丹龙，等译. 北京：生活·读书·新知三联书店，1989：10.

③ 巴纳德. 经理人员的职能：珍藏版 [M]. 王永贵，译. 北京：机械工业出版社，2013：5.

④ 同③63.

⑤ 罗宾斯，库尔特. 管理学：第 13 版 [M]. 刘刚，程熙镕，梁晗，等译. 北京：中国人民大学出版社，2017：6.

⑥ 同③63.

⑦ 同①31.

⑧ 沙因. 沙因组织心理学 [M]. 马红宇，王斌，译. 北京：中国人民大学出版社，2009：19.

生存与发展的关键。

为了实现组织目标，需要解决个人意愿的满足问题。成员带着意愿来到组织中，根据这种意愿他们也会设置个人目标。这些目标可能与组织目标一致，也可能不一致。组织成员"也会理智地努力提出个人目标，它可能不完全与组织目标保持协调一致，常常还会与组织目标背道而驰"[①]。如果二者的目标不一致，他们就难以沿着组织目标的方向去工作，所以组织成员的行为并非"始终都以实现组织目标为导向"[②]。如果出现这种情况，成员的已有意愿实现不了，他们就会离开组织，组织就难以生存与发展。所以，为了组织的生存与发展，组织目标的制定要考虑成员的个体目标，要处理好个人目标与组织目标的关系，要设法通过实现组织目标来满足个体意愿。"意愿的持续性还取决于成员个人在实现目标的过程中所获得的满足，如果这种满足不能超过个人所做出的牺牲，意愿也会消失，组织就没有效率；反之，如果个人的满足超过其牺牲，做出贡献的意愿就会持续下去，组织就富有效率。"[③] "当个体在组织里的活动直接或间接地对实现个人目标有利时，他们就愿意接受组织成员的身份。"[④] 这就意味着他们愿意继续待在组织中，并为组织目标的实现而做出贡献。不仅如此，组织还要设法引导成员认同组织目标，"认同的过程就是个人用组织的目标代替个人目标，作为制定组织决策时所采用的价值指数的过程"[⑤]。一旦成员认同了组织目标，其实现目标的行为就得到了强化。

从上面的阐述可以看到，在组织目标的达成过程中成员意愿以及由此产生的贡献是至关重要的，在学校组织中这些更为重要。学校的教育目标、教育技术等都带有模糊性与不确定性，学校被看成目标模糊不清、技术不明确的组

---

① 西蒙. 管理行为：珍藏版 [M]. 詹正茂，译. 北京：机械工业出版社，2013：84.

② 同①.

③ 巴纳德. 经理人员的职能：珍藏版 [M]. 王永贵，译. 北京：机械工业出版社，2013：63.

④ 同①135.

⑤ 同①280.

织。[①] 老师提出了很多学校教育目标，但其中很多目标是笼统抽象的，带有浓厚的理想主义色彩。另外，把这些目标转换为具体的行动方案也很困难，因为无法对目标实现与否进行科学测量。在学校里，参与者"经常运用尝试错误方法，强调通过偶然事件和过去经验进行学习，教育中的技术自然是不明确的"[②]。教育工作者遵循一定的规范和规律，但是同时又要针对具体问题决定如何行事，教学有法，但教无定法。基于学校的松散结合等特点，在中小学要达成组织目标，除了要完成必需的教育教学任务，保证必要的管理秩序外，更要满足教师的合理需求，让教师认同学校目标，愿意留在学校，愿意为学校做贡献，同时要有为学校组织目标实现付出的行为，这些实际上也体现教师满意度、教师组织承诺和教师组织公民行为。

### 2. 教师满意度

教师满意度（Teacher's Satisfaction）的概念研究等是建立在员工满意度（Employee's Satisfaction）的概念和研究基础上的。员工满意度概念是从西方管理思想引进的"舶来品"。在传统意义上，员工满意度主要是指工作满意度（Job Satisfaction）。

每个人自有知觉以来，便开始随着个人发展而陆续认知家庭、课业、生活、工作、社会、成就等，产生各种主观感受，构成人们生活中的不同满意度。它们彼此间可能存在一种类似河川上游、下游与旁支的复杂关系，而"工作满意度"可视为其中的主要支流，它与其他支流一起影响着人们一生的生活和工作。作为主要支流，它代表一种有价值的社会产物，可作为组织内早期警戒指标，可以发现组织在工作上的缺失，以便尽快采取适当的补救措施；员工"对工作的满意程度可以降低劳动力流动、提高劳动生产率"[③]。

---

① 霍伊，米斯克尔. 教育管理学：理论·研究·实践：第7版[M]. 范国睿，主译. 北京：教育科学出版社，2007：111.

② 汉森. 教育管理与组织行为：第五版[M]. 冯大鸣，译. 上海：上海教育出版社，2005：193.

③ 泰森，杰克逊. 组织行为学[M]. 高筱苏，译. 北京：中信出版社，1997：33.

### （1）教师满意度概念

工作满意度的研究最早可以追溯到 1927 年工业社会学的创始人、人际关系理论的代表乔治·E. 梅奥（George E. Mayo）所做的霍桑实验（the Hawthorne experiments），在此基础上，梅奥提出了人际关系学说。此研究及学说成为后来行为科学的奠基石，构筑了其后几十年管理理论发展的框架。人际关系学说提出影响生产力最主要的因素是在工作中发展起来的人际关系，并且树立起一个新的管理哲学：为了提高劳动生产率，领导方式的选择应该设法提升员工的工作满意度。在此之后，很多学者都在关注工作满意度问题，由于研究对象的不同，采取的理论构架不同，因此，对于工作满意度的定义也就不尽相同。

较早研究工作满意度的学者是罗伯特·赫波克（Robert Hoppock），他认为工作满意度是员工从心理和生理上对工作环境与工作本身的满意感受，也就是工作者对工作情境的主观反应。此后，赫波克从 1935 年开始还不断提供工作满意度的研究报告，这些报告可以在《职业》（*Occupations*）杂志中看到。报告反映了不同时期员工关于工作满意度的情况，赫波克在报告中负责报告的总体规划和最终编辑，以及一些解释性评论。[①]

此后很多学者都对此进行了研究。埃德温·A. 洛克（Edwin A. Locke）认为："工作满意度是一种愉快的情绪状态，这种状态源于对自己工作的评价，即能够达成工作价值的实现，或能够促使工作价值的实现。"[②] 斯蒂芬·P. 罗宾斯认为，工作满意度"描述了人们对工作特点进行评估后而产生的对工作的积极态度"[③]。弗雷德·鲁森斯（Fred Luthans）认为："工作满意度是员工知觉的结果，知觉的内容是：这份工作能够在怎样的程度上提供那些被认为是重要的东西。"[④]

① HOPPOCK R, ROBINSON H A. Job satisfaction researches of 1950[J]. Occupations：The Vocational Guidance Journal, 1951, 29(8): 572-578.

② LOCKE E A. What is job satisfaction? [J]. Organizational Behavior and Human Performance, 1969, 4(4): 309-336.

③ 罗宾斯，贾奇. 组织行为学：第 16 版 [M]. 孙健敏，王震，李原，译. 北京：中国人民大学出版社，2016: 63.

④ 鲁森斯. 组织行为学：第 11 版 [M]. 王垒，等译. 北京：人民邮电出版社，2009: 140.

还有学者认为，工作满意度是员工对其工作内容、条件等的总体评估，从而产生的一种情感状态。[①②③] 深究其本质，工作满意度实质上是一种态度的变数，可以被视为员工对与工作相关各种要素的感受。因此，组织若希望员工有较好的表现，则可以通过改善员工的工作感受，即满意度来达到此目的。

关于教师满意度，学者们认为，教师满意度是教师对其工作与所从事职业，以及工作条件与状况的一种总体的、带有情绪色彩的感受与看法。它不仅与教师的工作积极性有密切关系，而且与人的心理健康有很大关系。[④] 教师工作满意度是教师对所从事的职业、工作条件与状况的一种总体感受与看法。[⑤]

总之，教师满意度是教师对其工作的总体感受。

**（2）教师满意度影响因素**

通过哪些方面来判断员工的满意度，不少学者对此问题都有研究。

费雷德里克·赫茨伯格（Frederick Herzberg）等学者认为，成就、认可、工作本身、期望、进步等因素是激励因素，"只有'激励因素'才能带来企业期望从劳动力资源中得到的那种工作满意度和工作绩效的改进"[⑥]。休·J. 阿诺德（Hugh J. Arnold）等提出，工作满意度的构成因素包括：工作本身、上司、经济报酬、升迁、工作环境和工作团体。[⑦] 罗宾斯认为，影响工作满意度的典

① HARTLINE M D, FERRELL O C. The management of customer-contact service employees: An empirical investigation[J]. Journal of Marketing, 1996, 60(4): 52-70.

② BETTENCOURT L A, BROWN S W. Contact employees: Relationship among workplace fairness, job satisfaction and prosocial service behaviors[J]. Journal of Retailing, 1997, 73(1): 39-61.

③ MOUNT M, ILIES R, JOHNSON E. Relationship of personality traits and counterproductive work behaviors: The mediating effects of job satisfaction[J]. Personnel Psychology, 2006, 59(3): 591-622.

④ 陈云英，孙绍邦. 教师工作满意度的测量研究 [J]. 心理科学，1994, 17（3）: 146-149+193.

⑤ 姜勇，钱琴珍，鄢超云. 教师工作满意度的影响因素结构模型研究 [J]. 心理科学，2006, 29（1）: 162-164.

⑥ 赫茨伯格，莫斯纳，斯奈德曼. 赫茨伯格的双因素理论：修订版 [M]. 张湛，译. 北京：中国人民大学出版社，2016: 118.

⑦ ARNOLD H J, FELDMAN D C. A multivariate analysis of the determinants of job turnover[J]. Journal of Applied Psychology, 1982, 67(3): 350-360.

型要素："工作性质、监督与控制、当前收入、晋升机会和同事关系。"① 鲁森斯认为，测量工作满意度有五个维度："工作本身、薪酬、晋升机会、上级的管理、同事。"②

　　关于此问题，中国学者也有不少研究。工作满意度的五因素模型：企业形象的满意度（管理制度、客户服务、质量管理、参与管理）；领导的满意度（管理者、工作认可）；工作回报的满意度（报酬、福利、培训与发展、工作环境）；工作协作的满意度（同事、沟通、尊重）；工作本身的满意程度（工作胜任感、成就感，安全感）等。③ 影响教师工作满意度的主要因素：教师对其工作本身的看法，包括工作的趣味性与成就感；工作的物理环境与条件，如办公条件，教学设备等；薪水；业务进修与晋升人际关系；学校的领导与管理；教师的个人特点（职称、年龄、院系等）。④ 工作满意度受组织氛围、课改参与性等因素的影响，且又成为间接影响教师发展的重要中介变量。组织氛围、课改参与性等因素通过工作满意度这一中介变量间接地影响到教师职业承诺、工作主动性、职业倦怠等。⑤ 影响教师工作满意度的因素"主要集中在工作条件、工作强度、教育体制和社会环境、社会地位、收入、人际关系、领导管理、工作成就、进修提升、自我实现等方面"⑥。

　　总之，教师满意度主要包括人际关系、工作内容、工作环境、匹配程度（个体素质与工作契合度）、学校制度、福利待遇等。

### 3. 教师组织承诺

　　组织承诺（Organizational Commitment）的概念从 20 世纪 60 年代起开始

① 罗宾斯，贾奇. 组织行为学：第 16 版 [M]. 孙健敏，王震，李原，译. 北京：中国人民大学出版社，2016：68.

② 鲁森斯. 组织行为学：第 11 版 [M]. 王垒，姚翔，童佳瑾，等译. 北京：人民邮电出版社，2009：140.

③ 卢嘉，时勘，杨继锋. 工作满意度的评价结构和方法 [J]. 中国人力资源开发，2001（1）：15-17.

④ 陈云英，孙绍邦. 教师工作满意度的测量研究 [J]. 心理科学，1994，17（3）：146-149+193.

⑤ 姜勇，钱琴珍，鄢超云. 教师工作满意度的影响因素结构模型研究 [J]. 心理科学，2006，29（1）：162-164.

⑥ 胡咏梅. 中学教师工作满意度及其影响因素的实证研究 [J]. 教育学报，2007（5）：46-52.

提出，20 世纪 70 年代以来受到了持续的关注，到 20 世纪 90 年代，组织承诺更成为组织行为学、工业心理学领域研究的中心之一，大量的研究证明组织承诺在预测一些重要的组织行为等方面是非常有效的。

（1）教师组织承诺概念

组织承诺概念最早是由社会学家霍德华·S. 贝克尔（Howard S. Becker）在 20 世纪 60 年代提出来的，是指成员因为担心离职会带来巨大损失而不得不留在组织中。[①] 贝克尔主要强调物质利益方面的承诺。[②] 到了 20 世纪 70 年代，组织行为学家布鲁斯·布坎南（Bruce Buchanan）等在自己研究的基础上，重新定义了组织承诺，认为组织承诺更多地表现为成员对组织的一种感情依赖，而非贝克尔所强调的一种经济上的工具。成员不愿离开某单位，绝非由于单方面投入太多，或担心失去养老金等福利的原因，而是对组织产生了许多感情上的依赖。[③] 弗雷德·鲁森斯（Fred Luthans）认为，组织承诺是"反映员工对组织的忠诚度（Loyalty）的一种态度，是一种正在进行的过程，借此组织的参与者表达了他们对于组织及其将来的成功和发展的关注"[④]。斯蒂芬·P. 罗宾斯认为，"组织承诺描述了员工对特定的组织及其目标的认同程度，以及希望继续作为该组织成员的意愿"[⑤]。

我国学者对组织承诺也进行了研究。"组织承诺是员工对组织的一种态度，它可以解释员工为什么要留在某企业，因而也是检验职工对企业忠诚程度的一种指标。它除了受契约法规的制约和工资福利等经济因素的影响外，还受到价值观念、道德规范、理想追求、感情因素及个人能力、兴趣和人格特点的影响，而且这些文化心理因素对职工的承诺行为起着决定作用。由于决定因素的

① BECKER H S. Notes on the concept of commitment[J]. American Journal of Sociology, 1960, 66(1): 32-40.

② 张德，吴志明. 组织行为学 [M]. 大连：东北财经大学出版社，2002: 395.

③ BUCHANAN B. Building organizational commitment: The socialization of managers in work organizations[J]. Administrative Science Quarterly, 1974, 19(4): 533-546.

④ 鲁森斯. 组织行为学：第 11 版 [M]. 王垒，姚翔，童佳瑾，等译. 北京：人民邮电出版社，2009: 145.

⑤ 罗宾斯，贾奇. 组织行为学 [M]. 孙健敏，王震，李原，译. 16 版. 北京：中国人民大学出版社，2016: 65.

多样性，组织承诺的心理结构也是多维的。"[①] 组织承诺通常是指员工对组织及其目标的认同感，以及对组织的归属感。组织承诺可以解释员工为什么要留在某个组织，因而也是检验员工对组织忠诚程度的一种指标。组织承诺也是员工与组织之间心理契约的一种体现。[②] "组织承诺可主要概括为'工具性'组织承诺与'心理性'组织承诺两类。组织成员对组织的认同，以及在组织中的留职意愿与努力意愿，往往从'工具性'与'心理性'两方面予以考虑。"[③] "组织承诺是组织内部员工对组织的承诺，是员工对组织的心理认同、接纳的态度、相应支持和关心组织发展的行为。"[④] "教师组织承诺是指教师坚信学校目标、认同并接受学校价值观、自动自发地为学校竭尽全力、渴望能够在该学校中一直工作下去的心理定式。"[⑤]

总之，教师组织承诺是指教师对学校认同、接纳的态度，是对学校目标与价值的认同意向，是为学校尽心尽力工作的意愿，是对学校利益维护的倾向，是对学校组织归属的愿望。组织承诺不同于个人与组织签订的工作任务和职业角色方面的合同，是一种"心理合同"或"心理契约"，它确定了教师个体与学校组织连接的内在"规则"。

**（2）教师组织承诺维度**

关于组织承诺的维度及测量研究，加拿大学者纳塔莉·J. 艾伦（Natalie J. Allen）和约翰·P. 梅耶（John. P. Meyer）的研究较有代表性。1984年，他们在前人研究的基础上提出感情承诺和留任承诺两因素论，并于1990年进一步把组织承诺发展为感情承诺、留任承诺和规范承诺三维结构，这是目前被普遍接受的概念。[⑥] "情感承诺是指员工对组织的情绪依恋、认同感和投

① 凌文辁，张治灿，方俐洛. 中国职工组织承诺研究 [J]. 中国社会科学，2001（2）：90-102+206.

② 张德，吴志明. 组织行为学 [M]. 大连：东北财经大学出版社，2002：395.

③ 乐国安，尹虹艳，王晓庄. 组织承诺研究综述 [J]. 应用心理学，2006，12（1）：84-90.

④ 罗明亮. 组织公民行为研究：理论与实证 [M]. 北京：经济管理出版社，2007：4.

⑤ 宋爱红，蔡永红. 教师组织承诺结构的验证性因素分析 [J]. 心理发展与教育，2005（2）：48-51.

⑥ ALLEN N J, MEYER J P. The measurement and antecedents of affective, continuance and normative commitment to the organization[J]. Journal of Occupational Psychology, 1990, 63(1): 1-18.

入程度。留任承诺是指基于相关员工离开组织而受到损失的一种承诺。这可能是因为丧失了晋升或者获益的可能性。规范承诺是指员工感到有责任留在组织中，因为他们应该留下，这就是他们要做的事情。"① 这个模型得到了较为普遍的认可和接受，大量的实证研究基于这个模型展开。理查德·T.莫戴等认为，组织承诺至少可以由三个相关因素构成：对组织价值观和目标坚定认同和明确接受；对组织工作愿意做出相当大的努力；对保持组织成员身份有强烈愿望。②

　　我国学者从 20 世纪 90 年代开始涉入组织承诺领域的研究。他们根据对中国企业员工的实证研究结果发现，由于受到不同的组织文化和社会文化的影响，中国企业员工的组织承诺表现出不同于西方的结构特点。③ 有学者对国内企业员工的组织承诺的研究发现，中国员工组织承诺的结构模型中包含 5 个因素，即感情承诺、理想承诺、规范承诺、经济承诺和机会承诺。感情承诺：对单位认同，感情深厚；愿意为单位的生存与发展做出奉献，甚至不计较报酬；在任何诱惑下都不会离职跳槽。理想承诺：重视个人的成长，追求理想的实现；关注个人的专长在该单位能否得到发挥，单位能否提供各项工作条件和学习提高及晋升的机会，以利实现理想。规范承诺：对企业的态度和行为表现均以社会规范、职业道德为准则；对组织有责任感，对工作、对单位尽自己应尽的责任和义务。经济承诺：因担心离开单位会蒙受经济损失，所以才留在该单位。机会承诺：待在这个单位的根本原因是找不到其他更满意的单位；或因自己技术水平低，没有另找工作的机会。④ 有学者在前人的感情承诺、理想承诺、规范承诺、经济承诺与机会承诺五个维度基础上，对中学教师进行了相关测量。研究结果表明，"教师组织承诺的最佳结构应是四因素结构，即感情承诺、

① 鲁森斯. 组织行为学：第 11 版 [M]. 王垒，姚翔，童佳瑾，等译. 北京：人民邮电出版社，2009：146.

② MOWDAY R T, STEERS R M, PORTER L W. The measurement of organizational commitment[J]. Journal of Vocational Behavior, 1979, 14(2): 224-247.

③ 张治灿，方俐洛，凌文辁. 中国职工组织承诺的结构模型检验 [J]. 心理科学，2001，24（2）：148-150+253.

④ 凌文辁，张治灿，方俐洛. 中国职工组织承诺研究 [J]. 中国社会科学，2001（2）：90-102+206.

规范承诺、理想承诺和投入承诺"①。

关于教师组织承诺的测量维度，本研究最初采用的是艾伦和梅耶的感情承诺、留任承诺、规范承诺三个维度，后来到中小学调查发现，在中小学应该增加理想承诺，于是本研究使用了四个维度。感情承诺：对学校认同，感情深厚，愿意为学校的生存与发展做出奉献，甚至不计较报酬、做超出职责范围内的事情；理想承诺：关注个人成长，重视不断提升自己职业品质，追求教育理想；规范承诺：遵守社会规范及学校的各种制度，履行职业职责，以教师职业道德为准则；持续承诺：愿意留在学校中工作，不会离职跳槽，愿意长期为学校工作。

### 4．教师组织公民行为

组织管理学领域的研究者很早就对各类组织中的无私奉献精神和组织角色外行为进行了研究，并逐渐意识到这些行为对组织存在和发展的重要性。所以，组织公民行为（Organizational Citizenship Behavior）理论的提出是组织行为学发展的必然结果。

### （1）教师组织公民行为概念

早在 20 世纪 30 年代，切斯特·I. 巴纳德就认为，组织是"经过自觉协调的、两个或两个以上的人的活动和力量所构成系统"②。组织"不论是简单组织，还是复合组织，都是由经过协调的人员努力构成的不具人格的系统，都存在着作为协调和统一原则的共同目的，都存在着不可缺少的沟通与交流能力，都必须有个人合作意愿，以便在维持目的完整性和贡献的持续性时提高效果和效率"③。这表明组织是多个成员的结合体，他们不仅要有合作意愿，还要有合作行为，即组织行为。④ 后来，赫伯特·A. 西蒙（Herbert A. Simon）又于

---

① 宋爱红，蔡永红. 教师组织承诺结构的验证性因素分析 [J]. 心理发展与教育，2005（2）：48-51.

② 巴纳德. 经理人员的职能：珍藏版 [M]. 王永贵，译. 北京：机械工业出版社，2013：61.

③ 同②71.

④ ORGAN D W. The motivational basis of organizational citizenship behavior[J]. Research in Organizational Behavior, 1990, 12(4): 43-72.

20 世纪 40 年代提出了"有限理性"的观点，且在此基础上研究了组织中人们的行为问题。

丹尼尔·卡茨（Daniel Katz）指出，有三种行为确保组织的有效运行：维持行为，成员加入组织并且留任于组织中的行为；顺从行为，成员依照组织规范完成所任角色任务要求的行为；主动行为，成员实施超越角色范围的创新行为及自发行为。第一、二种行为属于组织正式工作要求和岗位职责说明中明确规定的行为，第三种行为是正式组织角色外行为。组织要想正常、有效运转，需要具备上述三种行为，所以领导者要设法使组织成员产生这些行为。[①] 卡茨解释说，如果一个组织的成员仅仅表现出规定的行为，这样的组织是脆弱的组织。[②] 组织还应该有相互的协作、友好的帮助、善意的建议、亲切的方式以及利他主义等，这些就是公民行为（Citizenship Behavior）。[③]

1988 年，丹尼斯·W. 奥甘（Dennis W. Organ）等学者将第三种主动行为称为"组织公民行为"，并对其进行了如下定义：组织公民行为是一种自由的个体行为，它不直接或者明确地被正式的奖惩体系所认可，在总体上能够促进组织的有效运作。[④]1997 年，奥甘对组织公民行为重新定义，认为它类似于关系绩效，是指"致力于维护和提升支持任务绩效的社会和心理环境的行为"。[⑤]

之后，许多学者不断地对组织公民行为进行了不同方面的研究。奥甘对组织公民、满意度、绩效等关系进行了研究。[⑥] 迈克尔·F. 迪保拉（Michael F.

---

① KATZ D. The Motivational basis of organizational behavior[J]. Behavior Science, 1964, 9(2): 131-146.

② 同①.

③ SMITH C A, ORGAN D W, NEAR J P. Organizational citizenship behavior: Its nature and antecedents[J]. Journal of Applied Psychology, 1983, 68(4): 653-663.

④ ORGAN D W. Organizational citizenship behavior: The good soldier syndrome[M]. Lexington, MA: Lexington Books, 1988: 4.

⑤ ORGAN D W. Organizational citizenship behavior: It's construct clean-up tine[J]. Human Performance, 1997, 10(2): 85-97.

⑥ ORGAN D W. A restatement of the satisfaction-performance hypothesis[J]. Journal of management, 1988, 14(4): 547-557.

DiPaola）等首先借鉴了奥甘的组织公民行为概念，然后以此研究了学校组织中的教师组织公民行为，并且提出了学校组织公民行为（School Organization Citizenship Behavior，简称SOCB）的概念，他认为学校组织公民行为是教师在从事本职工作时所表现出的一种超越角色的、自愿帮助学生或同事的行为。[①]

组织公民行为已经成为组织生存发展的关键因素。为了提升学校组织效能，教师除了表现出符合职务要求的角色行为外，自动自发从事本职工作外的角色行为，已成为衡量学校组织效能的重要因素。[②]领导效能作为学校组织效能的一部分，教师组织公民行为自然对其有较大影响。

总之，教师组织公民行为是教师个体自愿性的、非角色内所要求的，并没有得到学校中正式报酬系统直接或明确的回报，但是却能从总体上有效提高学校效能的行为。

（2）教师组织公民行为的测量

关于组织公民行为的测量，奥甘等提出了五维结构学说，即利他行为、责任心、运动员精神、礼节、公民美德。[③]

樊景立等通过对1983—1998年西方关于组织公民行为测量维度的文献研究，总结出九维度说，这九个维度是：利他行为，主动帮助他人完成与组织相关的任务或解决有关问题的行为；责任心，在出勤、遵守规章制度、休息等方面表现出远高于组织最低角色要求的自主性行为；运动员精神，员工没有抱怨，愿意忍受不够理想的境况；礼节，个人主动避免与他人发生工作上的争端而采取的行为；公民美德，能够表明个人具有组织责任感、主动参与、介入或关注组织生活的行为；功能参与，个人对组织建设有效性的事物做出参与性贡献；拥护参与，在组织中以他人为出发点的行为，愿意表现出具有争论性的行

---

① DIPAOLA M F, TSCHANNEN-MORAN M. Organizational citizenship behavior in schools and its relationship to school climate[J]. Journal of School Leadership, 2001, 11(5): 424-447.

② 郑耀男. 国民中小学教师的组织公民行为之影响模式 [J]. 台湾师范大学学报（教育类），2004，49（1）：41-62.

③ 樊景立，钟晨波，ORGAN D W. 组织公民行为概念范畴的归纳性分析 [M] // 徐淑英，刘忠明. 中国企业管理的前沿研究. 北京：北京大学出版社，2004：398-421.

为，如鼓励腼腆的人在会议上发言、帮助同事独立考虑等；忠诚，效忠组织，维护组织利益；建议，一种推动行为，它强调为了改进而不纯粹是批评而提出的有效建设性的挑战。①

菲利普·M. 波多萨考夫（Philip M. Podsakoff）等学者在一个元分析中将组织公民行为归纳为七个维度：助人行为、运动员精神、组织忠诚、组织服从、个体主动性、公民美德、自我发展。②

樊景立等学者从中国的 40 家国有企业、集体企业、合资企业和民营企业的 99 个雇员那里收集数据，得到了 480 个组织公民行为事件。他们对这些事件进行内容分析，结果显示组织公民行为有 11 个维度：积极主动、帮助同事、建议、参与组织活动、维护公司形象、自我学习、参与社会公益活动、保护和节约组织资源、保持工作环境整洁、人际和谐、服从社会规范。前 5 个维度在西方研究中出现过，后 6 个是扩展维度，是中国组织特有的。③

迪保拉等学者通过研究，运用教师"在业余时间帮助学生、志愿帮助新教师、志愿服务于新的委员会、志愿组织额外的课程活动、准时上班和参加会议、有效认真地教课、为同事提供变革的日程与方向、提出完善学校各项质量的改革建议"④ 等项目，来测评学校教师的组织公民行为。

本研究在前人研究基础上，结合教育特点，认为教师组织公民行为主要包括敬业行为、利他行为、关怀行为、参与行为及和谐行为。敬业行为：为学校尽职尽责地工作、不计报酬地做超出职责范围的事情的行为；利他行为：自发帮助他人完成组织任务、主动协助他人解决相关问题的行为；关怀行为：关心学校生存与发展、将学校利益放在首位、不会利用学校资源谋取私利的行为；

① 樊景立，钟晨波，ORGAN D W. 组织公民行为概念范畴的归纳性分析 [M] // 徐淑英，刘忠明. 中国企业管理的前沿研究. 北京：北京大学出版社，2004：398-421.

② PODSAKOFF P M, MACKENZIE S B, PAINE J B, et al. Organizational citizenship behaviors: A critical review of the theoretical and empirical literature and suggestions for future research[J]. Journal of Management, 2000, 26(3): 513-563.

③ FARH J L, ZHONG C B, ORGAN D W. Organizational citizenship behavior in the People's Republic of China[J]. Organization Science, 2004, 15(2): 241-253.

④ DIPAOLA M F, TARTER C J, HOY W K. Measuring organizational citizenship of schools: The OCB scale[EB/OL]. (2004-07-23) [2021-12-06]. http://www.coe.ohio-state.edu/.

参与行为：志愿参加学校各种公益活动、主动为学校高品质发展献计献策的行为；和谐行为：主动避免与他人发生争端、积极与他人合作共事的行为。

## 二、校长－教师体制化互动对领导效能的影响

校长－教师体制化互动是客观存在的，这种客观存在的互动对领导效能会产生什么影响？为什么会产生这样的影响？这里运用实证方式探索校长－教师体制化互动对领导效能影响的具体状况，然后从理性视角分析其原因。

### （一）体制化互动对领导效能影响的状况呈现

前面关于领导效能概念的研究表明，领导效能就是要体现领导活动的功能，起到领导活动的作用。领导活动的功能之一，就是要维持组织正常运转，在一定效率下完成组织任务。以任务为导向的校长－教师体制化互动，在职权的运用和各种规范约束下，通过纵向的组织机构实施的合同内互动行为，是否能够实现领导活动应有的功能？它在领导效能产生的过程中有什么效应？下面将通过实证研究予以探索。

#### 1. 体制化互动可以促使领导活动产生作用

按照马克斯·韦伯的观点，从纯粹技术的观点看，科层制可以达到最高的完善程度。[①]"科层制在完成给定任务上具有最大的技巧、准确性和速度。"[②] 不仅如此，科层制是按照一系列客观标准处理事情的。科层制组织，按照"合乎理性或价值合乎理性为取向（或者两者兼而有之），并制订成章程，同时有权至少要求团体的成员必须尊重它"[③]。"组织活动是'由一些固定不变的抽象规

---

① 韦伯. 经济与社会：上卷 [M]. 林荣远，译. 北京：商务印书馆，1997：248.

② 吉登斯. 社会学：第 4 版 [M]. 赵旭东，译. 北京：北京大学出版社，2003：441.

③ 同①242.

则体系来控制的。'"① 由此我们可以推知科层制下的体制化互动能促使学校教育教学任务的完成，有利于维持正常的教育教学秩序。下面用质性研究验证这一假设。

## 案例 4-1：走出班主任工作安排的困境

中小学普遍存在的问题是教师们都不想当班主任，因为班主任是个无底洞，事情太多，又不容易出成果。为此各个学校都实施了相应措施，鼓励教师担任班主任。

TIJ 省 H 区的 D 中学是一所一般中学，学生来源不是很理想，班主任工作难度较大，教师们都想远离这项工作。但是每个班又必须设立班主任，为此学校增加了班主任费。以前，凡是做班主任的，每月多拿 150 元。早年政策的出台，确实吸引了不少教师，教师们从原来推卸班主任工作，到争着当班主任，扭转了班主任工作难安排的局面。

随着社会发展，教师工资的增长，慢慢地大家都不再看重这 150 元。尤其是"教师成为研究者""教师专业化"等倡议的提出，对教师教学研究、教育研究开始提出要求，并且要求越来越高，教师们把注意力更多地转向了自身的专业发展和教育教学研究上，于是大家又开始不愿意做班主任工作，班主任工作的安排又陷入困境局面。

该中学根据教师们的反映，不断调整班主任费用，但是都没有明显的效果。于是校长提议，凡是晋升高一级职称的教师，都要有 2 年的班主任经历。这项提议马上形成了评职政策，作为制度固定了下来。尽管教师们仍然不愿意当班主任，但是为了自己的职称、为了自己的发展，也不得不承担班主任工作，于是班主任工作的安排又走出了困境。

资料来源：实地考察并访谈 FJL 校长

① 布劳，梅耶. 现代社会中的科层制 [M]. 马戎，时宪民，邱泽奇，译. 上海：学林出版社，2001：17.

在上述校长－教师互动案例中，校长作为互动的主动者，通过增加班主任费，以及制定制度——评职称需要有班主任的经历等，来使教师承担班主任工作，完成学校任务。这些措施在中小学是普遍采用的，这实际上是与教师进行经济交换，与教师进行与其发展相关的利益交换。通过这种交换来达到完成教育教学任务的目的，这便是我们所说的体制化互动，这种互动的确在不同程度上解决了班主任工作安排等问题。

## 案例 4-2：李老师的工作安排

那是第二学期期末的一天工作日，Z 小学召开了全校大会，这次大会的主要内容是校长进行期末工作及下学期工作的安排。大会之后，教务处、德育处等各职能部门将相关工作布置给各学科组长，各个组长再给教师安排具体工作，很快教育教学任务分配给了各位教师。

小李三年前从大学毕业来到了这所学校，第一年协助其他教师做了一些工作，第二年她被安排教小学一年级的语文，当一年级的班主任，第三年又被调去负责少先队工作。明年将是她来到学校的第四年，下学期她被安排教二年级两个班的语文，再当一个班的班主任，按照学校的规定，她下学期的工作量就达标了。

由于明确了下学期的工作，她立刻开始准备。同时，她获悉某大学在暑假有一个针对小学语文教师的培训班，她想报名参加，但是需要学校推荐。由于来学校时间还不是很长，她不喜欢直接去找校长，于是她向所在学科的组长申请，组长报请教务主任批准，教务主任又报请校长批准；待校长的认可后，教务主任给她出具了推荐信，总务主任提供了相应费用，最后组长正式通知她前去参加相应培训，并且转达校长对其的鼓励。

小李在假期里备完了下学期的课，开学后她只需要在老教师引导下，针对自己班级学生的具体情况，对已有的教案补充、修改、完善即可，她轻松地迎接新的学期。

开学后，她按照学校的各项教育教学规定上课、当班主任。由于事先对所教课程做了准备，她有较充足的时间与老教师一起研究语文教学，也有较充足的时间投入班主任工作。由于较好地完成了教学和班主任工作的任务，她受到了学生的爱戴，得到了家长的认可，获得了学校领导的表扬。

资料来源：集体访谈 1

在上述案例中，小李与校长实际上实施的是科层制下的体制化互动，互动内容是围绕工作，互动目的是完成教育教学任务，互动方式是间接互动，互动中对小李影响较大的是校长的职权和学校的制度。由于明确了教育教学任务，她在假期既参加了小学语文的培训班，还准备完了下学期需要讲授的课程，这些都保障了她此后更好地完成教育教学任务。

## 案例 4-3：改变混乱的秩序

那是暑期后学校刚刚开学，我被调到这所学校任校长，开学的第一天出现了一些问题：一是有一个班的英语教师没到位，这个班的英语课没人上；二是一位教物理的老师迟到了，学生等了 10 分钟左右老师才来；三是两位教师因为上课时间安排与他们原来认定的不一致争吵了起来；四是出现这些事情他们都来找我这个校长，而不是找组长、主任和副校长。这些问题使得学校的秩序很是混乱。

后来我了解了一下情况，大家说一般开学都会混乱一阵，过段时间再安排一下，做做工作就好了。我决定改变开学混乱的现象，于是了解了原因，有工作态度问题，也有工作方式和学校制度问题。教师们都不愿意多上课，所以能不接就不接，能推就推。已经安排的课，教师提出不上，组长、主任也没办法，只能向上反映。原来的校长又是大事小事都抓的人，不愿意放更多的权力给下级，校长一忙，有些事情没有及时处理就放假了。由于没有明确安排和及时沟通，教师以为安排了别人就没准备上课，但实际上没安排别人，于是造成没人上课的现象。还有教师提出的上课时间调换问题，也由于沟通不到位，造成误解。

为了解决这样的问题，我一方面强调工作态度和责任心，另一方面建立工作制度和问责制度，让每一件细小的事情都有人管，每一件事情出了问题都有人承担。我们学校有教师、组长、主任、校长四个层级，我对这四个层级，包括对几个副校长的权力、责任都进行了明确，也赋予他们相应的权力。除此之外，我还明确了向下布置任务和向上反映事情的渠道，每项任务如何分配，哪一层级分配给谁，出了问题哪一层级找谁等。

自从建立这些渠道、规则后，混乱的秩序得到改变，开学秩序井然，平时的工作秩序也很好。大家都非常清楚自己的事情、自己的责任和权力，减少了很多扯皮的事情，大家干得也都轻松多了，秩序好、效率高、活也干得漂亮多了。

资料来源：访谈 LGX 校长

LGX 校长实际上是通过完善体制化互动来改变学校混乱的教学秩序。为了更好地实现教育目标、完成教育教学任务，他运用校长对学校全面负责的权力，建立了校长与教师之间互动的间接渠道，让每一层级都知道给谁布置任务，也知道有问题去找谁，保障了上下互动渠道的通畅性；还制定了校长与教师双方间接互动的各种制度，建立了问责制，让每一层级有明确的任务、责任和权力。总之，明确互动目的，建立互动渠道，制定互动规制，最终有秩序、有效率地完成了学校的教育教学任务。

上述案例在中小学里具有普遍性。各中小学校基本都是每学期的中下旬布置下一个学期的任务，教师在放假前就明确了下一个学期的任务，他们可以利用假期进行较充分的准备。不仅如此，根据学校的课程表，他们还知道周一到周五哪天具体上几节课、在第几节上、在哪个教室上、给哪个班上。根据这些具体情况，他们可以随时根据学生的变化情况，调整、完善教学内容。这样的体制安排，维持了学校的正常秩序，保证了教育教学效率，最终完成了教育教学任务。

校长与教师也普遍认为，体制化互动在完成教育教学任务中是必不可少的。

在我们学校，凡是常规任务，例如，行政工作、教学工作、学生招生、学生毕业等事情都有专人负责，有人负责具体工作的执行、分配等，这些都不用我具体安排。教师关于自己具体工作中的事情，一般也都不找我，而是找各自的直接领导。否则，即便直接找了我，我也得了解情况后，再让执行的中层领导办理，他们也觉得麻烦，还不如直接找管事的中层领导。实际上校长在日常工作上不要过多干预中层人员，放手让他们干，一般他们会将学校的总体规划落实好的。这样既把工作做好了，又调动了他们的积极性，还会使我有更多时间考虑学校规划、学校发展之事。在我们学校，如果我出去开会、学习等，即便时间长一些，学校也照常运作，没有什么问题。不光我们学校，其他学校也是这样，除非日常管理非常混乱的学校。（SYL校长）

通过制度的建立来实施管理，我觉得是非常有效的措施。我们学校系统建立了教师工作的相关制度。例如，班主任工作条例、教学管理常规要求、教师备课要求、教研论文要求、班主任安全责任制、任课教师安全责任制、各类考试监考试行办法、教师教学基本功评价、优秀课件制作和设计评选条件、教职工工作评价奖励方案等。这样教师做什么事情都非常清楚，可以做到有章可循、有法可依。否则，无规矩不成方圆，没有规矩，学校在运行过程中就会遇到各种麻烦。有了规矩，你做到了如何，做不到又如何，制度都明明白白摆着，校长可以公平地处理问题，教师也会心服口服。（LLP教师）

学校有不同的层级，这事挺好的。我们普通教师不愿意什么事都去找校长，人家校长既要面对上级，还要管学校的教师和学生，事挺多的。像我们学校有 2100 多人，如果校长什么都管也管不过来，他也没时间总管我们。我们也不能什么事都麻烦人家，咱也得考虑一下校长的感受。有了层级，是哪层的事找哪层，大家心里都清楚，没那么多扯皮的事，工作起来也舒服。（BFW 教师）

上述资料表明，校长与教师的体制化互动对领导活动产生了促进作用，它的确有利于中小学正常工作的进行，有利于教育教学任务的完成和教育教学秩序的稳定。

### 2. 体制化互动在提升领导效能中有局限性

体制化互动虽然对领导效能的发挥起到了一定作用，但是在提升领导效能方面却存在较大的局限性。

领导效能提升的表征是让领导活动及其构成的要素都能够发挥更出色的作用（如校长与教师等都愿意超越角色职责付出），从而使领导活动产生更优质的功能。如果校长与教师之间只有体制化互动，发挥这些方面的作用与功能，难度较大。

体制化互动主要通过合同、制度、职权等彼此相互作用、相互影响，其作用及影响的结果确实如案例 4-1、4-2 和 4-3 所描述的那样，它解决了学校中一些工作安排、任务分配、秩序和效率等问题，确保了学校正常教育教学工作的完成。这使得一些学校热衷于制度管理，将学校的方方面面都尽量形成制度，诸如热爱学生、启发教学、因材施教等都设法引入制度范围内，且进行了量化，以此规范双方的行为，于是形成了一系列规定。

通过查看教案撰写的页数及字迹工整程度考查教师的教学态度；通过查看作业批改数量及对学生谈话次数考查教师的责任心；通过查阅听课笔记记录厚度及字迹工整程度考查教师的学科专业发展情况；通过查数课堂上提了多少问题和学生举手回答问题次数考查教师的启发性教学状况。再有，教师工作业绩与学生的优秀率、及格率、达标率和考上示范高中、重点本科、名牌大学的人数相联系。这些量化的结果与教师的津贴、奖金、晋升、晋级、发展等方面直接挂钩。[①]

这种做法实际上是将学校的事情，在校长与教师之间尽可能地建立制度影响的桥梁。为了使用这样的"桥梁"，学校要专门安排人员，花时间和精力检查上述要求的遵守情况；教师则要牢记这样的要求，并将他们体现在教育教学中。为实施这样的量化的制度，学校与教师都付出了较大成本，然而结果却并不理想。问卷调查也表明了这一点，见表4-1。

表4-1　中小学教师对数字领导方式的赞成程度[②]

| 序号 | 题目 | 您对此赞成程度 | | |
|---|---|---|---|---|
| | | 赞成 | 一般 | 不赞成 |
| 1 | 查看教案撰写的页数及字迹工整程度考查教学态度 | 4% | 12% | 84% |
| 2 | 查看作业批改数量及对学生谈话次数考查责任心 | 3% | 8% | 89% |
| 3 | 查阅听课笔记记录厚度及字迹工整程度考查学科专业发展情况 | 11% | 13% | 76% |
| 4 | 查数课堂上提了多少问题和学生举手回答问题次数考查启发性教学状况 | 2% | 7% | 91% |
| 5 | 以学生的优秀率、及格率、达标率考查工作业绩 | 10% | 26% | 64% |
| 6 | 以学生考上示范高中、重点本科、名牌大学的人数考查工作业绩 | 9% | 21% | 71% |

问卷调查表明，教师非常不赞成这种过于制度化的影响方式。对教师的访谈也进一步验证了这一结论。

我可以一天辅导学生一二十次，但是不会有什么大的效果；我可以一个月甚至更长时间辅导一次，但是可能很有效果。

在作业量的规定框架下，教师首先想到的是如何完成布置和批改

① 傅树京. 中小学以价值为本的教师领导方式 [J]. 中国教育学刊，2007（11）：27-31.

② 同①.

作业的次数，注重作业的数量，就有可能忽视了质量。例如，为了教学质量，本来我今天需要布置 5 道数学题，但是这一周的作业批改数量完不成，就布置 2 道题，且什么作业好批改留什么。这样可以减少自己的工作量。

我可以使课堂很活跃，让学生不断举手回答问题，可其结果却不乐观。启发性教学指的是一种教育思想，而不是用提了多少问题让学生回答来衡量的。

甲教师没有提问，可学生却在沉思，乙教师一连提了 10 个问题，但却是学生不假思索就可以回答的。从行为层面上看，后者符合要求，但是我们能得到什么结论呢？能达到启发性教学的目的吗？[①]

教师不仅不赞成这样的做法，一些职能人员对此也提出了异议，我们曾经访谈过一些被安排检查教师上述情况的职能人员，下面是 NIX 区 Y 市 T 中学的一位教语文出身的教务处副主任的访谈摘录。

学校制定了一系列的具体制度，要求我们检查教师的执行情况，而教师是不喜欢这些的，当然也就不愿意让我们检查。教师认为，如何上课、如何提问题、如何留作业、如何辅导学生是他们的权利，行政人员不应干涉。有些教师管我们叫"工头"，说我们是学校雇的监工，搞得我们也很尴尬，使得我们与一些教师的关系挺紧张的。一些教师在工作时首先想到的是先赶紧应付学校的规定动作，真是为了完成任务而完成任务。不仅如此，教师感觉学校不信任他们，干点事似乎总有人盯着似的，觉得挺没意思的。尤其是那些原来挺自觉的教师，他们更是觉得没劲。（LYY 老师）

上述资料表明，当制度超出了其作用范围时，如果仍然在校长与教师之间

---

① 傅树京. 中小学以价值为本的教师领导方式 [J]. 中国教育学刊，2007（11）：27-31.

借用制度的力量来实施相互作用、相互影响，最终非但不能提升领导效能，反而会引起教师的不满，影响正常的工作效果。下面的案例也说明了这一问题。

## 案例 4-4：王校长的教学方法改革

HEN 省 S 市的 W 小学坐落在 Y 县较繁华地带，学校占地面积约为 23000 平方米。目前，全校共有 46 个教学班，150 余名教职员工，2100 多名学生。

该小学的王校长是一个非常善于学习的人，虽然从教时间只有 14 年，但是在小学语文教学方面成果非常突出，其辅导的学生多次获得市作文比赛一等奖，他在语文教学方面是有影响的青年教师，也是语文学科带头人。由于工作突出，先后被提拔为教务主任、副校长、校长。

走上校长岗位的王校长更加注重学习。他参加了一个校长培训班，学习了一个月，学到了很多先进的教育教学理念，自己也萌生了很多想法，产生了一些思想，于是提出了"以爱育爱""以学论教"的理念，同时提出了"参与教学""参与体验"的教学方法，即让学生们在教学的参与中体验到知识的力量。那天在全校大会上，王校长讲述了自己的想法，同时布置了实施"参与教学""参与体验"方法之事。

一个月后教师们呈现出不同状况：大部分教师说由于教学内容太多，没有多余时间进行教学方法改革；另一部分教师说这种方法虽然好，试着用了一下，但是不适合自己班的学生；还有一部分教师说新方法实施了，但是没有什么变化，还不如以前自己的方法呢；只有两三个教师在运用了这种方法后，觉得挺有意义的，但是碍于那么多教师都对这种方法不感兴趣，就没有详细说明他们的实施过程和实施效果。

很明显，大多数教师不愿意做这件事情，教师对校长动用职权、制度来让大家进行教学方法的改革不满意。在王校长看来有效的教学方法，为什么教师们不喜欢？王校长陷入了深深的沉思。

资料来源：访谈 ZQW 副校长

上述案例中，对于校长的改革理念，一些教师是赞成的，但是这种思想没有被大多数教师认同，也没有相应的保证措施。用教师的话来说："校长的理念和方法可能是好的，但是我们不是很清楚，他就在大会上说过几次，我们还没有深入理解，也没有可以模仿的，这件事情实际上是非常不好干的，所以无法落实。""实施一种新的教学方法，要投入很多的时间和精力，即教师们要花费很多业余时间，针对这样的现实情况，校长也没有相应的政策来保证教师们的投入。本来现在教师就挺忙、挺累的了，再给大家增加事情，当然大家不愿意了。"（TDS 教师）

另外，教师对校长运用职权、通过制度来影响教师的教学方法是有看法的。他们认为："各个学科有各个学科的特点，那个学科有效的做法，我这个学科不一定有效；各个班有各个班的情况，不是他们班有效的办法我们班也都能够用的。'参与教学''参与体验'，要针对不同情况进行改革，这不是一声令下就能够进行的。"（ZXH 教师）

看来，对于教育这种复杂科学，需要理解、沟通和认同，它不是职权和制度能够完全适用的。

## 案例 4-5：J 中学的研究生课程班

NIX 区 Y 市的 J 中学创建于 1928 年，在 20 世纪 60 年代被省教育行政部门确立为重点中学，21 世纪初，又被省教育行政部门评定为"一级示范性高中"，先后获得多项国家级、省级奖项。

为了不断满足教育发展的需要，不断提升教师素质，打造品牌学校，该中学在相关部门的支持下，与大学联合实施研究生课程班培养计划。该计划明确：开设 6 门课程，连续 2 个暑期上课，每个暑期上 2 门课程，每门 5 天，每个暑期共计 10 天；连续 2 个寒假上课，每个寒假上 1 门课程，共计 5 天。学校要求 40 岁以下的教师都参加，学校与教师各承担一半学费。该项活动在全校大会上宣布后，通过教务处、总务处等相关职能部门布置了下去。

对于前一两门课程，教师们还有上课的热情，但随着时间的推移，教师的积极性逐渐下降，以至于很多教师不去上课，去上课的教师也无心听课。校方认为是讲课教师教学水平、教学技能不行，于是大学安排了最好的教师上课。尽管大学教师花费了很多心思，但是出勤率仍然很低，教师听课效果仍然不好。用教师的话说："我们没想学、没想听，换好教师也没用。"

到了第二个暑期，该校教师要上第 4 门研究生班的课程。这天校长特意通过各层级、各部门通知全体被资助参加研究生课程班学习的教师都必须来到学校，在大学教师上课之前，校长又一次向该校教师强调了参加学习的重要性，并且要求教师必须按时、认真参加课程班的学习，否则学费全部由教师个人承担，且研究生班课程的学习不合格。

校长讲完后，起身离去，许多教师跟随其后走出教室，将校长围住，表明天天参加学习的困难：

"校长，学生高考补报志愿的事情，学生和家长都不太清楚，都来问我，作为班主任我不能只想自己学习，不管学生吧。"

"区教研室组织数学教师利用假期的这几天进行研讨，要求所有下学期教这门课的教师都要参加。如果我们不参加就不知道相关情况，肯定影响教学，我们当然要先去参加数学教研呀，这里的课程就只好不参加了。"

"我们物理教师假期也有教研之事。"

"我们语文教师一样，也要参加这些活动，与咱们这儿的上课时间正好冲突。"

"假期我要去江西看望我的父母，平时教学走不开，现在放假了，我必须利用这个时间去。所以，这个假期的课我实在不能参加。"

"校长，我们辛辛苦苦工作了一学期，好不容易放假了，今天这事，明天那事，8 月中旬就要开始补课，就剩下这小半个月的时间了，还让我们参加 10 天的学习，我们还放不放假了。"

"在国家规定的假期里，我们有权自己支配自己的时间，我们不想这会儿上这个班，为什么非要一刀切让我们全来。"

"有法律规定我们必须参加这种学习吗？"

……

教师们越说越有理，围住校长的教师也越来越多，校长似乎只有倾听之势，无法陈述自己的观点。这时，大学任课教师招呼教师们开始上课，校长借势赶紧走开。

随后一些教师也离去，留下来的教师也在议论"一刀切"让教师们都来学习，且还要让教师自己承担部分学费之事。今天的课是上不了了。

校长对此非常不理解："我们花时间、花精力为教师设计最有意义的专业发展项目，学校出资金、出地方让教师学习最先进的教育教学理念和技术，就是想让他们有最好的发展，可是他们还不愿意，……"

以后学校领导无人再强调此事，不仅来上课的教师越来越少，而且来参加后两门课程结业考试的教师也越来越少。

不仅如此，这次"上课"风波还波及了其他事情。一些早被其他学校看好的骨干教师有意离开，有些教师对学校的事情也不是那么热衷了。

资料来源：实地考察 J 中学并以访谈

MJL 老师和 YJK 老师为主

上述案例中，教师们觉得他们那么忙，好不容易有一个假期，可以休整一下，可以做些个人之事，校长应该体谅教师。然而校长却在没有征得他们的认可的情况下，就占用他们的假期时间，这是对他们的不尊重、不理解。平时在校长与教师之间除了教学任务，还是教学任务，所以，教师们认为，校长办此班就是为了学校的任务，没有考虑教师们的需要。教师们说：

"校长办这个班就是要向校外人员表明我校教师的整体水平达到了一个高度，但是这种'一刀切'并不能真正促进我们这些教师的专业发展。""学校的这种做法确实可以起到促进我们发展的作用，但是一些教师并没有理解学校这样做的苦心，就像不理解校长的一些办学理念一样，就按照惯有的认识，觉得学校又给安排事情、增添负担。"（MJL 老师）

"实际上听听大学教师关于教育方面的讲课挺开阔视野的，挺有收获的，可是校长没有考虑我们对假期连续上 10 天课的实际承受情况。我们忙了一个学期了，假期想休息休息，想整理一下自己这一学期的教学情况，可是假期给安排了很多事情，诸如，学生中考、高考之事，学校补课之事，区里安排的学习之事，今年还有大合唱之事等。说是放一个半月的假，实际上有半个月就不错了。这种情况下再让大家拿出 10 天来上课，一些教师是难以承受的。"（YJK 老师）

该案例中的校长为了更好地完成学校教育教学任务，运用自己的职权，在没有得到教师认同的情况下，就采取"一刀切"的教师教育形式，而教师也在用法律、制度来规范校长，即不应在教师不认同的情况下，在寒暑假里，让教师必须来学习。双方缺乏相互理解、相互沟通、相互感情交流。

上述的实证研究表明，体制化互动对维护学校正常秩序、保障学校基本效率、完成学校基本教育教学任务、满足教师基本需要是必要的。但是"在低互动关系中只存在相当低水平的相互影响"[1]。所以，体制化互动在提升领导效能方面具有局限性，它难以让教师对学校发展有更积极、更主动的态度和行为。

## （二）体制化互动对领导效能影响的原因分析

体制化互动对领导效能确实有积极影响，这种影响对完成工作任务、稳定组织秩序方面确实起到了很大作用，但是它在提升领导效能的过程中确实也有很大的局限性，究其原因如下。

---

[1]　尤克尔. 组织领导学: 第五版 [M]. 陶文昭，译. 北京: 中国人民大学出版社，2004: 135.

### 1. 体制化互动促使领导活动产生作用的原因分析

#### （1）体制化互动过程的权责与规范清楚

体制化互动是基于科层制下的互动，作为具有科层制特点的中小学，校长清楚地知道自己位于"金字塔"的顶端，自己有什么职权、职责，自己的命令先下达给谁，谁该直接向他负责；校长的下级也清楚地知道他们是位于组织层级结构中的哪个位置，这个位置的职责、权限是什么；教师也清楚地知道什么层级的领导给其布置任务，他们该向哪个层级的领导直接负责。这种权力层级结构可以确保决策和执行高效；严格等级的权力运作、层级的垂直管理容易促使任务的完成；职权限制的明确，可以避免某个层级、某个职位权力过分臃肿，而其他层级、职位权力弱小现象发生；责任的明确划分，可以避免组织之间、个人之间职责不清、互相推诿的现象发生。这些都是保障组织任务有效完成的必要条件。

另外，体制化互动规则清楚。中小学科层制的特点使得体制化互动有清晰的规范，大家都知道该如何做，该遵守什么规则，如果遵守了会有什么奖励，如果违反了会有什么惩罚。马克斯·韦伯在对科层制的高效率原因进行阐述时认为，"纯粹的官僚体制的行政管理，即官僚体制集权主义的、采用档案制度的行政管理，精确、稳定、有纪律、严肃紧张和可靠"[1]。否则，缺乏起码的规则，整个组织就会失去最基本的秩序和效率。

体制化互动能较有效地完成组织任务的原因之一也是规范清晰。这种状态下的互动，由于受到理性的规范制度制约，使得每位教师在接受了校长分配下来的任务后，不仅知道了自己任务的内容，也知道了自己这学期、这个月、这一周，甚至这一天干什么，还明确了学校运作的规范和自己在履行职责时所必须遵循的组织运作的规范，知道自己的活动要受到什么规则限制和不能跨越的制度规范。例如，要按照教学计划、教学大纲授课，要遵守教学纪律，上课时不许接听手机，不许随便停课等。如果出现工作事故，根据相应规则进行惩

---

① 韦伯. 经济与社会：上卷 [M]. 林荣远，译. 北京：商务印书馆，1997：248.

罚。再如，各个学校的作息时间规定了教师几点到校、几点离校，第一节、第二节、直到最后一节的具体时间，每节课多长时间。一些学校还就教师的备课及课堂教学进行了规定。

这种互动由于有统一、严格、清晰的制度规则，大家按照规则来行事，使教师们知道该怎么干，便于教师在自己的岗位上专精于本职工作，便于校长依据制度系统，维持组织的正常运作及统一性、一贯性，可避免某些组织成员工作懈怠，也可避免考评的人为影响因素，从而在一定程度上避免不公正现象的出现。否则，缺乏起码的规则，整个组织就会失去最基本的秩序和效率。

另外，这种明确的规范使得双方不仅知道怎么干、如何干，而且也知道完成任务后的所得，这些所得是具有生理、安全需要等的教师的生存必需品，他们会为此而完成一些任务，前面的案例 4-1 就充分说明了这一问题。还有，一旦校长与教师对工作及分配之间发生分歧，可依据合同、制度等规范进行调解，同时也不会影响正常的工作。

### （2）体制化互动的渠道保证了信息传递

体制化互动是基于中小学现有的组织机构的结构形式而实施的，这也促成了任务的完成。组织机构设置的价值取向是不同的，例如从任务与成员导向来划分，有以任务为中心的组织机构结构形式，有以成员为中心的组织机构结构形式。科层制下的组织结构形式一般是以任务为中心的，即组织机构的设置及其隶属主要是为了完成任务。中小学目前的组织机构设置正是一种以任务为导向的设置。学校最根本的使命是培养学生，促进学生的发展。具体到学校管理中，这一根本使命被分化为教学和教育两大板块的任务。所以，在学校的行政机构里，具有一般规模的学校都设有教务处、德育处，分别管理教学和德育工作，这是中小学组织机构的核心。为了更好地完成这样的任务，又设置了教科室，主要负责教育教学方面的研究。实际上教科室及总务处、校长办公室都是为了完成这两大任务而设置的。那些规模太小、机构设置没有如此健全的学校，这种职能部门或职能人员是一定存在的。第三章的研究表明，校长与教师之间的体制化互动实际上主要通过三条渠道进行间接互动，具体见图 3-1，而这三条互动渠道实际上是基于中小学现有组织机构的设置而形成的。总之，体

制化互动是基于这样的平台而进行的，所以，体制化互动有利于学校任务的
实现。

学校的最高权力者——校长与所有教师之间建立了信息传递的组织保证渠
道，即校长的所有指令都可以通过不同的指挥链传递给所有教师，使教师可以
及时了解由校长传达的上级行政部门、社区及家长等社会成员对学校的意见、
期望和要求等，了解学校的整体发展情况和校长的办学理念等，便于教师随时、
适时地调整自己的工作方式等，从而更有效地完成任务。不仅如此，这三条互
动渠道的命令发源地都是校长，实际上是贯彻了"统一领导"的管理原则。这
一原则贯彻的结果，使得全校教师上上下下统一目标、统一意志、统一行动。

体制化互动运用的三条渠道不仅保证了自上而下的命令传递，而且也保证
了学校最基层人员——教师的意见及时反馈给校长，自下而上的反馈链使校长
及时了解学校决策及执行结果、学校整体运行情况和教师对学校办学理念的认
可情况。另外，反馈链还为教师民主管理、教师意见上达、教师问题申诉等，
提供了渠道。

总之，这种互动渠道可以使校长与教师之间进行间接交流，可以及时了解
对方的指令或意见，保证双方信息的畅通运行，上一个层级给下一个层级下达
指令，下一个层级接受上一个层级的命令与监督，信息传递迅速，命令执行有
效。否则，由校长直接给全体教师布置具体工作，对于具有一定规模的学校，
校长的管理跨度就会超过有效管理跨度，最终会造成学校管理混乱，从而影响
教育教学任务的实现。另外，这样的互动也不会给对方造成太多负担。如果教
师全部与校长直接对话，则会造成信息渠道堵塞，使双方的信息发生"滞留"。
教师要花很多时间和精力去"排队"与校长交流，校长也会花很多时间和精力
去处理微不足道的事情，从而耽误校长对学校重大事情的思考、决策与实施。

（3）体制化互动的结果使得任务明确

体制化互动的结果使得教师对自己的工作任务非常明确。学校将为实现组
织目标所必需的常规工作根据任务类型进行划分，然后作为正式工作内容分配
到每个工作岗位，从事这个岗位的人员可以明确地知道自己的角色和工作内
容，自己该干什么，职责范围是什么。例如，每个学期上什么课，上几个班的

课，每个班一学期共计有多少课，每周上多少课，每天上多少课，除了上课之外还有什么常规性工作，这些对于教师们来说都非常清楚。实际上这一点在第三章的实证研究中已经证实。

　　任务明确可以使教师有针对性地备课，包括备教材、备学生、备方法。教育是一项复杂工作，这种复杂的工作需要教师对所教科目非常熟悉，对所教学生非常了解。在中小学对学生的知情是教师完成工作的必要保证，因为学生的认知基础、接受能力、对事物的兴趣都不同，面对如此不同的学生，针对同样的内容，教师必须采用不同的教学方式，而所有这些都是建立在对教育教学任务非常明确的基础之上的。前面的案例 4-2 表明，对于小李这样第一次承担小学二年级语文教学及班主任工作的教师，能够较好地完成了教育教学任务，其中一个原因便是她的任务非常明确。在任务明确的前提下，小李可以有针对性地提前准备。

　　任务明确不仅有利于教师完成教育教学任务，而且有利于校长对学校的管理。校长作为学校的最高领导者，担负着管理全校的职责，亨利·法约尔认为，"管理就是计划、组织、指挥、协调和控制"，控制就是"确保每件事情都按照既定规则和程序运行"[①]。校长要做好对教师控制，就必须将教师的工作结果与学校的规章和自己下达的命令进行比较，而比较的基础是教师具有明确的任务。因此，这种体制化互动的结果可以使校长根据教师对任务完成的情况实施检查、考核等控制活动，从而使教师沿着既定组织目标前进，减小对组织目标的偏离，这为学校任务的完成打下了良好基础。

## 2. 体制化互动在提升领导效能过程中的局限性分析

　　体制化互动虽然比较有利于学校正常工作的进行和组织效率的提高，但是在这种情况下的互动也存在很多问题，这导致它的功效发挥受到影响。它以有限的相互影响和相互支持为特征，其原因既有科层制本身的原因，也有这种体制下的领导方式的问题。

---

① 法约尔. 工业管理与一般管理 [M]. 张扬，译. 北京：北京理工大学出版社，2014：6.

科层制下的互动具有局限性，诸如制度、校长职权影响的有限性，非人格化的运行机制，信息传递过程中的失真等，都会造成对提升领导效能的负面影响，这一点我们在前面已经阐述过。除了这些之外，还有领导方式的问题。科层制本身已经对领导效能提升产生了制约作用，其实施的领导方式又加剧了这种状态。

在这类活动中，校长主要运用的是以交易型为主的领导方式。即具有合法职务的校长根据已有的各种确定性规定，明确已经获得资格证书的教师的角色；按照教师职务岗位聘任规则，指挥各层级领导者分派工作；通过设计制度、制定政策，引导教师聚焦既定的目标活动；通过阐述工作标准、要求，向教师明确工作规范和考评标准；根据业绩考核结果（优秀、良好、合格、不合格）予以工资报酬和不同奖惩。这种领导方式重视工作标准和任务导向，依赖组织的奖惩来影响教师完成工作的数量和质量，强调教师应遵守各类规范、服从各级领导。

这种情况下的校长与教师的互动仅限于雇佣合同规定的内容，当教师按照规定完成了相应的教育教学任务后，给予教师相应的报酬和奖励；如果没有完成，或完成的质量不合格，则按照有关规定进行处罚。

从目前实际运作情况来看，交易型领导方式对维护正常的教学和科研秩序、实施人员管理、释放行政管理的效率功能等，都起到了一定的作用。一方面，由于教师的教育、科研活动有合乎秩序和因果关系的确定性，对此可以适当制定一些具体性指标进行领导，这样便于操作。另一方面，在实施这种领导方式时，领导者与教师交换一些彼此需要的事物，作为具有经济人特征的教师，会为了达到自己的利益而尽力完成领导者下达的任务。但是这种领导方式在校长与教师的互动中，存在较大的不充分性。组织理论表明，中小学是具有松散结合特点的组织，由于要素结合的非紧密性，使得这类组织中的行为、技术与结果之间具有很多不确定性。

首先，从教育行为与教育结果看：教育目标是培养德智体美劳全面发展的社会主义建设者和接班人。为此，教育工作的主要内容是进行知识传授和生产，同时还要对学生实施思想教育，即要在塑造人的灵魂上下功夫，要把一定社会所要求的政治观点、价值准则、行为规范转化为学生的思想和外显行为。教育是一种培养人的事业，而人的发展受多种多样的因素制约，这就导致教师工作具有不确定性、不可预测甚至有时是不可控制的特性。即教育的一些工作行为与工作结果之间不完全存在已知的、单一的、确定的对应关系，影响教育工作的一些因素具有不可充分且准确加以观察、测定、分析和预见的特点。"学校被看成是目标模糊不清、技术不明确、参与者不断流动、各种活动不协调、各种结构性要素松散联系、结构对结果几乎没有什么影响的组织。"① 教师工作有六个方面是不确定的："教育目标，教育结果，教育对象，教育内容，教育方法，教育过程。"②

其次，从教育技术与教育结果看：松散结合理论表明，对于处于这种状态的组织，其"方法、过程与结果"都是松散结合的。③ 即教育教学技术与其效果之间不存在完全的确定关系。"课堂中的学习是如何发生的？为什么一种特定的教学方法对某位教师起作用而对其他教师不起作用？"④ 什么因素对学生的学习过程产生重大影响？教育教学中哪一种因素对学生成功影响最大？这些问题都很难确定。不论在哪一层次上，大多数教师都在尝试不同的教育教学方式，行得通就干下去，不行再换别的方式。即便是有相应的教育教学技术，但是教育教学目标与其技术之间也没有完全的确定性，教育教学技术与其效果之间也是模糊不清的。辅导多少次学生与教育效果之间，可能也不完全存在已知的、单一的、确定的对应关系，批改多少次作业与教学效果之间也难以进行确定性判定。学校想通过规定教师批改作业的数量和辅导学生的次数来达到促进教师努力工作和提高教育效果的目的，但是这种规定与目标之间没有完全的因果关系。

最后，教育组织的这些特点，使得教师的工作充满了模糊性、随机性和难

---

① 霍伊，米斯克尔. 教育管理学：理论·研究·实践：第 7 版 [M]. 范国睿，主译. 北京：教育科学出版社，2007：111.

② 饶见维. 教师专业发展：理论与实务 [M]. 台北：五南图书出版公司，1996：86.

③ WEICK K E. Educational organizations as loosely coupled systems[J]. Administrative Science Quarterly, 1976, 21(1): 1-19.

④ 汉森. 教育管理与组织行为：第 5 版 [M]. 冯大鸣，译. 上海：上海教育出版社，2005：193.

以预测性。教师工作的这一特性表明，对他们的领导不是一个单纯的技术问题，不能简单地通过某种交易达成，也难以将其工作完全以任务形式进行分派，难以据此制定明确的绩效标准，难以依照其外显行为进行奖惩。总之，学校难以统一性地获得反映教师相应方面情况的、充足的数字化信息，不能用统一的"物理"指标来衡量教师的工作。如果一定要实施常规化的领导，会把不能常规化、不该常规化的内容常规化，会影响教师的工作态度和情绪，使教师产生抵触情绪，厌教、逆反等心理，拉大教师与领导者的心理距离。如果我们把对这样不确定性事物的管理，生硬地套上交易的框架，生成与创新也就被极大地弱化了，教师与学生在教育生活中也会失去较多的生命活力。这恐怕就是教师们不喜欢、不赞成这种领导方式的重要原因。

常规化领导的目的在于引领教师有效实现教育目标，其内容必须支持这个目标的实现，然而过分追求常规化的结果，会造成规则所反映的内容不能与学校教育目标一致，还会将教师的工作引入一个错误的方向，导致他们是为完成任务而工作，不是为学生发展去从事一项事业。只看重交易而没有理想、信仰等支撑教师做复杂、多变、艰辛的工作，是不能真正形成优秀职业品质的。缺失优秀职业品质的教师是不能有效完成教育使命的，也不能有效达成组织目标。

交易型领导方式较适合具有确定性和稳定性的工作，它限制在"遵守规定"中，要按预定规则去行事，而不是在不确定性中去求发展。在这种领导方式下，校长与教师主要是围绕着满足双方的物质需求而进行经济性交换。在这种关系中，校长以奖惩的方式领导教师，当教师完成特定的任务后，便给予承诺的奖赏或惩罚，整个过程就像一桩交易。由于交换的内容只涉及低层次的物质追求，是通过外部获取的方式，借助讨价还价的手法来实现的。而中小学是一个知识型组织，其间的教师不仅仅具有经济人特征，更多具有社会人和自我实现人特征。他们除了选择工作环境和报酬等条件外，更看重工作的挑战性，乐于从工作中寻求满足感、成就感和胜利感，他们把自我实现看得非常重要。因而这种经济性交换，这种具有交易型特点的领导方式尚不能从根本上调动起双方的积极性，也不能从根本上使具有高层次需要的教师产生较大的满足感。因此，教师是不能生硬地套上交易的框架来进行领导的。

## 三、校长－教师非体制化互动对领导效能的影响

校长－教师非体制化互动也是客观存在的，这种互动对领导效能会产生什么影响？为什么会产生这样的影响？这里运用实证方式探索校长－教师非体制化互动对领导效能影响的具体状况，并从理性视角分析其原因。

### （一）非体制化互动对领导效能影响的状况呈现

非体制化互动虽然也存在不健康的内容，但是本书主要研究的是以尊重、信任和情感为主的、积极向上的非体制化互动，即领导－成员交换理论中提到的高水平交换对领导效能的影响。领导－成员交换理论的研究发现：领导与成员的高水平交换使员工有强烈的责任感，愿意付出更多的努力。[①]一旦领导与成员形成这种高水平互动关系，成员的工作态度和绩效、工作满意度、彼此之间的信息沟通效率等得以显著提高。[②]总之，通过改善领导－成员交换关系这一途径来转变成员的工作态度和行为进而提高其工作满意度被认为是有效而持久的。这里的研究假设是：校长与教师以尊重、信任和情感为主的非体制化互动对领导效能提升有积极正向影响。关于这一假设，通过质性与量化研究进行验证。

### 1．质性研究验证假设

通过质性研究验证假设，主要是确定这种影响的存在性，描述这种影响的大致情况，让读者首先有一个感性的认识。质性研究的数据主要来自访谈和实地考察。围绕对假设的验证，部分访谈实录如下。

一般的人都希望别人尊重他、信任他，教师的这种感觉更强烈，

① 李超平，徐世勇. 管理与组织研究常用的 60 个理论 [M]. 北京：北京大学出版社，2019：212.
② KRAIMER M L, WAYNE S J, JAWORSKI R A. Sources of support and expatriate performance: The mediating role of expatriate adjustment[J]. Personnel Psychology, 2001, 54(1): 71–99.

你对他尊重、信任，这本身就是一种激励，而且是一种高级激励。与我们竞争的一个学校，那位校长不信任多数教师。比如说，他只让他最信任的老师出期终考试的卷子，不让其他的老师出，也不让他们知道，教师们非常不理解这种做法，也没人给他们做解释。所以，他们学校校长与教师之间的关系不好，教师之间的关系也不好，教师不信任校长，教师之间也缺乏信任，教师能不干的就不干，结果整个学校也越来越往下走。当时，我们高一的生源平均分比他们低30分，但是最后高考我们整个是大翻身，他们学校的排名反而落到了我们的后面。（XQQ校长）

那天我们学校一个年轻的语文教师正在给初二的学生上课，一个40岁左右、身上散发着酒气的男子冲进班里，要找一个男学生算账，说这个男学生欺负了他儿子。瘦弱的女教师上前阻止，被这位男子拉到一边，并且说谁阻拦就打谁。女教师从教还不到两年，没见过这种场面，不知如何是好，学生也被吓坏了，有些女生被吓到尖叫。叫声引来了几个教师，他们二话没说，前去阻拦那位男子，保护学生。尽管那男子很凶，但是教师们都没有惧怕，要知道这其中还有两个女教师。这件事情在当地挺有影响的，我们学校的社会地位也比以前提高了，我当时都有一种自豪感。我觉得我们学校挺和谐的，尤其是校长与教师之间感情特别好，其他学校的教师都知道我们校长总为教师争利益，都挺羡慕我们的。所以，教师也就对学生特别好，也愿意为学校做事。（集体访谈2）

我是一名英语教师，在我刚刚任教两年多时，就上了大型公开课，校长听我的课的次数较多，经常会鼓励我说，"好样的，以后会讲得更好"，然后告诉我该注意的问题。我每次都很激动，这让我有更大的动力备好课、上好课，这学期校长还鼓励我上好推优课。我刚来时还不安心，想去更好的学校，现在校长对我这么好，还这么信任我，我不想别的了，就想好好待在这所学校，尽心尽力工作。（XDD老师）

我毕业就在这所学校，在这里已经教了24年数学了，有一阵学校人际关系不好，上上下下都不和谐，就倦怠了一段时间。现在的校长对我们挺好，经常与我们在食堂共进午餐，与我们谈论学校的发展，征求我们的意见，把我们当学校的主人。校长对学校发展有很好的设想，这些设想实现后对我们师生都有很大的意义。我在高中任教，经常带高三，压力挺大的，但是我觉得工作挺愉快的，也不再倦怠了。我挺期待中午的午餐，不是期待吃饭，而是期待校长与我们一起交流的那种感觉，期待那种主人翁的感觉。（YGZ老师）

我大学毕业先干别的，后来才到学校教自然学科，虽然已是30多岁，但是教龄才6年。我不是学校的教学骨干，也不是什么领导，经常在教课之余帮助校长做一些杂事，校长也放心让我做，我也愿意认认真真做，尤其是听到校长肯定的话语，就觉得挺有价值的。校长也经常嘘寒问暖，这也是蛮开心的事情，一些得不到这种交流的老师还挺羡慕我的，可能还有人嫉妒吧。（LMZ老师）

从校长与教师的访谈中可以看到，校长与教师以尊重、信任和情感为主要内容的非体制化互动对教师工作的满意度、教师组织承诺、教师组织公民行为产生的积极作用。下面的两个案例也说明了此问题。

## 案例4-6：陈校长的措施

HUN省C市的M小学是一所省级重点公立小学，全校有学生2100名左右，教师70名左右。该小学的原校长由于采用命令式的严厉管理，对教师时不时横加指责与批评，导致校长与教师之间矛盾重重，教师无心教学，一些优秀教师想方设法调往其他学校，学校教学质量连年滑坡，有门路的家长也纷纷把孩子转到其他学校，学校重点小学的牌子保不住了。为了改变该校的办学状况，教育局把陈校长调到了这里。陈校长来到学校后采用了与前任校长不同的领导方式。

陈校长履职后并没有什么大的举动，只是不断找教师、学生及学生家长聊天，有时还进行上门访谈。陈校长履职一个月后，才召开了全校教职工大会。在这个会上，他详细地描述了学校的优点，深刻剖析了存在的问题，这些问题的挖掘深度入木三分，让在场的教职工十分震撼。谁也没有想到一个刚来的校长会这么清楚学校的状况，心里不禁对眼前这位校长刮目相看。接着陈校长提出了学校发展目标和一些具体的操作措施，这其中包括教师的职业规划和培训，将学校的发展与教师的发展结合到了一起。在这个大会上，陈校长与教职工坦诚交流学校面临的困境，激励大家齐心协力，共渡难关，利用1年的时间改变学校现状，利用3年的时间步入先进学校行列。陈校长言辞恳切，让大家感受到了这是一位既精通专业又具有深厚管理经验的领导。整个会场让人感觉热情澎湃，大家的激情被激发出来，在场的所有老师都开始热血沸腾起来。

接下来，陈校长开始实施他的计划。学校的李老师是一位业务能力很强的教师，但是心高气傲，与以前的领导和周围一些同事的关系处理得不是很好，在学校历次推举优秀教师参加教学比赛时，总是落选而心里非常不服气，渐渐地开始消极怠工。陈校长非常肯定他的业务能力，在最新的省教学比赛中推举了他，并主动为他提供资料，却从不要求他例行公事般按时将比赛设计、实施等上交领导审核。这使李老师非常感动，他感受到了陈校长对自己的信任和尊重。在完成课程内容的设计以后，李老师主动请陈校长帮助提出意见，陈校长特地召集了几位高级教师一起听了李老师的试讲，然后认真地，用很谦虚、商量的语气与李老师一起对授课内容进行了优化。在那次比赛中，李老师获得了冠军，自此以后，李老师在学校的工作更加努力了，经常能够听到他在教育教学改革方面的建议。

除了特别关心教师的专业发展以外，陈校长还通过设立校长信箱、茶话会等多种途径与教师进行沟通与互动，对于每一个教师的意见与建议都非常重视，让老师们体会到对学校事务的参与感。老师们也喜欢与陈校长交流，有什么想法都毫无顾忌地与他沟通，经常在陈校长办公室看到老师们的身影。

　　每个月开会的时候，陈校长总会做一些总结，感谢老师们对学校的贡献，在座的不管是被点到名的还是没有被点到名的，心里都暖洋洋的，心里都在想其实我们最应该感谢的是陈校长。老师们对陈校长的认可与接受也增加了陈校长的工作热情，他把全部心血都投入学校发展。整个学校处于和谐、友好的气氛中，教职工都处于积极主动工作状态。5年后，学校再次成功地晋级为省重点小学。

　　　　　　资料来源：实地考察 M 小学并以访谈 HHB 副校长为主

　　上述案例中的陈校长非常注重与教师的非体制化互动，对教师访谈、与教师沟通、听取教师意见，还建立了彼此沟通的渠道，据此了解学校发展中的问题，以此为基础设计学校发展规划。陈校长在制定学校发展目标时，注重考虑教师们的需要，将学校的发展目标和教师的自我发展需求结合在一起，这样学校的目标实现时，教师的需求也得到了满足，以此来鼓舞教师们的干劲。陈校长还实施了智力激发、个别化关怀等策略。鼓励教师独立思考问题、解决问题，支持教师尝试新理论、创造革新性的新方法。尊重教师，充分发挥具有不同特点、不同技术教师的才能，尤其是在专业领域，让教师们有权威感。陈校长用这些办法激励学校的每位教师将自己的发展和学校的发展结合起来，为学校也为自己的目标而努力奋斗。他的做法得到了教师的认可，教师也以尊重、信任和情感为主的内容与之互动，最终大家都受益。

## 案例 4-7：一位新教师的困惑与欣慰

　　毕业后我成了 SHD 省 Q 市 X 中的一名中学政治老师，我十分高兴，因为我所在的这所中学在当地具有良好的声誉。

　　刚上岗学校就让我担任初一二班的班主任，本想先胜任了课堂教学再当班主任，但学校规定新教师必须当。我这个班有一个男学生特别淘气，上课总不遵守课堂纪律，引起不少教师的不满。那是刚刚开学的第五个星期的周一第一节数学课，这名学生因为周日遇见了几件特别高兴的事情，就在上课时讲给周围的同学听，严重影响了周围的同学，影响了教师的课堂教学。老师提醒了该学生几次都没有收到效果后，一怒之下把他撵出了教室，让他站在教室外面，不许进教室。

回家后该学生把被教师撵出教室的事情告诉了家长，家长听后觉得自己的孩子受了委屈，于是第二天气冲冲地来到学校，直接找到教务处，要求学校给孩子赔礼道歉，还要求学校处理这位数学教师。

发生这件事情后，学生及任课教师没有跟任何人反映过，所以年级组、教务处和我都对这件事情不知情。作为该学生的班主任，教务处主任找到了我，希望我全权处理好这件事情，消除不利的影响，因为这件事情已经在全校范围内传播开来。

处理这种因学生而引起的家长与学校的矛盾冲突，真是一件棘手的事情。如果处理教师，教师是为了全班学生的学习而不得已那样做；让学校道歉，明明是这名学生扰乱课堂纪律。而这位学生的家长，用大家的话来说是"惹不起"的人。我曾经试探与这位家长沟通过，她态度很强硬。

既然校长极为重视，为什么还让我这样一个刚来的教师处理这样的问题，是不是领导都怕不好办，才让我来做，我不知所措地想。我想找组长、找主任，可他们都出去开会了，这时我接到了一条没有署名的短信，"如果有麻烦可以找校长"。这点事情还要麻烦校长吗，我要找了校长，其他教师会不会觉得我太笨，这样的事情都不会处理，还要请校长帮忙。可是不找校长心理又发毛，怎么处理好呢？我怀着忐忑不安的心情敲开了校长办公室的门，令我惊奇的是，校长并没有意外我的出现，好像是我们已经约好要谈话一样自然，校长热情地让我坐下；接下来，更令我惊奇的是，校长竟然亲切地叫着我的名字，我心里瞬间涌出一丝暖意，难道短信是她让人发的。然而，校长带给我的惊奇并没有结束，校长在询问了我的工作生活状况之后，主动地提到了学生家长来学校找教务处的事情。看来校长一直在关注着这件事情，并且已经知道了我的努力和困境，但是校长并没有告诉我该怎么办，只是举了一些相关的例子。从校长办公室出来，我好像轻松了许多，思路打开了，信心也增强了。

我开始着手协调和解决这件事了。首先，我把那名学生以及班里几名同学同时叫到我的办公室，让那名学生在他的妈妈面前把事情的经过详细地复述一遍，同学也说该同学所说的符合当时的情形。其次，我又把该学生近期的表现，上课特别兴奋以致影响周围同学的情况告诉了该家长，并表示希望家长与学校老师相互理解、积极协调，共同寻找问题所在，以帮助孩子的健康成长。同时，我也承认了在该事件中我们应该承担的责任，也代表学校承认了我们教育学生方面的不足之处，保证改进教育方法，坚决不再发生让孩子离开教室等类似事情。该家长听了事情的经过，表示了对我们的理解，希望与老师一起帮助孩子提高进步。就这样，事情得到了圆满解决。这之后，校长特意对我的处理进行了肯定，并感谢我为学校做出的贡献。

以后与校长的几次交流让我一直沉浸在一种被肯定、被尊重、被信任的快乐之中。这种快乐及校长那种令人尊敬、令人感觉亲近的人格魅力，让我愿意把更多的时间投入教育教学，让我对教育这项事业充满了期望，对未来的工作充满了信心。

资料来源：访谈 ZYY 老师

上述案例中的教师作为一名未曾与校长进行过直接交往的年轻教师，在是否与校长沟通的问题上进行了激烈的思想斗争和权衡，可见教师对与校长互动这一问题是非常重视的。幸运的是，案例中的年轻教师遇到了一位尊重、信任教师的优秀校长。年轻教师从敲开校长办公室门时的"忐忑不安"，到"满怀信心"处理问题；从对校长心存疑虑，到崇拜校长的人格；从不愿意当班主任，到对教育事业充满期望和信心。这些转变源于校长与之进行了以尊重、信任和情感为主的互动交流。这说明，校长－教师互动水平将直接影响教师的情绪、情感体验，影响教师的工作满意度，影响教师对教育事业的态度和投入程度，影响教师的价值认识、工作主动性和工作业绩。良好的非体制化互动对教师的这些优秀品质具有积极、正向的影响。

## 2．量化研究验证假设

通过量化研究验证假设，确定影响的具体程度。量化研究的数据来源主要是问卷，问卷的信度和效度在第一章已经进行了检验。这里运用相关分析（Correlate）与回归分析（Regression）对研究假设进行验证。学校组织目标的达成情况可以通过诸如教师满意度、教师组织承诺和教师组织公民行为等来反映，关于这一点上面已经阐述清楚，所以用这些指标来制作问卷。

下面运用皮尔逊相关系数（Pearson Correlation）进行相关分析，具体数据如表 4-2 所示。

表 4-2    非体制化互动与领导效能的相关分析

| 内容 | 维度 | 皮尔逊相关系数 |
|---|---|---|
| 教师满意度 | 人际关系 | 0.489** |
| | 工作内容 | 0.588** |
| | 工作环境 | 0.556** |
| | 匹配程度 | 0.503** |
| | 学校制度 | 0.575** |
| | 福利待遇 | 0.476** |
| 教师组织承诺 | 感情承诺 | 0.578** |
| | 理想承诺 | 0.542** |
| | 规范承诺 | 0.538** |
| | 持续承诺 | 0.540** |
| 教师组织公民行为 | 敬业行为 | 0.338** |
| | 利他行为 | 0.540** |
| | 关怀行为 | 0.587** |
| | 参与行为 | 0.579** |
| | 和谐行为 | 0.570** |

注：** 表示在 0.01 水平上（双侧）显著相关。

通过相关分析可知,皮尔逊相关系数的显著性概率都为 0.000,问卷填写人数($N$)都是 1884。问卷调查的相关分析表明,非体制化互动与教师满意度、教师组织承诺、教师组织公民行为中的各项因素之间的皮尔逊相关系数都是正数,这说明它们都是正相关;由于皮尔逊相关系数的显著性概率为 0.000,小于其显著性水平 0.01。根据统计学的理论,可以得到它们之间都呈现正相关的结论。

为了进一步了解影响的具体情况,又做了回归分析。在回归分析中,以"非体制化互动"为自变量,以"教师满意度""教师组织承诺""教师组织公民行为"为因变量,回归分析结果如表 4-3 所示。

表 4-3 非体制化互动对领导效能影响的回归分析

| | 教师满意度 | 教师组织承诺 | 教师组织公民行为 |
| --- | --- | --- | --- |
| $R^2$ | 0.407 | 0.415 | 0.376 |
| 调整后的 $R^2$ | 0.406 | 0.415 | 0.376 |
| $F$ 统计量观测值 | 617.161 | 605.617 | 516.843 |
| $F$ 相应概率 Sig. | 0.000 | 0.000 | 0.000 |
| 回归系数 $\beta$ | 0.450 | 0.425 | 0.478 |
| 标准化回归系数 $\beta$ | 0.638 | 0.645 | 0.614 |
| $T$ 检验的统计量观测值 | 24.843 | 17.361 | 22.734 |
| $T$ 检验的相应概率 Sig. | 0.000 | 0.000 | 0.000 |

通过回归分析可知,$F$ 统计量观测值显著性水平都为 0.000,小于 0.01,说明"非体制化互动"作为自变量,能够很好地解释因变量的变异。从 $R^2$ 结果来看,自变量对因变量的解释比例是不同的,"非体制化互动"对"教师满意度""教师组织承诺""教师组织公民行为"的解释比例依次为 40.7%、41.5%、37.6%。上表还显示,$T$ 检验的统计量观测值全部大于 2,且 $T$ 检验的相应概率 Sig. 全部是 0.000,小于 0.01,说明回归系数 $\beta$ 有显著意义,可以认为自变量"非体制化互动"与因变量"教师满意度""教师组织承诺""教师组织公民行为"之间存在着显著的线性关系。

总之，校长与教师以尊重、信任和情感为主的非体制化互动能极大提高领导效能，能有效提升教师对工作的满意度，提升教师对学校的承诺水平和组织公民行为水平。

### （二）非体制化互动对领导效能影响的原因分析

实证研究表明，非体制化互动能有效提升中小学领导效能。为什么这种互动具有这样的作用？我们可以从交换理论与教育理论的视角来进行分析。

### 1．交换理论的分析视角

从本质上讲，教育是一项塑造个体身心健康、促进个体发展的活动。对从事这种实践活动、实现这种教育使命的教育工作者而言，任何有利于学校发展和学生成长的行为都应当值得倡导和鼓励，例如，启发性教学、因材施教、热爱教育事业、热爱学生、合作共享、帮助他人、维护学校利益等，都应去实施和探索，成为校长与教师工作的组成部分。然而，由于教育的不确定性、随机性、权变性、复杂性、感情性等特点，在影响领导效能提升的各种因素中，有些因素难以纳入组织正式制度体系进行规范，教师的有些行为及其产生的结果也没有纳入相应组织的正式回报制度体系，而是一种超越组织正式规则的自觉自愿的行为。

例如，使教师产生满意感的人际关系，尤其是与校长的关系；使教师认同学校发展理念的行为；使教师与学校建立良好"心理合同"的行为等。做到这些对于学校发展来说格外重要，校长若想做到这些，他就必须花费较多的时间和精力，而这些在学校的正式回报体系中没有规定。再如，关于教师组织公民行为，前面关于组织公民行为的介绍已经表明，它是组织成员的个体自愿性行为。如果中小学要提升其教育效果、提高领导效能，教师必须具有组织公民行为。然而，组织公民行为是教师的角色外行为，这种行为在组织的正式报酬系统中也没有回报。有时这些行为还是比较"隐秘"的，不易被人看到，虽然没有这些行为不会受到制度的惩罚，但是具有这些行为有利于领导效能的提升，是需要强化和倡导的。

交换理论表明，当人们实施某种行为、做出某种贡献后，如果得到了相应回报，则表明行为得到了强化，它将会继续下去，否则行为将终止。齐美尔认为，"人与人之间的所有接触都以给予和回报等值这一图式为基础"[①]。乔治·C. 霍曼斯用鸽子啄食物的例子说明其行为得到回报的意义，然后阐述了他的价值命题。[②] 彼得·M. 布劳认为："个体在他们的社会交往中追求社会报酬，这是一条原则。"[③] 对个体来说，其行动的结果越是有价值，则他越有可能从事这种行动。"为了继续获得利益就需要对已获得的利益进行回报，这种需要被用作社会互动和群体结构的'起初装置'。"[④]

从交换理论角度考虑，当人们出现这样的行为，应该给予回报，但是对这些行为的回报又难以纳入正式制度范围。即便是能够纳入，给予相应的经济、物质等回报，也会遭遇多种限制：一是学校资源有限，不可能随时拿出这样的资源来回报成员；二是一味地强化这种交换，可能会使彼此的关系出现问题。"在一种稳定的、持续的关系中，各种交换被认为是理所当然的。当某种关系开始变味时，当事人就开始特别注意自己为对方做了些什么。当他们觉得其付出和回报不对称时，他们可能尝试恢复平衡。但是，最终，如果他们认为成本大于收益，他们之间的关系就有可能结束。"[⑤]

这表明，如果让校长与教师的这些有利于领导效能提升的行为继续下去，组织要对这些行为施予各种"恩惠"。但是这些在体制化互动范围内的交换是难以做到的，于是就只能寻求体制化互动范围外的交换，寻求组织的正式制度之外的报酬回报系统。

领导－成员交换理论认为，领导者与成员之间互动的内容涉及经济和社会两个方面。前面的阐述已经表明，以经济为主的交换在提升领导效能过程中

① 布劳. 社会生活中的交换与权力 [M]. 孙非，张黎勤，译. 北京：华夏出版社，1988：1.

② HOMANS G C. Social behavior as exchange[J]. American Journal of Sociology, 1958, 63(6): 597-606.

③ 同 ①20.

④ 同 ①108.

⑤ 波普诺. 社会学：第十一版 [M]. 李强，等译. 北京：中国人民大学出版社，2007：145.

有局限性，而社会性交换，即指建立在经济交换之上，以社会和心理交流为主要内容的交换，能较好地弥补这种不足。按照社会交换理论的观点，只有社会交换才能引起个人的责任、感激和信任感，那种纯粹的经济交换则不会。[①]"社会交换也可以变得成本较低些和利益较多些，方法是提供那些同时既有益于其他一些人又使他们感激的社会报酬。"[②]

在非体制化互动中，校长与教师主要进行的是社会性因素交换。对于校长来说，教师对其办学理念的认同，对其领导思想的感悟，对其指令自觉、自愿、心领神会地贯彻执行等；对于教师来说，受到校长工作上的肯定，感到校长的特殊关照，得到校长的支持，以及由此带来的安全感和满足感等。这些对于具有社会属性的校长与教师都是最好的回报。

具体来说，由于校长与教师实施了非体制化互动，校长与教师能够有效地规避一些风险，校长经常给予这部分教师较多的学校发展信息，教师也经常给予校长充分的、比较真实的信息反馈，校长与教师双方在彼此的互动中都可以充分分享信息给彼此带来的意义。校长对这些教师的需求较了解，这些教师也对校长的意图有较好的理解。这种互动能促成校长与教师之间建立起忠诚、互信和责任关系，并由此产生积极的互利与合作，这些都是双方所需要的。由于彼此的信任，双方容易给予对方合理需要的内容，也就促进了双方满意度的提高，通过个体满意度的提高又可以有效地实现组织目标。这种互动"很可能变为一种自我实现的预言，并导致高满意度、高绩效和压力减轻"[③]。

处于非体制化互动群体中的成员有较强的责任感，乐于承担一些角色外的任务，当他们"做某些超出他们工作范围的工作，作为回报，领导者也会为这些成员做得更多"[④]。罗伯特·C.利登和乔治·格雷恩的研究也表明，高水平领导－成员交换关系会促进成员产生强烈的工作责任感，从而愿意为他们的领导付出更多的努力，由此导致了较高的成员个人绩效、领导绩效和团队绩效。

① 布劳. 社会生活中的交换与权力 [M]. 孙非，张黎勤，译. 北京：华夏出版社，1988：111.
② 同 ①121.
③ 纳哈雯蒂. 领导学：第 4 版 [M]. 王新，陈加丰，译. 北京：机械工业出版社，2007：134.
④ 诺思豪斯. 领导学：理论与实践：第二版 [M]. 吴荣先，等译. 南京：江苏教育出版社，2002：74.

同时成员也会得到领导更多的支持、更多的工作自由度和信任，对领导也会更加尊敬和信任。[1] 格雷恩和玛丽·尤尔－比恩（Mary Uhi-Bien）认为，在高水平的领导－成员交换关系中，社会交换将向更高层次发展，双方相互信任、尊敬，上下级之间的义务感也得到加强，此时成员往往会努力工作，从而获得更好的工作绩效。另外，由于与上级的交流更频繁，成员还会得到更多的与工作相关的信息，这也有助于提高其工作绩效。[2]

这说明，在提升领导效能的过程中，非体制化互动确实能够起到体制化互动不及的作用。通过实施非体制化互动中的社会性交换，使双方获得彼此的友谊、尊重、信任和情感，促使他们付出正式制度规范之外的积极、正向的努力，从而更有效地、高质量地实现教育目标，提高教师的满意度等，以此达到提升领导效能的作用。

### 2. 教育理论的分析视角

关于学校教育的不确定性，前面在"体制化互动在提升领导效能过程中的局限性分析"中已经运用组织理论进行了阐述，教育理论也表明了这一点。

首先，难以精确把握学生发展过程中的问题。"教育就是一种影响，是一种影响施加到另外一种影响上，让影响产生影响的过程。"[3] 要产生这样的影响，就要了解学生，然而"教育的对象不是容器，而是教育的主体，是一个个鲜活的生命体"[4]。教师面对的学生是活生生的、具有复杂心灵世界和丰富易变心理特征的儿童和青少年，教师不可能完全了解直接影响他们心理和行为的所有因素。在装配线末端，如果一辆新汽车运转不灵，找出毛病比较容易，但如果一个学生毕业后不会写作，要确定毛病出在哪里，就相当困难了。

---

① LIDEN R C, GRAEN G B. Generalizability of the vertical dyad linkage model of leadership[J]. The Acdemy of Management Journal, 1980, 23(3): 451-465.

② GRAEN G B, UHI-BIEN M. Relationship-based approach to leadership: Development of leader-member exchange (LMX) theory of leadership over 25 years: Applying a multi-level multi-domain perspective[J]. The Leadership Quarterly, 1995, 6(2): 219-247.

③ 范梅南，李树英. 教育的情调 [M]. 李树英，译. 北京：教育科学出版社，2019: 149.

④ 同③.

其次，教育领域中很多东西人们难以定论或把握。例如，教师的教育理念、工作态度、责任心等，很难通过教师的某种行为去判定，也很难预估教师在从事某项工作时会持有什么心态、生成什么行为。还有，教师工作的空间和时间边界也是模糊不清的。按照通常所说的 8 小时内工作，很多教师在规定的 8 小时上班之前就要到岗，照看学生；8 小时之后不能下班，要辅导学生，与学生家长进行沟通；甚至回家还要批改作业。周六、周日还要来到学校加班等。

这些都表明教师工作具有不确定性，加之目前又讲究创新、特色，"要求我们从一种不明确的教学或管理技术转向另一种同样不明确的教学或管理技术"①。这些又增加了这种不确定性。正是教师工作的这种不确定性，才使得他们与学生的生活充满了希望，使其有可能生成新事物、创造出新成果，生成与创新实际就是对不确定性进行适当反映。面对这样的不确定性，教师不能袖手旁观，要随时对工作中的问题做出判断与决定，否则教育教学工作难以持续进行下去。教师做出的许多判断与决定是价值选择的问题，而不是是非对错的问题。即教师在从事教育工作时，不仅要进行事实判断，还要进行大量的价值判断。"'价值'是指应当如何（无论必然性大小），而'事实'是指实际如何（无论推测的成分占多大比例）。"②

事实判断着眼于事物的客观发展状态，旨在描述和反映事物的性质、功能和变化。事实判断就是要原本地再现客观事实，清除以主体为转移的成分，清除主体的需要和干扰等；价值判断从主观意志、需要和愿望出发，意在估量和评价事物对人的需求的影响。价值判断则要以主体自身需要作为评价的依据，其内容自然不能排除主体，理所当然地以主体的需要为转移。对于事物的判断，不可能只从一系列纯粹的事实推出一个论断。我们对世界的事实知识积累得再多，也不可能完全说明这个世界应该处于什么样的状态。想要知道这个世

---

① 汉森. 教育管理与组织行为：第五版 [M]. 冯大鸣，译. 上海：上海教育出版社，2005：193.
② 西蒙. 管理行为：珍藏版 [M]. 詹正茂，译. 北京：机械工业出版社，2013：25.

界应该是什么样子，就应该提出一些价值，得出一个"应该是"的结论①。事实判断是价值判断的基础，价值判断是事实判断的目的性追求。价值判断要以对事实的正确认识为基础，力求主观与客观相符合。

教育是价值高度涉入的事业，教育教学活动常常会涉及其他活动不常碰见的价值问题，学校是社会上各种价值观念冲突的中心。而这些价值观念的冲突及价值方面的问题，常常反映在教师的工作中，这使得教师经常要面对许多价值问题，必须时常运用自己的价值观，在事实基础上进行价值判断，然后选择理性的、应然的行为。例如，从事实角度判断，这个学生参与某项学习活动的确有较大难度，但是一般情况下教师不能直言难度大，而是要从学生成长角度出发，肯定其学习的可能性。再有，教育是一种理解，这种理解是一种发自内心的自觉活动，是教师与学生之间心灵的对话，是彼此感情的交流，通过灵魂与情感的碰撞生成鲜活的教育思想，产生相应的行为，从而达成教育目的。教师理解什么、如何理解，所有这些都建立在教师的主观判断上，属于价值层面的问题。所以，教师的工作充满了各种各样的价值判断。教师工作的这一特性表明，对教师的领导不是一个单纯的技术问题，尤其是面对道德问题，不能简单地用交易来引领教师。

教师工作的高价值涉入性表明，教师要随时依赖个人的道德观对教学和科研进行价值判断。教师的价值判断，要以对事实的正确认识为基础，但更多的是基于对学生发展的意义，可以说学生的合理需要是价值判断的参照系。当这一价值判断符合学生需要、促进学生发展时，可以肯定其作用和性质，否则就要改变这种价值判断。"价值和理想因人而异，没有正确的判断标准和根据。"②价值观是教师自身内在的东西，是思想层面的东西。这种状态下，再精细的规章制度都无法涵盖他们的一切工作行为，应该从教师"思想"出发，通过校长与教师的非体制化互动让教师知晓学校愿景，让教师接受它、认同它，

---

① 西蒙. 管理行为：珍藏版 [M]. 詹正茂，译. 北京：机械工业出版社，2013：64.

② 大河内一男，海后宗臣，等. 教育学的理论问题 [M]. 曲程，迟凤年，译. 北京：教育科学出版社，1984：220.

在此基础上与校长一起朝着这一目标去奋斗。实际上校长与教师的非体制化互动包含着一种思想引领、情感融入、尊重信任，通过这种互动会让彼此之间自觉、自愿、自主地去工作。所以，他可以使校长与教师产生强烈的满足感，使双方对学校有较高的组织承诺，并产生有助于学校发展的组织行为，从而高效完成教育教学任务、实现学校组织目标。所以，校长与教师的非体制化互动有助于领导效能的提升。

## 本章小结

首先，本章通过对领导效能的文献研读，对教育管理自身特点进行分析，与校长和教师进行访谈，从而确定了领导效能的研究框架。可以用学校组织目标达成度、教师满意度、教师组织承诺、教师组织公民行为作为指标来判断学校领导效能的情况。

其次，从实证角度研究了校长－教师体制化互动与非体制化互动在领导效能中的功效，验证了最初的假设。研究结果表明，它们都具有作用，只是作用不同而已。体制化互动在领导效能发挥作用的过程中起到了一定作用，但是它在提升领导效能的过程中具有一定局限性。非体制化互动对领导效能提升可以产生积极影响，诸如以尊重、信任、情感为基础的互动，对学校组织目标达成、教师工作满意度、组织承诺和组织公民行为等都有积极正向意义。

最后，从理性角度分析了校长与教师互动对领导效能产生影响的原因。体制化互动之所以有利于组织任务的完成，与其依托的科层制，诸如任务明确、规则确定、结构清晰等有很大关系。但是科层制本身也有较大局限性，加之科层制下主要实施的交易型领导方式，这又强化了体制化互动在提升领导效能过程中的局限性。非体制化互动之所以能够有效提升领导效能，是因为这种互动符合社会交换的互惠原则，符合教育理论对校长领导方式及教师教育方式的要求，从而可以使彼此产生良好的以感情、尊重与信任为主的互动。

# 第五章 校长－教师互动行为水平提升建议

本书的开篇就明确了本研究的目的是提升校长与教师互动行为的水平，促使校长与教师有良好的互动。提升互动行为水平，实际上就是在校长与教师之间建立一种有效的互动模式。如何做到这一点呢？答案是扩大非体制化互动范围。本章将阐述扩大非体制化互动范围的原因及措施。

# 一、扩大非体制化互动范围的缘由

扩大非体制化互动范围的逻辑是：首先，要明确校长与教师的理想互动模式是什么，这样的互动模式是应该追求的方向；其次，要明确在理想互动模式中欠缺的是什么，这就是目前我们要补足的；最后，还要明确为什么会欠缺这些，探明原因就可以进行有针对性的改变。理想的互动模式是体制化互动与非体制化互动的有机结合，而现状是非体制化互动不充分，难以实现有机结合，为此需要分析这种现状出现的原因，以采取有针对性的措施。

## （一）非体制化互动的价值性再探

非体制化互动的价值性已经在前面的研究中体现，这种互动可以有效提升领导效能。这里通过对体制化互动与非体制化互动相结合的探讨，再次彰显其在理想互动模式中的价值。

上述研究表明，中小学校长与教师之间存在体制化互动与非体制化互动，二者各有各的功能，他们之间不是谁排斥谁、谁替代谁的问题，而是相互补充、相互促进的关系。所以，校长与教师的理想互动模式是体制化互动与非体制化的互动有机结合，二者相互补充、相互促进，使之达到平衡，发挥整体优化的作用。

二者的补充性：体制化互动有利于学校任务的完成，但是它在提升领导效能的过程中具有一定局限性，必须有其他的互动予以补充。以尊重、信任和情感为基础的非体制化互动可以有效提升领导效能，但是这种提升是以体制化互动的存在为前提的，它不可能远离或替代体制化互动，否则，这种互动的存在基础就受到了挑战。亚伯拉罕·H.马斯洛说："假如一个人在生活中所有的需要都没有得到满足，那么生理需要而不是其他需要最有可能成为他的主要动机。"① 需要层次理论也说明了这一点。道格拉斯·麦格雷戈（Douglas M. McGregor）的 X 理论与 Y 理论对人的假设表明，人既有生性懒惰、厌倦工作的一面，也有勤快、努力工作的一面。② 对具有不同假设特点的人要采用不同的互动类型和方式。所以，只有两种互动模式相互结合才能弥补对方的不足，彰显自身的优势，充分释放二者应有的价值。

关于体制化互动与非体制化互动的互补关系，访谈实录也说明了这一点。

在一个学校组织中，领导－成员交换理论中说的低水平互动是组织生存的必要条件，是保证学校正常运转的前提，是基础性的，是必须的，没有它，学校的任务无法完成，学校也没有秩序，但是如果仅仅只有这种互动，学校也就没有了生机，没有了活力。高水平互动确实非常好，它是促进学校发展的基础，是提高学校品质、实现优质办学的保证，是拔高性的互动。高水平互动能使整个组织的互动处于良性循环状态。但是光靠尊重、信任、情感互动，光靠高水平互动是不可取的，因为这种互动的范围不是很大，不能涉及全体教师，可能不会使每一个教师都明确具体任务。再有，这种互动没有明确的制度规范，会使教师不知道怎么做、不知道遵守什么。（集体访谈 5）

实际上不仅仅是学校组织，个人的生存与发展也一样。要当一个一般的教师，就是教书、拿工资，只进行低水平互动就行。如果你想做一名好教师，想有更好的发展，只有低水平互动就不行了。你就必须与校长进行高水平互动，需要做超出本职工作的事情，付出更多的感情，并且与校长之间建立信任关系，不然人家怎么就会把好的发展机会给你呢？（集体访谈 1）

---

① 马斯洛. 动机与人格：第三版 [M]. 许金声，等译. 北京：中国人民大学出版社，2013：16.
② MCGREGOR D M. The human side of enterprise[J]. The Management Review, 1957, 46(11): 22-28.

二者的促进性：体制化互动与非体制化互动都具有独特性，都可以单独发挥促进组织和个体发展的功能，但是当二者有机结合时，可以产生相互促进作用，从而增大功能效应。人性理论表明，人是复杂的：不同的人有不同的需要；同样的人也有不同需要；人们在不同时间、不同阶段也有不同需要。人的需要可以分为不同类型，会随着人的发展和生活的改变而变化。人的需要和动机因其对个体的重要程度而形成不同层次，同时也会因人、因时、因情况而异。[1]组织理论表明，中小学是具有双重系统特征的组织，其要素的结合既表现出紧密结合的特点，又表现出松散结合的特点。当单独实施体制化互动或非体制化互动时，满足的是人们比较单一的需要，体现的是组织单一特点，其功能效应比较弱。当二者相互结合且达到平衡时，满足的是人们多元化的需要，例如，经济需要、社会需要、发展需要等；体现的是组织的双重特性，例如科层制的特征与专业组织的特征。这种需求满足与特征体现，可以同时发挥体制化互动与非体制化互动的功能，从而起到功能增大的效应。

关于体制化互动与非体制化互动的互促关系，访谈实录也说明了这一点。

校长要想带领教师把一个学校办好，与教师的交流很重要。通过交流让教师明白他们只要好好工作，一般性的物质需要不会有问题，这是必需的，而且是有保障的，这也是目前教师工作的稳定性优势。当然这还不够，还要让教师感觉到在这个学校有发展、有盼头。十九大报告说得非常好，要让人民对美好生活有向往，我们也要让教师对学校的美好生活有向往，不然骨干教师就流失了。我喜欢与教师交流，喜欢抓住每个机会让教师清楚地意识到，进步就有机会、就有未来，所以我们学校的教师基本没有偷懒的，都认真工作，很多老师都很有干劲。（集体访谈3）

我以前在学校就是那种老老实实认真干活的人，布置干什么我就

---

[1]　沙因. 沙因组织心理学 [M]. 马红宇，王斌，译. 北京：中国人民大学出版社，2009：96.

干什么，不愿意与别人多交流，当然也不喜欢与校长交流了，觉得耽误时间。有一次放暑假，学校组织教师去上海和北京学习了20多天，学习回来之后，我感觉自己挺有想法的，但是也不知道这些想法是否可行，也就不了了之了。后来发现同事们都在进行教学改革，其中有些想法还不如我，但是他们都得到了学校的支持。通过交流，我明白了，他们有了想法会时常与其他教师讨论，有些还时常与校长探讨，得到了校长的支持。他们说，其实原来的想法都不成熟，在交谈中会得到改进，尤其是与校长的探讨。毕竟校长比我们见得多，站得也比我们高，也了解整体情况。后来我也改变了自己，有了想法经常与其他教师探讨，再后来也与校长探讨。校长经常鼓励我，还帮助我完善想法，我的机会也变得多了，现在我成了我们这儿的骨干教师。多与校长交流那些按部就班之外的事情，不仅我们需要，其实校长也需要，因为校长也要进步嘛。（PHY老师）

　　理论分析与访谈实录都阐明了体制化互动与非体制化互动同时存在的必要性。不仅如此，二者还要有机结合，选择适宜的情境，实施适宜的互动。只有这样的互动模式才是有效的，这样的互动才可以有效提升领导效能。

　　然而，由于人们具有偏爱特性，"总的趋势是，个人倾向于其中一种行为取向，而不太重视另一种"[1]，或者减少另一种行为。但是这种"偏爱"与"减少"行为是不利于组织生存与发展的，所以，不能因趋向于偏爱一种互动行为而忽视另一种互动行为，更不能只单纯强化一种互动行为的实施而放弃另一种互动行为。这里倡导扩大非体制化互动范围，并非说体制化互动价值不大。领导的双因素理论认为，领导力是由完成任务和建立关系两种行为组合而成的。作为领导者，成功与否取决于是否能在各种情况下选择正确的组合。[2]

---

① 欧文斯，瓦莱斯基. 教育组织行为学：领导力与学校改革：第11版[M]. 吴宗酉，译. 上海：华东师范大学出版社，2021：333.

② 同①.

## （二）非体制化互动的不充分性现状

　　既然理想的互动模式是体制化互动与非体制化互动的有机结合，为什么这里只倡导扩大非体制化互动范围呢？第三章的实证研究表明，目前中小学校长与教师之间的体制化互动与非体制化互动都是客观存在的，其中体制化互动是普遍存在的，学校的常规性工作基本都是通过这种互动实现的，而非体制化互动是不充分的，体制化互动与非体制化互动没有达到平衡的状态，故难以实现二者的有机结合。这一点可以通过访谈了解到。

　　我们学校是一所非常普通的中学，教师来源一般，学生来源也不是特别好，教师教起来费劲。面对学生这种状况，我有时也无能为力。比如对于特别闹、经常捣乱的学生，你与他讲道理他不听，你又不能强制他做什么，不能体罚、不能开除，对此也没有办法。上级有时还给你增加很多任务，用各种条文来检查你。作为校长也是挺难的，你的权力、资源就这点，你又能给教师设计什么美好前景呢？这种状况下，大家只能从上到下都按照规定做事，这样都好办。（LPZ 校长）

　　在我们学校，校长是靠权力来领导老师的，校长就是校长，老师就是老师，情感上的交流很少，几乎没有。因为校长不是由老师的拥护而产生的，是上级领导指定的。虽然要有投票过程，但那只是一个形式而已，谁当校长，教师投不投票是没有多大用的，只要这个人没有太大问题，基本就可以。所以有的校长也很难获得大家的支持认可，工作难以开展。但是，面对上级分派的任务，校长又不得不执行，否则他也就当不了校长了。于是校长也就只能通过强硬的态度、命令式的口吻让老师们完成任务。大家虽然心里有些不服，可是面对"后果自负"也只能接受而已。教育是个良心活，大家心里如果不痛快、不情愿，命令、指示的威力也就一般吧。（ZJQ 老师）

　　校长是上级派下来的，他的主要精力不是帮助学生成长及老师专业发展，而是完成上级分派的任务。年复一年、日复一日，校长在拼命完成教育行政部门的任务，教师拼命完成校长的任务。大家都在为完成上级的任务而奋斗，当然我们与校长的互动也就都是任务了。我们的工作很机械，而且感觉不到自己的价值，那种感情的交流也没有。每天干完活已经很累了，就想赶快回家休息，什么也顾不上了。校长比我们教师还忙还累，有时因工作找他都困难，他更顾不上与我们的感情交流了。（YUS 老师）

我在这个学校待了近 20 年，与 4 位校长打过交道，感觉是不一样的。第一位校长是那种典型的旧式的领导模式，他没有把自己放在和我们平等的地位，对我们教师要做什么事情通常是采取命令的形式，而且我对他的领导能力也不是很认可，因此我们之间的互动就是规定中的事情。第二位校长挺信任我，需要我做什么事情的时候，也通常会采用商量的语气，而且我个人也非常认可她的领导能力和领导方式，因此我们之间的互动还是比较好的。第三位校长，可以说我们之间是一种抵触的态度，因为她从来只会命令我做事，而且她觉得她什么都比我们强，包括教学在内。同时她对我的教学工作提出的批评是不客观的，我根本就不能接受。我认为她缺乏或者说不具备领导能力，因此，我们之间几乎没有什么交流。第四位校长刚来了没多长时间，我与他没有更多接触，但是我感觉我们之间可能就是公事公办的关系。所以，就我的经历来说，多数学校的教师与校长就是我与第四位校长那样的关系。（LLL 老师）

校长与教师的那种层次比较高的互动在学校所占的比例估计不会大的，在有些学校更是少见。有一次在教师培训中遇到了几位北京来的老师，我们谈起教师与校长的关系，他们感觉教师与校长有那种很好的情感和信任关系的学校也有，但是不会很多，如果北京是这样，那就更别说其他地方了。在北京，那些非常有名的几所学校，他们的生源好，资源和机会也多，见识肯定也多，校长、教师素质也高，可能他们之间的互动水平比较高。其他学校基本是就事论事，为了工作、为了完成任务而进行的互动，即便有水平比较高的互动，也不会很多。（ZMY 老师）

集体访谈结果是：目前中小学以体制化互动为主，非体制化互动存在，但是并不普遍。下面是集体访谈摘录。

我们学校的教师挺怕校长的，有时我们老师聊着什么，校长走过来，我们就马上停止，大家就没什么话说了，校长也就识趣地走了。所以说，基本上的交流都是一种体制化的，都是职责范围内的一种工作汇报性质的互动。（集体访谈4）

我们学校的互动都是体制化的，很少存在非体制化的互动，因为老师与校长之间的这种交流一般都是按照制度行事，因为工作安排要求那么做，我们才那么去做的，并不是有个人感情在里面。（集体访谈5）

校长有权决定教师奖励，甚至是去留，所以必须听校长的，校长让干什么就得干什么，我们学校绝大多数教师与校长就是处于这种状态。少数教师与校长关系不错，还有几个不太听话的，关系比较僵。（集体访谈1）

我身边的教师与校长之间非体制化的互动很少，基本上都是体制化的互动。一般老师没有事情的时候是不会去找校长谈心的，而且校长也不会主动去找你聊天，只有在工作上遇到事情的时候才会与校长进行沟通。我们与校长的这种互动是在个人利益基础上的，只在工作关系范围内进行，去找校长就是为了自己工作上的任务，完成任务之类的事情，不会因为觉得好久没有和校长聊天这种事情去主动找校长沟通。当然了，如果有什么重大事情，非找不可也会去找。（集体访谈4）

我们学校的校长比较随和，也非常平易近人，与教师的关系也比较好。他喜欢与教师聊天，吃饭时看哪桌人多就去哪桌，然后与大家天南海北地就聊开了，聊着聊着大家还大笑。教师也愿意与他交流，大事小事都跟他念叨一下，他也认真听，有时还给我们出出主意，鼓励我们积极进取。他很会做思想工作。当然，也不是所有的老师都与他走得近，有的人就是远离领导的，见了校长就没话，除了工作也没什么可说的，也不能强求人家非与校长交流吧。如果我们学校都是这种状况，估计其他学校不愿意与校长交流的人会更多，因此您说的非体制化互动的确不普遍。（集体访谈2）

问卷调查也验证了上述结论。在回答反映非体制化互动的有关问题中，只有11.6%的教师能够完全为校长努力尽职尽责做事，9.2%的教师能够完全运用自身资源帮校长解决问题，5.0%的教师能够完全多地为校长做超出职责范围的事情，12.5%的教师能够比较多地为校长做超出职责范围的事情。

由于现实中非体制化互动不充分，实证研究又表明非体制化互动能够有效提升领导效能，所以，我们在这里倡导扩大非体制化互动范围。

### （三）非体制化互动不充分的原因

要扩大非体制化互动，就要清楚导致非体制化互动不充分的原因是什么。为此，先要了解可能是什么因素影响了非体制化互动的实施，然后再判断这些因素在实践中是否起了作用。

领导－成员交换理论的研究给了我们一些启示。理查德·M.戴纳斯和罗伯特·C.利登认为，群体的构成、领导的权力、组织政策和文化等也都对交换关系有影响。[1]詹姆斯·H.杜勒伯恩（James H. Dulebohn）等学者认为，人际取向与领导－成员交换质量显著相关。[2]这表明了外在的领导方式、学校文化对互动水平有影响。约翰·马斯林和玛丽·尤尔－比恩认为成员和领导各自的努力程度和所知觉到的对方的努力程度对双方互动的水平产生影响，而且以知觉到的对方的努力程度的影响尤为显著。[3]还有学者认为，主动性人格

① DIENESCH R, LIDEN R C. Leader-member exchange model of leadership: A critique and further development[J]. Academy of Management Review, 1986, 11(3): 618-634.
② DULEBOHN J H, BOMMER W H, LIDEN R C, et al. A meta-analysis of antecedents and consequences of leader-member exchange: Integrating the past with an eye toward the future[J]. Journal of Management, 2012, 38(6): 1715-1759.
③ MASLYN J M, UHL-BIEN M. Leader-member exchange and its dimensions: Effects of self-effort and other's effort on relationship quality[J]. Journal of Applied Psychology, 2001, 86(4): 697-708.

有助于提高员工和上级之间的领导－成员交换水平。[①] 员工主动性对领导－下属交换有影响，当员工主动性较高时，会提高 LMX 质量。[②] 实际上他们认为，互动双方的认识程度、渴望程度、主动程度、个体的态度与行为等内在因素影响互动水平。

总之，学者们的观点集中在双方的内生品质、组织文化特征、领导方式实施等方面。关于这些因素，第二章阐述了道德与职业道德、专业知识与技术、态度与行为方式等内生品质，还阐述了学校组织的双重系统特征，其中的松散结合性及个体的态度行为方式表明了在学校中建立信任文化的价值；第一章对交易型和转化型领导方式进行了阐述，同时也表明了转化型领导方式在实践中的重要价值。所以，校长与教师的内生品质、信任文化以及转化型领导方式是制约彼此互动水平的比较具体的因素。访谈研究表明，分别有 95.8%、97.6% 和 92.9% 的人支持了这一观点。

现实中校长与教师使用内生品质、建立信任文化以及校长运用转化型领导的状况如何呢？以下通过案例、访谈等呈现这些方面的现状。

## 案例 5-1：被人们远离的校长与教师

我们学校有两位挺重要的人物，一位是校长 LLC，一位是数学高级教师 ZJS，前者有权力，后者有名气，但是大家都不喜欢他们，都不愿意与他们交往。

LLC 校长刚来我们学校时大家都听他的，但是一两年后大家逐渐远离他，他让教师干什么教师就如同没听见似的。原因是大家觉得他太自私，怕被他算计了，所以都不愿与他互动交流。他什么好事都只给自己，而且一点都不掩饰，甚至安排给别人的职务津贴他都要占有

① 卿涛，刘崇瑞. 主动性人格与员工建言行为：领导－成员交换与中庸思维的作用 [J]. 四川大学学报（哲学社会科学版），2014（1）：127-134.
② 郑晓涛，郑兴山，刘春济. 预防性建言背景下领导－下属交换关系和员工主动性对防御沉默的影响 [J]. 管理学报，2015，12（5）：695-701.

一些。他提议设置了学校课题，说是鼓励大家做学科教学研究，让大家积极报名。开始大家挺高兴，觉得这校长还挺好的，后来他的做法实在让老师看不起他。人家学科的课题他非要当负责人，他不是教那些学科的老师，也不分管教学，可是那两三个课题他都要当第一负责人。当就当，老师们也没说什么，开始时有的老师还觉得他想改变什么，后来发现不是那么回事。他什么也不管，当然他不懂也管不了，从开题到结题都是学科老师做的。后来校长又提议奖励做课题的老师，大家又挺高兴。过了一段时间，学校说是奖励都给了第一负责人，由第一负责人负责分配。对于校长负责的那几个课题，老师们问校长要课题奖励，校长说奖励没多少，以后课题组活动用。后来校长再也不提此事，老师们都明白校长自己拿了。再后来老师们推测，校长设置课题、做第一负责人、提议奖励做课题的人，这一切都是为了自己设计的，而不是为了学校发展和教学提高设计的，教师们很寒心，这样的校长老师自然不会亲近，远离是必然的选择。所以除了制度要求教师必须完成的任务外，校长再让大家做什么，大家都借故推辞，有时搞得校长也挺尴尬的。

ZJS 教师的专业知识很过硬，也很会教学，他不像有些数学老师喜欢留很多作业，他喜欢出有代表性的题，每类题都出一些，但是都不是很多。他知道需要让学生做哪类题，他也知道每类题让学生做多少，学生就差不多会了。所以他教学生不像其他老师教得那么累，但是学生每次考试都是全校最好的，在市里也不错。学生与家长都喜欢让他教，但是都不喜欢他这个人，领导和教师也不喜欢他。一是他不会与人交流，说话不好听，也不合群。很多年轻人想学习他的数学教学法，他也不理人家；二是大家认为他太自私，什么都要优先考虑自己，上课时间要先满足他，如果有事他说换就得换，监考也要看他的时间，他说不去就不去。他很聪明，但是他对事物的社会性认识有问题，所以尽管他的教学成绩很突出，但是他的发展并不是很好。校长虽然也是以自我为中心的人，但是校长也不喜欢他，也不爱与他多说，有事尽量绕着他走，发展机会当然也会远离他了。

有一些老师专业知识与技术不太好，与他们交流教育教学的提升也不太可能深入；还有些老师的情商不高，不善于表达自己的情感，大家一般也不去与之交流。校长也是人，校长也不喜欢这样的人，所以导致高层次互动不充分。

资料来源：集体访谈 4

案例 5-1 让我们看到，校长的自私导致教师不愿意听从校长的，教师的自私导致校长也不喜欢他。人们都远离他们，他们彼此也远离，当然也就谈不上有非体制化互动了。这表明非体制化互动需要双方有良好的人品，不能太以自我为中心，还要有良好的职业道德、健康的价值观、过硬的专业知识和技术、让人们舒服的情感表达等。由于这些内在因素的缺失，会导致非体制化互动的缺失。

## 案例 5-2：教师们的离任与无奈

那年我们小学新来了一位校长，第一次刚与大家见面时，他的口气就很生硬，多次出现了"如果不怎么样，我就会怎么样"的句式，似乎大家都不好好干活，似乎他就是战场上的督战官。第一次见面会后，老师们就私下里议论，认为这是一个不信任大家的校长，刚来就让人不舒服。

接下来的事情就更可怕了，事无论大小，人无论年长，无论教学还是学生管理都要听他的，似乎大家都不懂教育与教学，大家这么多年的教师都白当了。哪怕是教师对自己工作的总结他也要质疑是否干了这些，是否可以干好这些。谁也不能提出不同意见，只要说话办事不顺他心，他就会用他的职权威胁，什么"扣发工资""减少奖金"，再不行就解聘。在与教师说话时，也总是盛气凌人，大家不敢与之沟通，也很怕、很不愿意在校园里碰见他。人与人在人格上是平等的。

这样的领导对老师的自尊心造成了极大的伤害，大家认为你既然不信任我们，你就自己去干吧。

在校长与教师这样的互动情况下，教师感觉这样的校长不会让学校越来越好，只会越来越差，他也不会给教师带来什么发展的机会，所以大家对他也失去了信任。不仅仅是校长与教师之间的不信任，领导和教师们谈话都多了些小心，教师之间也有了忌讳、有了防范，学校呈现出了不信任气氛，这种气氛导致学校发生了很大变化。两个副校长前后调离了我们学校，一些不能忍受校长这种做法的中层领导和教师也都很快离开了学校。没有离开的也在想办法，留在学校工作的教师也少了许多热情，大家似乎就是处于一种靠干活拿钱的无奈状态。不仅如此，一些学生开始转学，没有地方转的学生和家长总是抱怨，抱怨老师不再好好教，不再认真负责。

我有一阵很困惑，该不该离开这个我曾经非常热爱，并在此生活、工作了18年的学校。如果无法离开，一个普通老师应该怎样面对这样的工作环境？尽管这个校长很会筹集资金，建起了新的校舍，但是这些已经对我没有了吸引力，我也已经没有了当年的工作热情与干劲，也没有了追求。在一个校长不信任教师，教师也不信任校长的环境中，即便有工作追求，又会得到什么有价值的东西呢？不过我现在主意已定，只要有可能，我马上离开，不管学校是否留任我，也不管学生是否需要我。

资料来源：访谈 WHA 老师

案例5-2向我们展示了目前该小学欠缺信任文化的现状，也呈现了校长与教师之间的不信任状况，以及这种状况导致校长与教师之间基本就是体制化互动，少有非体制化互动。案例中呈现的信任文化欠缺的状况并非个别现象，正是这种现状导致了非体制化互动的不充分性。一些校长和教师明言。

不信任的现象的确在一些学校存在，例如：学校不信任教师的能力、专业知识和技术，不让一些教师出考题；不信任教师的教育工作，教师对学生的教育必须留痕；不信任教师的职业道德，一旦遇到一些问题，就认为是教师的问题。当然也存在对校长的不信任，不信任校长的领导能力，不信任校长的承诺，不信任校长能够帮助教师，诸如此类现象的确存在。如果双方彼此都不信任，就谈不上有高水平的互动了。（集体访谈4）

## 案例5-3：中小学的主要领导方式

目前我们国家中小学实行的是教师聘任制，我们学校也是这样，即学校根据教育教学岗位及其任务设置，聘请有教师资质或教学经验的人担任相应职务；教师则根据教育教学岗位职责要求及其工作回报，选择接受聘任，完成相应教育教学任务。在双方都认可的情况下签订聘任合同。所以，教师基本知道应该干什么，干了可以得到什么经济报酬，因为学校都有教师工资说明，例如，课时费、班主任费、骨干教师津贴、干部津贴等，都挺清楚的。

只要大家好好干，不出现问题，这些费用都是有保障的，如果出现问题当然要在费用的支付上有所体现。为了让大家知道怎么干好、怎么避免问题，学校制定和实施了各种制度，例如，教师考勤制度、教师奖惩制度、班主任工作制度、教师教学要求细则、教师上课要求细则、教师布置和批改作业要求细则、教学自我反思制度、教师网上交流制度、校本教研活动制度等。另外，还有各类人员职责，例如年级主任、教研组长职责，心理健康辅导教师道德规范等。

上面就是学校的主要领导方式，在这样的领导方式下，大家都按部就班地工作，一般来说不会有太大问题，当然也不会有太大改变。如果学校可以很好地规划学校发展，让教师明白学校发展愿景，给教师提供能发挥创造性的机会，激发教师的工作积极性等，大家一定很高兴，这种领导方式也有，但并不是很普遍，或做得不太好。

资料来源：集体访谈5

案例 5-3 中描述的目前中小学普遍使用的领导方式实际是伯纳德·M.巴斯（Bernard M. Bass）所说的交易型领导：校长运用职权，依赖组织机构和制度，利用人们的物质等需要，促使教师完成教育教学任务。这是一种简单易行且立竿见影、效率较高的领导方式，所以具有普遍性，但是也有局限性，难以激发教师的热情、难以让学校不断向更高处发展。案例中大家向往的领导方式实际上是巴斯说的转化型领导方式，即通过理想化影响、鼓舞性驱动、智力性激发、个性化关怀，使追随者超越个人利益去努力工作。[①] 这种领导方式的运用让教师意识到教育教学的重要意义和责任，向他们传递学校价值观，激发他们的高层次需要，帮助他们发挥最大潜力。这表明，这种领导方式可以促使校长与教师非体制化互动的产生。但是目前的问题是转化型领导实施中存在一些问题，在有些领域运用得不到位，"在需要运用转化型领导的地方却运用了交易型领导方式"[②]。这正是校长与教师非体制化互动不充分的原因。

## 二、扩大非体制化互动范围的措施

从上面的研究可以看到，由于内在因素、信任文化、转化型领导方式的缺失，就会导致非体制化互动不充分。为了扩大非体制化互动范围，建议运用如下措施：强化内生品质的完善，强化信任逻辑的运行，强化转化型领导方式的运用。

### （一）强化内生品质的完善

第二章从理论上阐明了校长 - 教师互动资源，可以分为外界赋予资源与个体内生资源。外赋资源是外界给予的，包括组织机构、组织制度、领导体制

① BASS B M. Two decades of research and development in transformational leadership[J]. European Journal of Work and Organizational Psychology, 1999, 8(1): 9-32.

② 傅树京. 教育管理的理论与研究 [M]. 北京: 人民出版社，2015: 241.

等；内生资源是互动双方赋予自己的资源，包括道德与职业道德、专业知识与技术、态度与行为方式等在内的个人品质资源。

在校长与教师的互动交换中，虽然校长与教师的资源都对对方具有吸引力，彼此具有资源的互相依赖性。但是，由于存在体制性的角色身份和地位的差异，以及校长手中资源——行政权力的强制性及威严性，使得校长与教师之间的互动交换不同于其他人际交换，校长在与教师的互动过程中居于优势地位。例如，制度虽然是双方的共有资源，但是校长与教师的掌控程度是不一样的。制度强制性不仅在互动中对教师产生作用，同样也会约束校长的行为，当然它们的约束力度不同。校长是代表学校与教师签订合同，后面有强大的组织做后盾，而教师是作为个体与校长签订合同，是被聘任者。校长既扮演被制度约束的角色，又扮演制度等的制定、执行、解释、修订的角色，而教师则只是制度的被规范者、被作用者、被制约者，相对来说，校长对制度更加了解且掌握规避制度的更多信息。在进行体制化互动时，制度自然对教师的强制性要更大些。

在科层制中，校长作为学校最高权力的拥有者，占有较多、较强势的资源。诸如，校长职权的行使可以"用来调动其他群体成员的各种动机基础（motive bases）——欲求、需要、动机、期望、态度和价值观念——以便诱使或迫使这些成员按照领导者所希望的那样去行动"[1]。校长的职权还可以衍生出诸如制度资本、社会资本等一些强势且具有竞争力的资源。

对于教师来说，民主监督是教师用来制约校长的外在资源，但是前面的研究已经表明，教师的民主监督制度不是很健全。所以，供教师使用的具有外在性、带有强制力、可以有效控制校长行为的资源是不充分的。

这些都表明，在校长与教师的互动中，教师用于与校长进行交换的外在因素显得非常没有力度，即双方的外在因素的交换不具有平衡性。埃里克·霍尔（Eric Hoyel）指出："校长和教师之间的资源交换是不平衡的。教师能够

---

[1]　伯恩斯. 领导论 [M]. 常健，孙海云，等译. 北京：中国人民大学出版社，2006: 13.

用于交换的'商品'很少，而且教师的交换是象征性的而不是实质性的。"①彼得·M.布劳也认为："制度化的权力控制着上级能用以向下级提供利益的服务，而他向他们提供的利益又巩固了他的权力。这一权力使下级的服务不足以建立与该上级的平等。"②

对于教师来说，他们是掌握教育教学知识与技术的专业人员，所以，教育教学知识与技术是教师在学校这个组织里用于交换的强有力的内生品质。因此，在体制化互动中，一般都是校长用外在的职权与教师的内生教育教学知识与技术进行交换，即校长用外在因素与教师的内生品质进行交换。虽然这样的交换在中小学科层制中大量存在，交换的结果也确实顺利地完成了学校任务，但是它在提升领导效能的过程中却存在很大的局限性。

由于校长的职权具有合法性与强制性，它们在行政系统范围内对教师的制约具有较大力度，这是由学校科层制特点决定的。但是学校属于双重系统，学校除了具有科层制特点外，还具有松散结合的特点。学校松散结合性表明，处于松散结合状态的系统，缺乏相应的规则，外界对其监督也是较弱的。③身为学校领导者的校长，在教学系统中，其职权对教师教学影响是有限的，教师们虽然受聘于学校的校长，但在教学工作上教师保有一定的专业自主权。"教师在教室里独立工作，相对来说，不受同事和管理人员的监督，并且拥有对其学生的广泛的自由决定权。"④校长一般不会经常视察教师的教育教学情形，也不会要求老师一定要按照自己的规定来进行教育教学、班级管理及学生指导等。否则，如果校长意图"统领"教师的教学，将遭遇实质上的困难，并且无法掌握教师教学的实际情况。关于校长对教师教学影响问题，"旧金山市的研究报告说，被研究的校长中只有12%的表明他们对教师使用的方法有真正

① 布什.当代西方教育管理模式[M].强海燕，主译.南京：南京师范大学出版社，1998：125.
② 布劳.社会生活中的交换与权力[M].孙非，张黎勤，译.北京：华夏出版社，1988：129.
③ Weick K E. Educational organizations as loosely coupled systems[J]. Administrative Science Quarterly, 1976, 21(1): 1-19.
④ 霍伊，米斯克尔.教育管理学：理论·研究·实践：第7版[M].范国睿，主译.北京：教育科学出版社，2007：111.

的决定权，而只有 4% 的人他们在决定教师使用的教学方法方面有很大的影响力"①。我们的实证调查也表明了校长职权在教学系统里的困境，请看一些访谈实录。

> 现在校长不能对教师的教育教学指手画脚，否则容易被误会为干涉教师的教育教学自主权，教师不但不认可，反而认为给他们带来了压力。所以，现在尽管理论上提出校长要成为教学型领导者，但实际上很多校长在确定自己的职责时，一般都不自觉地放弃了扮演教学领导者的角色。当然，校长也没有那么多时间去搞专业、去具体指导教师的教育教学，只能是思想、理念上的引导。（ZLS 校长）

> 现在虽然在教室里装了很多"电子眼"，但是校长也不可能天天坐在那里看录像，否则就没时间干更重要的事情了。校长要想在这方面监督教师，也挺花费时间和精力的，也不见得管得好。所以，教学更多还是靠教师的自觉。教学是通过教师各方面素质提高，是通过教师想做好这样的事情来搞好的。（PBY 副校长）

> 校长有上边给的权力，表面上我们不得不听，但实际上他也管不了那么多，他也不知道你是否听了他的，即便是你没有努力、认真工作，也不会真正损失什么，但是今天这个社会是开放的，加上你有教师这个职业的技术，你也可以在其他地方有所得。（ZJQ 老师）

教师虽然经校长认可受聘于学校，但在教学工作上教师有一定的专业自主权。《中华人民共和国教师法》第七条规定，教师享有下列权利：进行教育教学活动，开展教育教学改革和实验；从事科学研究、学术交流，参加专业的学术团体，在学术活动中充分发表意见；指导学生学习和发展，评定学生的品行和学业成绩等。教师劳动方式的个体性表明，教师的劳动是一种脑力劳动，教

---

① 欧文斯，瓦莱斯基. 教育组织行为学：领导力与学校改革：第 11 版 [M]. 吴宗酉，译. 上海：华东师范大学出版社，2021：212.

师从掌握知识和教育教学方法，到备课、上课、辅导学生、批改学生作业、对学生进行品德教育等活动，都首先是教师头脑的内部活动，然后是教师自己的行为体现，这些都是由教师个体独立完成的。即便是集体备课、观课等活动，也需要教师自己在独立思考、钻研的基础上才能有效。教师如何在课堂上传授知识、采用什么授课方式、运用什么教学方法、以什么姿态来对待学生、如何培养学生的思想品德，这些一般由教师自己选择。每位教师拥有自己的班级，面对自己授课的学生，实施自己的备课内容。"教师一般认为，他们有权按照自己选择的方式来组织学习过程。"[1]

校长难以要求教师一定要按照自己的意图来进行班级管理或学生指导。否则，如果在教学系统也实施行政干预，容易被误认为不信任专业、不尊重教师，引发教师的心理抗拒，造成彼此之间的疏远。另外，校长虽然有时会进行教学视导，但不会经常视导教师的教学情形，事实上也不可能随时"监督"教师的一举一动，更难去要求教师依自己的想法与做法进行相关的教学或其他活动。换句话说，校长虽具有"行政裁量权"，但教师亦具有"专业自主权"。作为专业人员，"学者都是以其自己的方式独立地开展工作的。这不是有序的系统化的管理程序所能履行的责任。管理者的责任不是去控制学者，而是作为助手为他们服务，满足他们的特殊需要"[2]。毕竟，学校行政工作在理论上应该是支持教学工作，而非干扰教学工作。所以，职权等作为实现教育目标的一种手段，它们对教师教学影响是极为有限的，它们不能完全将教师约束到校长周围，校长也难以完全运用职权来规范、影响教师的教育教学行为。

基于学校的松散结合性特点，对教师教学影响最大的不完全是校长职权，而是彼此尊重、信任支撑、感情联结。校长要想很有效地影响教师的教育教学，教师要想对校长决策也有一定影响，就要通过非体制化互动，即校长与教师进行以尊重、信任和情感为主的互动。这样的互动强调的是彼此内生品质的

---

① 汉森. 教育管理与组织行为: 第 5 版 [M]. 冯大鸣, 译. 上海: 上海教育出版社, 2005: 116.

② 伯恩鲍姆. 大学运行模式: 大学组织与领导的控制系统 [M]. 别敦荣, 主译. 青岛: 中国海洋大学出版社, 2003: 8.

交换，所以校长与教师都要强化内生品质的完善，以内生品质的完善扩大非体制化互动范围，提高二者的互动水平。

## 案例 5-4：从惧怕相遇到忘年之交

我是学英语的，大学毕业后分到中学教英语，我像所有刚刚毕业的年轻老师一样不敢与校长多交流。听说校长是一个非常"牛"的人，我就更怕见到她了。

工作半年后，校长和其他老师来听我的课，课后我战战兢兢地来到校长及听课老师中间，等待他们的评价。校长亲切地说："好样的，以后会讲得更好。"校长在问话中就让我不知不觉知道了该注意的问题，她还鼓励我上好推优课，我很激动、很有动力。后来她又来听过几次课，每次课后的交流都没有指责、没有说教、没有命令，在和蔼可亲的交谈中让我明白了很多，我知道了如何把课教好，知道了如何做个好老师，我很感谢她。如此的领导艺术，的确"牛"，我很庆幸遇到如此"牛"的校长。后来我不但不怕见到她，反而总是想着相遇，似乎见到她，她的内在品质就会影响到我。

工作的第二年，因为高二的一位教师生了病，不能再当班主任了，要换一个班主任。大家都知道半路接班不容易，谁也不愿意接手。主任和年级组长把这个班给了我，我也不想当，于是找了好多好多理由去说。正好那天在说这事时校长也来到了主任办公室，她和蔼地笑着说："上过那么多好课的小老师，还怕这点事吗？失去这次发挥才能的机会，大家都会后悔的。"这句玩笑话让我成了一个"乱班"的班主任。

那天接班时，校长去得比我还早，这是我没有想到的，按理说就是正常的老师交接就好了。校长像母亲一样，来到学生中间，与学生们谈了 40 多分钟。她跟大家讲了很多很实在的道理，说明了一下我的情况，为我以后的工作做了一些铺垫。校长这么一说，学生表示非常欢迎我来当班主任。我当时特别感激校长，觉得受到了校长及学生的尊重，非常有信心。我跟学生们说，虽然我很年轻，带班没什么经验，但既然校长和同学们这么信任我、欢迎我，我一定与大家一起努力。为了在高三取得好成绩，我们的心必须是齐的，我们的行为必须是统一的，我还把在这之前校长教给我的一些话转述给了学生们，那天很顺利、很开心，为后来的工作打下了良好基础。

后来的这一年的确很熬人，如果就是为了那点班主任费，我会去学校请辞百次、千次。但是我没有，每次见到校长，她总是鼓励我，给我力量，还耐心地教我怎么做，让我说不出不想干的话。为了让学生高考有良好的心态，我经常与学生交流，发现哪个学生心情不好我就及时出现在他们身旁，就像校长帮助我一样，我给他们打气，鼓励他们。最后我这班的学生考得不错，他们与我的关系也很好。

这次班主任经历，奠定了我在这所学校的地位，心想多亏当初听校长的。后来年级主任告诉我，让我接替原来的班主任是校长点的将。校长说这个小老师有追求、有责任、有能力，可以当好班主任。

后来我与校长也成了忘年之交，我从她那里得到了很多"真传"，我也用年轻人的朝气、激情感染了她，在我们学校像我与校长这样的互动关系不少。校长有思想、有办法、有经验，以身作则，老师们都愿意与她交流，愿意听她的，老师们的工作热情也很高，学校氛围非常好。

资料来源：访谈 XDD 老师

案例 5-4 中的主人翁 XDD 老师从惧怕见到校长，到期盼见到校长，最后还与校长成了忘年之交，出现这种变化的原因既是校长的内在品质感染了 XDD 老师，同时也是 XDD 老师的认真工作、不怕困难、追求上进的品质让校长敢于委以重任、愿意接纳这个"小朋友"。二者的内生品质让她们一次又一次地实施高水平互动。这一案例并不是 XDD 老师所在中学独有的，具有普遍性，所以实践也说明内生品质的完善有利于扩大非体制化互动范围。

## （二）强化信任逻辑的运行

很长时间以来，中小学组织及校长－教师互动更多情况下是在制度逻辑（Institutional Logic）下运行的。例如，教师每学期、每月、每周、每天为学生讲授一定数量的课，担任班主任，辅导学生开展研究性学习，从事相应的课题研究，撰写一定数量的论文，等等。似乎少有教师质疑自己为什么要做这些事情，似乎也少有教师质疑为什么自己做了这些事情没有回报，因为这些都是制度规定的。在他们的概念里，只要在这所学校做教师，就必须做这些事情，只有做了这些事情才能得到回报。实际上这是对制度的信任，是制度信任逻辑下的运行结果。这种信任对完成组织任务、维持学校正常秩序及满足教师最基本需要起到了较大作用，这些在第四章的阐述中已经表明了。

在肯定制度信任逻辑下的效率同时，也要看到它的局限性。尤其是当校长与教师在教学系统中互动时，制度的制约性就凸显了出来。"制度规则不可能完全预料社会生活中所发生的事情和人类语言本身的局限性——不可能用简明扼要的语言包罗、穷尽所有行为和事件。即使人类借自身的智慧最大限度地拟定了清晰、明确、严密、和谐统一的规则，但是由于制度所面对的对象普遍、复杂与灵活多变，加上人的认识能力的局限性和语言的有限性，总会出现制度的不和谐及应规定的未规定，不应规定的做出了规定和已做出的规定不合理、滞后、不到位等缺陷。"[1]

由于中小学的松散结合特征较突出，在中小学制度的不合理、滞后、不到位等现象较之于一般组织可能更加多一些。例如，选举人与地方教育委员会、教师与教材、行政人员与教室里的工作、教学方法及过程与效果、教师与教师、教师与学生、教师与家长、校长与教师、动机与行为等，这些都是松散结合的。[2] 松散结合意味着其中各要素，"各种程度的联接是微弱的、不频繁的、

---

① 辛鸣. 制度论：关于制度哲学的理论构建 [M]. 北京：人民出版社，2005：130.

② WEICK K E. Educational organizations as loosely coupled systems[J]. Administrative Science Quarterly, 1976, 21(1): 1-19.

缓慢的、独立的"[①]。这样的现象难以用具有"清晰、明确、严密、和谐统一的规则"来规范。再如，制度可以笼统地对校长的领导行为，包括校长的行政行为、教学行为等方方面面进行要求，但是制度难以具体规范这些方面如何做，做到什么程度，更难以对这些方面进行考评。下面是一些中小学关于"校长职责"的摘录。

> 充分发扬民主，支持和指导教职工开展一些活动；充分发挥广大教职工的工作积极性、主动性和创造性；积极做好教职工的思想政治工作；引导教师发扬团结、协作、互尊、互学的精神；培养忠诚教育事业、热爱学生、勇于创新、积极进取的教师群体；以教职工和学生的人生幸福和生命质量作为关注焦点；培育优良的学校文化和校风，给教职工创造民主、和谐、积极向上的工作氛围；关心教职工生活，积极创造条件为教职工搞好福利事业，多为教职工分忧解难。

可以说这些规定是非常重要且有价值的，但是它们只是泛泛、模糊的要求，难以具体、清晰、可测，无论是教师还是上级授权部门，都难以用此对校长的领导行为进行规范，这实际上弱化了制度的激励、约束功能。

另外，学校中可能至少有两类基本组织：一类是负有制度与管理职能的科层组织；一类是专业组织，负责实际的教与学的技术过程。[②] 即在学校存在行政与教学这两大类系统。制度虽然对人们的行为具有合法约束性，但是科层制下产生的制度很难深入教学，也很难深入到对学生的思想教育中，制度不能完全对彼此互动中的方方面面进行规范。当校长与教师就行政系统的内容进行互动时，可以通过制度进行激励、约束、控制，但是在涉及教育教学系统的内容时，制度就显示出了它的弱点，它难以完全运用制度来规范、影响教师的教育

① WEICK K E. Educational organizations as loosely coupled systems[J]. Administrative Science Quarterly, 1976, 21(1): 1-19.

② 霍伊，米斯克尔. 教育管理学：理论·研究·实践：第 7 版 [M]. 范国睿，主译. 北京：教育科学出版社，2007: 113.

教学行为。以下是一些中小学关于"教师职责"的摘录。

> 爱岗敬业，关爱学生，为人师表，团结协作；关心学生德、智、体、美、劳等各个方面的健康成长，全面提高学生素质；努力提高自身素质，不断学习，勇于创新；积极开展教育教学研究，掌握先进教学手段，提高教学水平；高质量地完成教学任务，精心设计教法，尽量采用高效的教学手段；做好学生课外辅导工作；处理好教师主导作用与学生主体作用的关系；按照学生的思维规律和认识过程进行教学；注意采取启发性教学，调动学生学习的主动性、积极性；要贯彻因材施教原则，使不同的学生都得到提高。

由此可以看到，制度可以规定教师上课要采用高效的教学方式，但是难以规定教师上课使用的具体教学方式；制度可以要求教师实施启发性教学，要求教师因材施教，但是难以要求教师实施启发性教学、进行因材施教的方式。"在实际操作中，教学行为几乎没有享受到任何有组织的协调和控制——无论这种协调和控制是来自统治集团还是来自学院本身。"[1] 看来学校管理中很多内容难以纳入制度，如果一定要纳入制度，结果只能适得其反，第四章中"体制化互动对提升领导效能的局限性"的研究已经表明，其结果并不有效，因为教师们不喜欢这些过于制度化的影响方式。所以，制度对这一领域中教育者的影响力度是微弱的、有限的，中小学教育教学系统特有的不确定性又强化了制度本身的局限性。

由此可以看到，在学校从事人才培养的过程中，校长与教师可以根据法律、法规、合同、制度等的规范来选择自己的行动策略，做到既不违反法律、法规、合同、制度等对他们的角色义务要求，又能满足自己的基本实际需要。但是学校仅仅做到这些是远远不够的。

---

[1]  斯格特. 组织理论：理性、自然和开放系统 [M]. 黄洋，李霞，申薇，等译. 北京：华夏出版社，2002: 263.

　　学校的这一双重系统理论表明，学校的行政部门具有科层组织性质，应采用科层制的管理方式；教学部门属于专业系统，应给予较多的专业自主。① "在松散结合系统里，如果领导者能够基于成员的发展行为，能够只对可控的、必要的行为进行关注，能够提供适用于个体发展需要的自主策略，是能够改变部署的行为的。"② 这种情况下，只有制度信任逻辑的运作方式是非常不够的，还必须寻找其他信任方式，例如，认知信任、感情信任等。前者是建立在对交往对象可靠性认识基础上的信任，后者是基于人际相互关心及帮助基础上的信任。这些信任逻辑（logic of confidence）下的组织运作及校长－教师互动，是对制度信任逻辑运作下的补充与完善。

　　校长与教师的相互信任，对双方都有极大影响。"组织成员对其领导的信任程度决定了他们对其领导贡献自己的才智、承担相应责任的程度。"③ "当领导者拥有值得信赖的下属时，他们便会感到非常轻松、自在。"④ 这表明教师对校长的信任会让校长提高领导才能、提高责任意识、提高幸福感。校长对教师的信任也同样会产生促进教师发展、提高教师快乐感的作用。反之，如果不信任，"当领导者对下属不信任时，他们将对下属的行为感到困扰并且将采取密切监督下属的行动"⑤。这种"密切监督下属的行动"又会反过来让教师对校长的行为感到困扰和不解，导致二者之间关系紧张、冲突不断，只能维持在不得已的体制化互动中。"当教师对校长的信任程度比较高的时候，教师便相信校长与他们之间的关系是仁慈的、可靠的、称职的、诚实的和开放的。"⑥ 如果二者对彼此的关系是这样的认知，他们会自觉、不自觉地实施非体制化互动，从

---

① 谢文全. 教育行政学 [M]. 台北: 高等教育出版社，2003: 149.

② ORTON J D, WEICK K E. Loosely coupled systems: A reconceptualization[J]. The Academy of Management Review, 1990, 15(2): 203-223.

③ 霍伊，米斯克尔. 教育管理学: 理论·研究·实践: 第 7 版 [M]. 范国睿，主译. 北京: 教育科学出版社，2007: 176.

④ 菲德勒，加西亚. 领导效能新论 [M]. 何威，兰桦，冯丹龙，等译. 北京: 生活·读书·新知三联书店出版发行，1989: 68.

⑤ 同①.

⑥ 同③175.

而扩大这种互动的范围。

访谈研究也表明，强化信任逻辑的运行可以扩大非体制化互动。

教师其实挺有能量的，但是有时不能完全用权力、制度来要求他们，尤其是在教育教学领域更不能这样。你得让他们明白，你是非常信任他们的，学校的发展要依靠他们，没有他们的努力学校发展不了，这样他们才能释放能量。现在我们倡导教育改革、倡导教育创新，这些都得仰仗教师，要让他们发挥积极性，信任是不可取代的。你相信他们，他们才能与你亲近，才愿意与你交流，与你讨论他们的教学情况，讨论教育改革和学校发展的事情，甚至连他们的感情生活也与你交流。（WGY 校长）

我从师范大学毕业分配到这所学校时特别有雄心，但是现实并不是那么美好，你的很多想法实现不了，因为你的上级，尤其是校长不相信你的想法是有价值的，更不相信你可以实现你的教育理想。我只能按部就班地上课、规规矩矩地教学生，挺没劲的，所以我曾经想换一换工作。后来我们学校换了一个新校长，他改变了我的想法。他非常随和，没有当官的架子，但是说起话来特有水平，最关键的是他信任我们，认为我们会有想法、也会实施。有一次新校长与我们聊天时，我提到了教学改革之事，还说了自己的一些想法，其实我当时也就是一说，没想到校长挺感兴趣，说让我们试着改一下，还让我负责。校长这么看得起我，我当然要好好做这件事了。不知道怎么办时就去找校长，校长在给我支招的同时，让我感到我挺有价值，我挺棒的，我的热情被逐渐激发起来了，我还因此总是上"示范课""优质课"等，还获得过区里、市里的奖。校长信任我，我也信任校长，所以我经常与校长讨论学校改进和教师发展之事，我们彼此挺理解，聊得也挺投机，做起事来挺默契。（GPP 老师）

很多学校都有签到制，甚至按手印等措施，但是我们学校没有签到制，更没有按手印打卡的要求。我们要求班主任 7:20 到班，但是你会发现老师一个比一个早，都是 7：10、7：00 就到班了。任课教师也没有什么迟到的现象，不管你什么时候去，办公室都是满满的。下午下班教师们似乎也不着急回家，有时校长看到了还催着大家回去。我们校长说，一定要把家照顾好了，只有把家照顾好了，自己才能很顺心地工作。大家觉得学校不用制度来管着我们的到校时间和离校时间，说明学校信任我们，我们要对得起这种信任，所以大家都特别自觉，心情也舒服，工作积极性也高，与校长关系也很好。校长号召大家积极参与教学研究，大家的热情都非常高。（YSS 老师）

### （三）强化转化型领导方式的运用

交易型领导是领导者向成员明确任务要求、角色职责、绩效标准，使成员向着既定的目标去活动，根据成员任务完成情况，给予事先约定的奖惩，整个过程就像是一种交易。体制化互动实际上实施的就是这种领导方式，将教师的教育教学行为视为完成教学内容、达到教育目标的工具，将这样的行为纳入校长职权及学校制度范围。然而，教育是塑造人的活动，对于这种活动，需要倾注爱、倾注感情，由于这些是超越组织正式规范的一种自觉自愿行为，如果不去做，也不会受到惩罚；做了，学校也没有相应的制度激励措施，即在体制化互动的框架里是得不到回报的。但是从教育目的、教育使命、教育教学活动的基本特征来看，它们又是应当去做的，通过非体制化互动给予回报，倡导双方实施非体制化互动。如何通过领导方式促使校长与教师实施更多的以尊重、信任和情感为主的互动呢？

前面研究已经表明，由于资源、身份、地位的不同，在校长与教师互动中，校长占据优势地位，这种优势在体制化互动中非常凸显，在非体制化互动中也是存在的，所以校长的领导方式就具有举足轻重的作用。教师与校长实施非体制化互动的前提是他们认可校长的领导方式，只有认可，他们才能尊重校长、信任校长，才能与校长产生感情。所以，要采用适合教师群体的领导方式。转化型领导方式就很适合教师群体。

转化型领导是通过转变成员价值观，让他们明确组织愿景、认同组织目标、意识到自己工作的责任、感受到组织任务的重要意义，从而使其超越自我利益、超越原来努力程度、自动高度投入工作的一种领导方式。实施这种领导方式，强调要对教师实施潜能开发、智力激励，提升他们的需求层次等，使其从"交换"状态，走向自觉、自愿努力的工作状态。通过强调引导成员挑战他们的不合时宜的思维方式，强调促进成员的发展，强调鼓励成员完成有价值、能做到的事情，强调引导成员实践高的道德标准。[①] 这种领导方式基于领导者的魅力、价值、信念等个人品质吸引成员自愿跟随其干一番事业，而不是通过彼此交易来促使成员完成任务。当一个人或更多人与其他人结合从而使领导者和员工彼此将对方的动机和道德提升到更高水平时，出现的就是这种领导。[②]

这种领导方式适合教师群体，有如下原因。

首先，从学校教育特点看，教育的本意是引导生活者在灵魂深处对真、善、美的热爱和追求，因此教师的工作应该是一种引导，是将学生作为一个整体生活中的人予以引导，通过这种引导营造一个和谐社会并促进学生全面发展。但是由于教育环境的不稳定性和学生内心的多变化性，使得教师的这种引导充满了艰辛和挑战。在这种情况下，教师需要长期保持旺盛斗志，需要不断汲取新的教育理念，了解社会变化及学生的需求，改组教育经验。转化型领导通过对教师潜能开发、智力激励，通过为实现组织目标创造良好氛围，提供创新性人才培养空间，搭建实施变革的平台等，帮助他们发挥创造能力去完成较为困难的目标，引导他们从全新和多种不同的角度去解决问题，鼓励他们为组织目标的实现和群体利益的达成而超越自我利益的一种领导方式。转化型领导实施的结果是其成员将自我利益转化为团队、组织或社会的利益。[③]

其次，从学校组织特征看，中小学具有典型的松散结合特征，在松散结合系统里工作的教师有其自身特点。他们通常以自主的、意志的或合意的方式行

① BASS B M, AVOLIO B J, JUNG D I, et al. Predicting unit performance by assessing transformational and transactional leadership[J]. Journal of Applied Psychology, 2003, 88(2): 207-218.

② 伯恩斯. 领导论 [M]. 常健，孙海云，等译. 北京: 中国人民大学出版社，2006: 14.

③ BASS B M. Bass and Stogdill's handbook of leadership: Theory, research and managerial applications[M]. New York: The Free Press, 1990: 53.

事，而不是以他律的或控制的方式行事。[①] 他们是不太需要依赖于领导者强监督与强控制的人群，更多需要的是自我激励、自我控制、自我管理、自我发展。这就要求领导者"必须走出办公室，花费大量时间以一对一的方式与他们交流组织的愿景，并帮助他们将这些应用于他们自己的愿景中"[②]。转化型领导方式实际上是一种理念的引领，通过领导者对教师进行教育价值观的传递，让他们意识到所承担任务的重要意义和责任。这种领导方式"为期望的未来描绘蓝图，让人们相信为了实现理想所付出的艰辛和努力都是值得的"[③]，从而使教师坚信中小学教育价值的贯彻可以扩大学校各部分人员的共同利益，使其自觉体现这种价值观，通过教师的这种自觉活动达成教育目标。

最后，从教师需求特点看，中小学教师是具有高层次需要的群体，他们把自己的价值实现和自身发展看得非常重要，他们希望成为学生尊敬的师者，成为学校价值的实现者。转化型领导向成员传递价值观，激发他们的高层次需要，帮助他们发挥最大潜力，使他们追求更高层次的目标并为组织而超越个人利益。在这样的领导过程中，教师满足了自己的高层次需求，产生了自我实现的满足感，产生了我要工作、我要奉献的心理状态和行为方式。不仅如此，校长也实现了促使学校发展的目标。转化型领导可以帮助实现校长与教师的共同目的，"领导者不但会满足自身的需要，还会致力于满足追随者的欲望、需要和其它动机"[④]。另外，转化型领导不仅仅考虑当前的需求，还考虑成员的更长期需求，以便使他们有更好的自我发展。[⑤]

交易型领导的影响过程是制度性顺从。转化型领导涉及内在化，因为精神激励包括阐明与追随者价值和理想有关的一个吸引人的愿景。转化型领导明显

---

① RYAN R M, HUTA V, DECI E L. Living well: A self-determination theory perspective on eudaimonia[J]. Journal of Happiness Studies, 2008, 9(1): 139-170.

② ORTON J D, WEICK K E. Loosely coupled systems: A reconceptualization[J]. The Academy of Management Review, 1990, 15(2): 203-223.

③ 林志颂，德特. 领导学 [M]. 顾朋兰，解飞，姜涛，等译. 北京：中国人民大学出版社，2007：138.

④ 伯恩斯. 领导论 [M]. 常健，孙海云，等译. 北京：中国人民大学出版社，2006：14.

⑤ BASS B M. Bass and Stogdill's handbook of leadership: Theory, research and managerial applications[M]. New York: The Free Press，1990：53.

涉及个人的认同，因为理想影响导致成员对领导者的魅力归因。[①]强化转化型领导方式的运用，在校长与教师之间创造出一种能提高双方动力和品德水准的效果，因此，有利于促使校长与教师提升互动水平。所以，转化型领导方式非常适用于教师群体。

组织学家阿米泰·埃兹奥尼（Amitai Etzioni）运用心理契约的概念，观察了不同组织所采取的权力类型方式与组织成员态度类型间的匹配关系。他发现当组织运用权力对成员进行管理时，成员就会采取相应的态度对策，从而形成一定的关系。埃兹奥尼将组织所运用的权力和组织成员所采取的态度分成了三种类型。

埃兹奥尼认为组织让成员服从的有三种权力：强制型权力（Coercive Power）是通过制裁、威胁等手段迫使成员必须服从的权力；实用型权力（Remunerative Power）是通过控制物质、酬金（回报）等资源使成员服从的权力；规范型权力（Normative power）是通过说服（Persuasive）、攻心（Manipulative）、暗示（Suggestive）等使成员服从的权力。[②]规范型权力实际是以组织的目标、宗旨、价值观或领导者的个人品质、才干、魅力、专长、威望等来吸引和引导成员自愿为组织做出贡献的一种权力。

成员对待组织的态度也有三种类型：强烈消极倾向的离心型（Alienative）态度、弱积极和弱消极的计较型（Calculative）态度、强烈积极的道德型（Moral）态度。[③]这三种态度指的是：离心型是同组织离心离德，稍松管束便怠工、勉强应付；计较型是与组织间纯属经济性交易关系，按酬付劳；道德型是对组织的目标和宗旨高度认同、甘苦与共、无偿奉献。组织不同权力的运用会使成员产生不同态度，三种组织权力类型与三种成员态度类型形成九种可能的组合，这些组合构成了埃兹奥尼矩阵，如表5-1所示。

---

① 尤克尔. 组织领导学：第五版 [M]. 陶文昭，译. 北京：中国人民大学出版社，2004：301.

② ETZIONI A. A comparative analysis of complex organizations: On power, involvement, and their correlates[M]. New York: The Free Press, 1975: 5.

③ 同②10.

表 5-1 埃兹奥尼矩阵 ①

| 组织权力类型 | 成员态度类型 | | |
|:---:|:---:|:---:|:---:|
| | 离心型 Alienative | 计较型 Calculative | 道德型 Moral |
| 强制型 Coercive | 1 | 2 | 3 |
| 实用型 Remunerative | 4 | 5 | 6 |
| 规范型 Normative | 7 | 8 | 9 |

在埃兹奥尼矩阵中只有 1、5、9 三种组合才存在着建立实际可行的心理合同的可能，其他组合无此可能。

该矩阵说明：组织对成员的管理是因，成员对组织的态度和行为是果。组织采取"管、卡、压"等强制性手段时，得到的是成员的对立和离心离德；组织采取实用型方式（实际主要是交易型领导方式），双方自愿签订雇用合同，组织以工作报酬换取成员工作，得到的是成员一切按合同办事，维持买卖关系的计较型态度；组织采取规范型管理，以组织的崇高宗旨、目标和价值观或领导者的个人魅力来吸引成员自愿加入，得到的则是成员不计报酬、全心奉献的积极工作精神。所以，领导者只有基于组织目标、愿景、价值及其自身的魅力、信念等运用权力时，才能形成良好的组织文化，建立良好的心理契约，真正得到成员的回报，成员才能自愿跟随其干一番事业。

埃兹奥尼矩阵表明，真正适合教师的领导方式应当是将转化型领导置于首位的方式。实施转化型领导，作为领导力的结果，教师出于对领导方式的认可，从发自内心地干一番事业的动机出发，他们会自觉自愿地积极投入工作，会超越自己原来的努力程度，超越自身的发展水平，最终有效进行教师工作，高效达成教育目标，实现校长－教师互动目的。

转化型领导是一种思想性劳动，是建立在对教育目标、学生发展、自我发展和学校发展充分而深刻认识基础上的。所以，运用这种领导方式需要领导对象具有较强的认识能力和理解能力。中小学作为一个知识型组织，其间的成员

① ETZIONI A. A comparative analysis of complex organizations: On power, involvement, and their correlates[M]. New York: The Free Press, 1975: 12.

都是受过良好教育且具有良好素质的人才。他们具有丰富的专业知识和相关学科的其他知识，他们对事物具有较强认知能力和理解能力，能够较容易地接受合理的道德价值观，并与他人共享这样的成果，同时将其体现在行动中。所以，在中小学通过实施转化型领导方式扩大非体制化互动范围不仅有较大的价值，还有较大的可行性。

　　我所在的学校是一座建校近八十年的老校，学校文化底蕴丰厚，有着光荣的传统，但是后来学校没有了生气，教师倦怠厉害，彼此关系淡漠，学生也没精打采，上级就把我调到这所学校当校长。其实我也不愿意，我没什么做校长的经验，只知道这所学校是这样的情况，但是上级信任，咱也得好好干呀。怎么改变？我也不知道。我是空降的，与教职工不熟悉，人家也不会与我交心，挺发愁的。后来外出学习时老师讲到了转化型领导，我感觉挺好，一开始理解不透就是照猫画虎，后来感觉效果还可以。随着时间的推移，我对这个理论理解得越来越好，实施起来也越来越自如，所以效果就越来越好。现在你们可以去我那儿看一看，氛围非常好，教师对领导有信任，领导对老师有责任，教师之间相处和谐、互相尊重，老教师对待青年教师无私提携，青年教师对老教师彬彬有礼。老师们爱岗敬业，他们与我的关系也非常好，很多老师都愿意与我交心，当然我也是以诚相待。（集体访谈3）

　　我们学校的氛围特别好，老师之间互相关心，同事之间互相帮助；有问题一起讨论，有难处一起解决；上班时互相督促，休闲时一起玩乐，这些都得益于我们的校长。我们的校长是一位风度儒雅的40多岁男士。不管是在校内还是校外，他见到任何老师，都是微笑主动打招呼，温文尔雅，让人很舒服。在每次的教职工大会上发言都是温和的语气，但是很有力度、很有自信，布置工作思路清晰，让大家明白该做什么以及该怎么去做。他告诉我们学校的目标和愿景，没有什么大话、空话，很实实在在，老师都信，所以大家的积极性都挺高。他也总是关心老师，鼓励大家多参加学习、多出成绩，激励老师产生自己的新教育教学方法。所以，教师都很尊重他，他安排下来的事情，中层和一线老师都会不打折扣地去执行。校长的这种领导方式当然会影响教师了，如果大家都这样，学校氛围肯定很好。（集体访谈5）

我随爱人来到了这座城市，调到了现在的这所学校，以为来到更大的城市要融进来一定非常艰难，但是与我想象的还是不一样。这里的确是挺累的，但是这种累不是原地没完没了转圈的那种累，而是让你爬坡的那种累，感到非常有价值的累，而且是愉快的累。原因是学校校长领导得好，让我们知道怎么爬坡、爬什么坡。不仅如此，校长还有办法让你明明知道累，还愿意去干，叫自找快乐的累。有一次政教主任找我，给我们班布置了一项临时任务，我在出了办公室去教室的路上碰见校长，校长微笑着说："临时任务，请你带学生去做，很辛苦，大家感谢你们。"当时我是心头一热，心想有这样的好校长，多么辛苦都愿意。于是我带着学生高质量地完成了任务。这类事情发生在很多老师身上，校长对大家的态度和其领导方式全校师生都在感受着，并且都一起愉快地努力着。在大家累并快乐的工作下，学校高考成绩优秀，社会舆论很好，教师工作带劲，学生学习带劲，大家脸上总是有笑容，教师与校长的关系也格外好。（JPM老师）

有些学校大家的矛盾挺大，我们学校不是这样，没有那么多小事，当然不可能说小矛盾一点没有，但是大家基本上在心甘情愿地忙学校的事情，没时间和精力再关注那些事情。原因是校长总给教师勾画未来的前景，而且这些前景不是单单就为了完成任务，而是都与教师的发展相关。我们校长非常注重在工作同时给大家创造自身发展机会，把学校的事情与个人的事情结合起来，就是现在所说的"双赢"。大家坚信，只要你好好工作，自己也会有好的发展，所以大家的士气比较高。（XDY老师）

## 本章小结

本章主要解决如何提升校长与教师互动水平的问题，为此提出了一个重要观点：扩大非体制化互动范围，然后围绕扩大非体制化互动范围的原因和措施进行了研究。

实际上，校长－教师理想互动模式是体制化互动与非体制化互动有机结合，使二者不仅独自发挥作用，还通过彼此相互补充、相互促进，实现整体优化，发挥结构功能的作用。但是目前从现实情况看，体制化互动是普遍存在的，非体制化互动不充分，在需要运用这种互动时出现了欠缺的情况，二者没有达到平衡状态，所以倡导扩大非体制化互动范围。之所以会存在非体制化互动不充分问题，是因为校长与教师之间运用内生品质互动不够，学校信任文化不强，转化型领导运用不到位。

根据对领导－成员交换理论的文献研究、问题分析及对中小学校长与教师的访谈研究等，锁定了扩大非体制化互动范围的三个措施：强化内生品质的完善、强化信任逻辑的运行、强化转化型领导方式运用。同时对三个措施进行了理论分析和实证探索。

结语部分，对前文主要研究结论做出总结，展望未来的研究设想，以便让读者对本书的研究有所回顾，也为后续可以进行的研究提供参考。

# 一、研究结论

通过对中小学校长与教师之间的互动行为进行实证研究和理性分析，获得了校长－教师互动行为现象、影响以及提升建议等的如下主要结论：校长与教师之间存在体制化互动与非体制化互动；校长与教师不同类型的互动对领导效能产生不同影响；理想的互动模式是体制化互动与非体制化互动的有机结合；可以通过扩大非体制化互动范围来提升互动水平。

## （一）校长与教师之间存在体制化互动与非体制化互动

根据目的、内容、方式、媒介四方面的实证研究及理论分析，可以将校长与教师之间的互动现象归为体制化互动与非体制化互动。体制化互动是指围绕学校组织目标实现和教师需求满足，校长与教师基于中小学设置的组织机构和各种规范基础上的互动，具有全员性、必须性、经济性、显性化等特点。非体制化互动是指互动双方不限于正式组织及其相应规范而进行的互动，具有自愿性、个别性、社会性、隐性化等特点。体制化互动与非体制化互动相比较而言，前者是全员参与的、必须的，具有经济性特征，且付出与回报都是明确和易见的；后者则是个别参与的、自愿的，具有社会性特征，且付出与回报是难以衡量和确定的。

体制化互动的存在原因是：学校作为社会中的组织，其存在的价值是保存、传递、完善人类的文化遗产，其间的互动活动都要围绕这一任务来进行；科层制下的组织机构的结构形式，规定了这一组织成员的互动活动形式；校长职权及其合同、制度等的强制性，极大地影响了互动行为；人们低层次需要及其个体性格的不同。非体制化互动的存在原因是：学校管理具有较大的权变性，校长与教师作为知识性人群又有许多高层次需要，这使得校长－教师互动中的很多事情无法在体制化互动中得以解决，另外，科层制又带给他们很大风险。为了解决他们工作和发展中的问题，规避风险，他们又选择了另外一种互动形式——非体制化互动。

### （二）校长与教师不同类型的互动对领导效能产生不同影响

实证研究表明：体制化互动与非体制化互动都对领导效能产生了影响，只是影响的内容、范围及程度不同而已。体制化互动对维持学校的正常活动、对完成学校教育教学任务等起到了较大作用，但是它在提升领导效能的过程中有局限性；非体制化互动，诸如以尊重、信任和情感为基础的健康互动，对学校目标实现、教师工作满意度、教师组织承诺和教师组织公民行为等，都有积极正向意义，所以，非体制化互动能够有效提升领导效能。体制化互动与非体制化互动所蕴含的内容有值得肯定的，也有需要否定的，它们对领导效能的影响有积极的，也有局限性，甚至不健康之处，实证研究也证明了这个结论，当然还有待继续探索。

体制化互动之所以有利于组织任务的完成，与其依托的科层制，诸如任务明确、规则确定、结构清晰等有很大关系。但是科层制本身也有较大局限性，加之科层制下主要实施的是交易型领导方式，这又强化了体制化互动在提升领导效能过程中的局限性。非体制化互动之所以能够有效提升领导效能，是因为这种互动符合社会交换的互惠原则，符合教育理论对校长领导方式及教师教育方式的要求，从而可以使彼此产生良好的以尊重、信任和情感为主的互动。

### （三）理想的互动模式是体制化互动与非体制化互动的有机结合

校长－教师理想互动模式是体制化互动与非体制化互动的有机结合，使二者达到平衡。实证研究表明体制化互动与非体制化互动是客观存在的，虽然它们在发挥积极作用方面都存在局限性，但是它们对教育教学任务的完成、对领导效能的提升都有积极影响，这种影响是建立在二者有机结合的基础上的。非体制化互动的存在价值是以体制化互动的存在为前提的，它不可能远离或替代这种互动，否则，它也就不可能充分释放其应有的价值了；同样，体制化互动的稳定、长久存在也是因为有非体制化互动为其不足做弥补，否则，它的弊端将越发凸显，以至于被人们抛弃。

### （四）可以通过扩大非体制化互动范围来提升互动水平

可以通过扩大非体制化互动范围提升领导效能。从目前现实情况看，在理想的互动模式中，体制化互动是普遍存在的，但是非体制化互动不充分，在需要运用这种互动时出现了欠缺的情况，致使二者难以有机结合，所以倡导扩大非体制化互动范围，从而使二者达到平衡。之所以会存在非体制化互动不充分问题，是因为校长与教师之间运用内生品质互动不够，学校信任文化不强，以及转化型领导运用不到位。因此，可以通过强化内生品质的完善、强化信任逻辑的运行、强化转化型领导方式运用等措施，来扩大非体制化互动范围。

## 二、未来研究展望

除本书所做的研究外，在研究中发现围绕校长－教师互动行为还有很多可以研究的方向。

### （一）研究结论之外新发现的系统性研究

实证研究使得笔者有了一些发现，除已在本文中进行了探索的部分外，还有一些发现留待后续进行系统研究。例如：不同地区、不同学校，其校长与教师互动行为是存在差异的，可以将这些差异再进一步具体化并进行归类，然后深入分析；再如，三流的学校靠职权、二流的学校靠制度、一流的学校靠文化，可以将这些进行具体化描述，进行理论分析，提供办学质量不断提升的策略；还有，非体制化互动对教师满意度、教师组织承诺、教师组织公民行为的影响是不同的，其中的原因是什么，可以进行深入分析。除此之外，学校存在第三类组织。在中小学存在以尊重、信任和情感为主的组织，他们与正式组织和非正式组织有共同之处，又有不同之处。如果把正式与非正式组织分别称为第一、第二类组织的话，可以对这第三类组织进行研究。

### （二）影响因素与被影响因素的全面性研究

本书探讨了职权、制度等外在因素及尊重、信任和情感等内在因素对互动的影响。除此之外，人口因素，诸如年龄、教龄、学历、职称等，它们在校长与教师的互动过程中会产生什么样的影响？影响程度如何？这些问题都有待后续进行研究。另外，前面的实证研究表明，非体制化互动对提高学校目标达成度、增加教师满意度、提升教师组织承诺、强化教师组织公民行为等都有较大作用。除此之外，非体制化互动对领导效能中的其他方面，例如，组织气氛、组织支持、组织认同、校长与教师专业发展、校长与教师职业压力和倦怠的缓解等方面的影响也有待后续进行研究。

### （三）不健康的体制化互动和非体制化互动的研究

无论是体制化互动还是非体制化互动都存在积极的和消极的方面。鉴于本研究处于初始阶段，这里只研究了体制化互动的局限性，非体制化互动主要研究的是以尊重、信任和情感为主的积极向上的方面，实际上这些互动也存在消极的、负向的和不健康的方面。互动双方会利用各自资源进行不良交易，不排除产生不公平现象，也不排除腐败、损害他人利益等行为，这些现象应该予以否定。虽然这些现象在中小学并非主流，它们不是校长－教师互动的主导行为，但是既然存在，就应该去探索，通过研究让大家分辨，并知晓其对学校改进，对校长、教师和学生发展的反向作用，从而设法极大地缩小这种互动范围，设法远离这样的消极互动，这些都是未来应该解决的问题。

### （四）体制化互动与非体制化互动的优化组合研究

体制化互动与非体制化互动都具有自己的功能，它们都可以单独发挥作用。结构功能理论表明，它们单独发挥作用时的效应弱于有机结合时的效应，因为有机结合可以产生结构功能，实现整体优化，从而产生互动的最优效应。

让两种互动有机结合，探索如何进行合理组合及形成新的结合功能，这是非常有价值的。本研究虽然在第五章点出此问题，明确了它们可以有机结合，并且阐述了它们有机结合的互补性与互促性，但是没有具体明确它们可以如何有机结合，期待后续的研究解决这些问题。

# 附录

## 附录 1：访谈人员基本信息

**访谈校长信息**

1. BFW 校长，任职于 SHD 省 J 市具有 1800 名左右师生的 H 中学；女，教育硕士，高级教师，26 年教龄。

2. CHH 副校长，任职于 BEJ 市 H 区具有 1800 名左右师生的 I 中学；女，在读教育硕士，一级教师，10 年教龄。

3. CMR 校长，任职于 GUD 省 Z 市具有 1400 名左右师生的 E 中学；女，在读教育硕士，高级教师，15 年教龄。

4. CSW 副校长，任职于 HEB 省 H 市具有 2500 名左右师生的 Y 中学；女，硕士，高级教师，15 年教龄。

5. FJL 校长，任职于 TIJ 市 H 区具有 1100 名左右师生的 D 中学；男，本科，高级教师，21 年教龄。

6. GFH 校长，任职于 HEB 省 S 市具有 2100 名左右师生的 D 小学；女，本科，高级教师，25 年教龄。

7. HHB 副校长，任职于 HUN 省 C 市具有 2100 多名师生的 M 小学；男，教育硕士，高级教师，17 年教龄。

8. LGX 校长，任职于 GUD 省 G 市具有 1800 名左右师生的 P 中学；男，硕士，高级教师，21 年教龄。

9. LKB 副校长，任教于 BEJ 市 S 区具有 1200 名左右师生的 L 中学；男；教育硕士，高级教师，14 年教龄。

10. LPZ 校长，任职于 FUJ 省 F 市具有 1100 名左右师生的 T 中学；女，本科学历，高级教师，33 年教龄。

11. LWW 副校长，任职于 BEJ 市 F 区具有 1700 名左右师生的 Y 中学；男，本科，高级教师，22 年教龄。

12. NTS 校长，任职于 SHH 市 H 区具有 1300 名左右师生的 S 中学；女，硕士，高级教师，18 年教龄。

13. PBY 副校长，任职于 SHD 省 Q 市具有 1600 多名师生的 K 小学；女，硕士，高级教师，10 年教龄。

14. PSY 校长，任职于 BEJ 市 C 区具有 1600 名左右师生的 H 小学；男，教育硕士，高级教师，13 年教龄。

15. SYL 校长，任职于 BEJ 市 H 区具有 2000 名左右师生的 S 中学；男，本科，副教授，31 年教龄。

16. WCD 校长；任职于 BEJ 市 F 区具有 2600 名左右师生的 E 中学；男，硕士，高级教师，19 年教龄。

17. WGY 校长，任职于 CHQ 市 Y 市具有 2100 名左右师生的 D 中学；男，本科，高级教师，23 年教龄。

18. WHB 校长，任职于 NIX 区 Y 市具有 1700 名左右师生的 D 中学；男，教育硕士，高级教师，21 年教龄。

19. WSS 校长，任职于 BEJ 市 X 区具有 2300 名左右师生的 B 小学；男，本科，高级教师，30 多年教龄。

20. XQQ 校长，任职于 HUN 省 Y 市具有 1300 名左右师生的 X 中学；男，本科，一级教师，9 年教龄。

21. ZJB 校长，任职于 SHH 市 H 区具有 1000 名左右师生的 S 小学；男，本科，一级教师，8 年教龄。

22. ZLS 校长，任职于 JIX 省 N 市具有 1700 名左右师生的小学；女，教育硕士，高级教师，9 年教龄。

23. ZQH 校长，任职于 HEN 省 A 市具有 1300 名左右师生的 M 中学；男，本科，高级教师，21 年教龄。

24. ZQW 副校长，任职于 HEN 省 S 市 Y 县具有 2100 多名师生的 W 小学；男，本科，高级教师，13 年教龄。

注：上面按姓氏拼音排序。

## 访谈教师信息

1. AXF 老师，任教于 SHD 省 J 市具有 2100 名左右师生的 S 小学；女，专科，一级，11 年教龄。

2. AXF 老师，任教于 SHD 省 J 市具有 1900 名左右师生的 S 小学；女，专科，高级教师，16 年教龄。

3. BFW 老师，任教于 HEN 省 S 市具有 2100 名左右师生的 Q 小学；男，专科，一级教师，13 年教龄。

4. CBS 老师，任教于 GUD 省 G 市具有 1200 名左右师生的 O 小学；女，教育硕士，高级教师，13 年教龄。

5. GLY 老师，任教于 BEJ 市 D 区具有 1700 名左右师生的 P 中学；男，政治教师兼年级组长，硕士，一级教师，8 年教龄。

6. GPP 老师，任教于 BEJ 市 C 区具有 1100 名左右师生的 J 中学；女，化学教师兼教研组长，本科，一级教师，10 年教龄。

7. GRN 老师，任教于 HEN 省 K 市具有 1700 名左右师生的 W 中学；女，英语教师，本科，一级教师，9 年教龄。

8. GXR 老师，任教于 GUX 区 N 市具有 1600 名左右师生的 L 小学；女，专科，高级教师，21 年教龄。

9. GYM 老师，任教于 JIX 省 N 市具有 1500 名左右师生的 T 小学；女，本科，一级教师，7 年教龄。

10. HXL 老师，任教于 FUJ 省 F 市具有 2000 名左右师生的 T 中学；女，本科，化学老师，二级教师，4 年教龄。

11. JPM 老师，任教于 GUD 省 G 市具有 2100 名左右师生的 H 中学；女，硕士，高级教师，18 年教龄。

12. JLC 老师，任教于 JIL 省 C 市具有 1100 名左右师生的 J 小学；女，本科，二级教师，5 年教龄。

13. JXC 老师，任教于 SHH 市 J 区具有 1300 名左右师生的 Z 中学；男，政治教师兼教研组长，本科，一级教师，10 年教龄。

14. KJJ 老师，任教于 BEJ 市 F 区具有 2000 名左右师生的 Y 小学；女，本科，一级教师，8 年教龄。

15. LFF 老师，任教于 SHH 市 X 区具有 1500 名左右师生的 Y 小学；女，硕士，一级教师，7 年教龄。

16. LIM 老师，任教于 HUN 省 Y 市具有 1500 名左右师生的 M 小学；男，专科，高级教师，29 年教龄。

17. LJH 老师，任教于 JIL 省 C 市具有 1300 名左右师生的 K 中学；男，数学教师，在读教育硕士，一级教师，7 年教龄。

18. LLL 教师，任教于 SHD 省 Q 市市具有 1400 名左右师生的 S 小学；女，本科，高级教师，25 年教龄。

19. LLP 老师，任教于 JIX 省 S 市具有 2700 名左右师生的 Y 小学；女，本科，高级教师，13 年教龄。

20. LML 老师，任教于 JIL 省 C 市具有 1100 名左右师生的 Y 中学；女，本科，二级教师，3 年教龄。

21. LMZ 老师，任教于 FUJ 省 X 市具有 1300 名左右师生的 C 小学；男，本科，一级教师，6 年教龄。

22. LYY 老师，任教于 NIX 区 Y 市具有 1200 名左右师生的 T 中学；男，语文教师兼教务处副主任，本科，高级教师，17 年教龄。

23. MJL 老师，任教于 NIX 区 Y 市具有 1700 名左右师生的 J 中学；男，生物教师，本科，一级教师，11 年教龄。

24. MRR 老师，任教于 HEB 省 L 市具有 1200 名左右师生的 H 小学；女，本科，二级教师，2 年教龄。

25. MYR 老师，任教于 BEJ 市 X 区具有 2800 名左右师生的 S 小学；女，教育硕士，高级教师，9 年教龄。

26. MZL 老师，任教于 SHH 市 X 区具有 1600 名左右师生的 D 中学；女，英语教师，硕士，高级教师，21 年教龄。

27. NCY 老师，任教于 CHQ 市 Y 区具有 1800 名左右师生的 Y 小学；女，本科，高级教师，14 年教龄。

28. PHY 老师，任教于 GUX 区 L 市具有 1400 多名师生的 Q 小学；女，本科，一级教师，9 年教龄。

29. SHX 老师，任教于 NMG 区 B 市具有 1200 名左右师生的 A 中学；女，语文教师，在读教育硕士，一级教师，10 年教龄。

30. TDS 教师，任教于 HEN 省 S 市 Y 县具有 2100 多名师生的 W 小学；女，本科，二级教师，5 年教龄。

31. TEJ 老师，任教于 JIX 省 S 市具有 2700 名左右师生的 Y 小学；女，本科，一级教师，11 年教龄。

32. WHA 老师，任教于 NMG 区 E 市具有 1300 名左右师生的 C 小学；女，本科，高级教师，18 年教龄。

33. WXY 老师，任教于 JIX 省 N 市 W 旗具有 1500 名左右师生的 D 中学；女，语文教师，本科，一级教师，10 年教龄。

34. WZW 老师，任教于 HUN 省 X 市具有 1600 名左右师生的 D 中学；女，计算机教师，本科，二级教师，5 年教龄。

35. XDD 老师，任教于 HUN 省 Y 市具有 2500 名左右师生的 L 中学；女，英语教师，本科，二级教师，7 年教龄。

36. XDY 老师，任教于 FUJ 省 X 市具有 1500 名左右师生的 L 中学；女，英语教师，硕士，二级教师，8 年教龄。

37. YGG 老师，任教于 CHQ 市 Y 区具有 1500 名左右师生的 P 中学；男，物理教研组组长，本科，高级教师，17 年教龄。

38. YGZ 老师，任教于 HEB 省 L 市具有 1600 名左右师生的 A 中学；男，数学教师，本科，高级教师，24 年教龄。

39. YJK 老师，任教于 HEN 省 Z 市具有 2200 名左右师生的 N 小学；女，在读教育硕士，一级教师，7 年教龄。

40. YJK 老师，任教于 NIX 区 Y 市具有 1700 名左右师生的 J 中学；女，历史教师，本科，一级教师，10 年教龄。

41. YSS 老师，任教于 NIX 区 Y 市具有 2900 名左右师生的 Y 中学；女，数学老师，本科，二级教师，5 年教龄。

42. YUS 老师，任教于 JIX 省 N 市具有 1000 名左右师生的 Z 中学；男，数学教师兼年级组长，本科，一级教师，11 年教龄。

43. ZCC 老师，任教于 HEN 省 Z 市具有 1500 名左右师生的 M 中学；男，语文教师，本科，一级教师，10 年教龄。

44. ZFQ 老师，任教于 SHD 省 J 市具有 1700 名左右师生的 S 中学；男，历史教师，本科，一级教师，12 年教龄。

45. ZHZ 老师，任教于 GUX 区 L 市具有 1600 名左右师生的 M 中学；女，英语教师，教育硕士，一级教师，9 年教龄。

46. ZJM 老师，任教于 GUX 区 N 市具有 2600 名左右师生的 D 中学；女，生物教师，本科，一级教师，8 年教龄。

47. ZJQ 老师，任教于 HUN 省 C 市具有 1500 名左右的师生 Q 小学；男，专科，一级教师，8 年教龄。

48. ZLH 老师，任教于 BEJ 市 S 区具有 2500 名左右师生的 M 中学；女，语文教师兼教导主任，本科，一级教师，10 年教龄。

49. ZLJ 老师，任教于 HEB 省 Q 市具有 1600 名左右师生的 Z 小学；女，硕士，高级教师，9 年教龄。

50. ZMY 老师，任教于 CHQ 市 Y 区具有 1500 名左右师生的 G 中学；男，化学教师兼教研组长，本科，高级教师，14 年教龄。

51. ZXA 老师，任教于 SHH 市 M 区具有 1200 名左右师生的 Z 小学；女，本科，一级教师，7 年教龄。

52. ZXH 教师，任教于 HEN 省 S 市 Y 县具有 2100 多名师生的 W 小学；男，本科，高级教师，20 年教龄。

53. ZYF 老师，任教于 BEJ 市 F 区具有 2600 名左右师生的 D 中学；女，计算机教师，本科，二级教师，4 年教龄。

54. ZYX 老师，任教于 CHQ 市 Y 区具有 1600 名左右师生的 Z 小学；女，本科，高级教师，10 年教龄。

55. ZYY 老师，任教于 SHD 省 Q 市具有 2200 名左右师生的 X 中学；男，政治教师，硕士，二级教师，2 年教龄。

注：上面按姓氏拼音排序。

集体访谈信息

**集体访谈 1：**

访谈人员构成：14 位中小学领导及教师，其中 6 位小学教师，8 位中学教师；来自小学的情况是 1 位副校长，1 位年级组长，4 位任课教师；来自中学的情况是 1 位校长，1 位校长办公室主任兼人事干部，1 位教研组长，5 位任课教师；5 名男教师，9 名女教师。

访谈人员来源：14 位全部是集中参加 BEJ 市培训的中小学教师，其中 BEJ 市 4 名，

GUX 区 1 名，HEB 省 2 名，HEN 省 2 名，JIX 省 1 名，NIX 区 2 名，SHD 省 1 名，SHX 省 1 名。

访谈人员所在学校规模：师生数量为 1000—2500。

**集体访谈 2：**

访谈人员构成：11 位中学领导及教师，其中 1 位校长助理，1 位教科研室主任，2 位年级组长，1 位教研组长，其余 6 位是普通任课教师；4 位男教师，7 位女教师。

访谈人员来源：11 位全部来自 BEJ 市 F 区 E 中学。

访谈人员任教学科：语文、数学、英语、生物、物理、信息技术、地理、政治等。

访谈人员所在学校情况：该中学是一所包括初中及高中在内的完全中学，学校有师生 2600 余名。

**集体访谈 3：**

访谈人员构成：7 位中小学正校长，其中 4 位中学校长，3 位小学校长；4 位中学校长全部是男性，3 位小学校长中有 1 位男性，2 位女性。

访谈人员来源：7 位全部来自 SIC 省 L 市 N 区。

访谈人员任职时间在 2—8 年。

访谈人员所在学校规模：师生数量为 1200—2300。

**集体访谈 4：**

访谈人员构成：10 位中小学教师，其中 4 位小学教师，1 位小学校长，4 位中学教师，1 位中学副校长；3 位男教师，7 位女教师。

访谈人员来源：10 位全部是 SDSF 大学教育管理专业的在读教育硕士，其中 FUJ 省 1 位，GUX 区 1 位，HEN 省 1 位，HUB 省 1 位，LIN 省 2 名，SHX 省 1 位，SIC 省 1 位，TIJ 市 2 位。

访谈人员所在学校规模：学校师生数量为 1000—2500。

**集体访谈 5：**

访谈人员构成：8 位中小学教师，其中 4 位来自小学，4 位来自中学；来自小学情况是 1 位教师，1 位校长，1 位教务主任，1 位年级组长；来自中学的情况是 1 位中学教师，1 位中学副校长，1 位德育主任，1 位教研组长；6 位女教师，2 位男教师。

访谈人员来源：8 位全部是 SDSF 大学教育管理专业的在读教育硕士，其中 BEJ 市 2 位，CHQ 市 1 位，GUD 省 1 位，HEB 省 1 位，HUN 省 1 位，SHD 省 1 位，ZEJ 省 1 位。

访谈人员所在学校规模：师生数量为 1200—2300。

## 附录2：问卷人员基本情况

### 附录表1：问卷人员基本情况

| 序号 | 项目 | | 频率/次 | 百分比（%） |
|------|------|------|---------|-------------|
| 1 | 性别 | 男 | 752 | 39.9 |
| | | 女 | 1132 | 60.1 |
| 2 | 年龄 | 30岁及以下 | 550 | 29.2 |
| | | 31～40岁 | 725 | 38.5 |
| | | 41～50岁 | 388 | 20.6 |
| | | 51岁及以上 | 221 | 11.7 |
| 3 | 学历 | 博士 | 4 | 0.2 |
| | | 硕士 | 122 | 6.5 |
| | | 本科 | 1490 | 79.1 |
| | | 专科 | 268 | 14.2 |
| 4 | 职称 | 高级 | 578 | 30.7 |
| | | 中级 | 880 | 46.7 |
| | | 初级 | 426 | 22.6 |
| 5 | 教龄 | 5年及以下 | 390 | 20.7 |
| | | 6～10年 | 578 | 30.7 |
| | | 11～20年 | 560 | 29.7 |
| | | 21年及以上 | 356 | 18.9 |
| 6 | 职位 | 校长、副校长 | 323 | 17.1 |
| | | 任课教师 | 1561 | 82.9 |
| 7 | 学校类型 | 小学 | 1019 | 54.1 |
| | | 中学 | 865 | 45.9 |
| 8 | 学校规模（师生数） | 1000人及以下 | 364 | 19.3 |
| | | 1001～1500人 | 495 | 26.3 |
| | | 1501～2000人 | 437 | 23.2 |
| | | 2001～2500人 | 309 | 16.4 |
| | | 2501人及以上 | 279 | 14.8 |

# 后记

|

本书的写作源于长期的社会服务、科学研究、教育教学和学习经历等。20
年前，在做教师发展学校的探索时，我们经常出现在中小学现场，与学校领导
和老师们一起研究解决学校、教师和学生发展中的问题。我以一个研究者的
身份目睹了校长与教师之间的互动，当时就感觉这是非常需要描述与探索的事
情，于是在北京大学的博士学习期间选择了此内容做研究。后来又陆续主持了
国家社会科学基金"十一五"规划教育学国家一般课题"中小学领导效能研究"
（BFA070022）和北京市自然科学基金"教育组织中领导 – 成员交换行为研究"
（9113019）项目，课题的研究又让我对此问题有了进一步的理解。之后在教育
领导与管理专业博士和教育管理专业硕士的教学中，以及在主持校长培训项目的过
程中又丰富了研究内容，再经过这几年的沉淀与完善，现在把此书呈现给读者。

感谢我的导师陈学飞教授在博士论文撰写过程中的指导，让我收获了"在理
论导向下进行经验研究"的快乐，体会到了这种范式下进行研究的意义和价值；
感谢我的导师王长纯教授对我的启发，他创建的教师发展学校给我埋下了研究校
长与教师互动的种子，并为我提供了鲜活、生动的现实素材；感谢全国教育科学
规划领导小组办公室和北京市自然科学基金委员会办公室，给我提供了深入研究
的机会；感谢首都师范大学的领导和教师对我所做研究的支持；感谢我的硕士生、
博士生和博士后给予我做教师的价值感、成长感和快乐感；感谢众多接受我访谈、
填写问卷的人；感谢接受我学术咨询的众多学者。书中我还参考、引用了许多学
者的研究成果，在此一并表示衷心感谢。

校长 – 教师互动行为的研究还有很多需要完善的地方，希望各位读者指正。
本书内容到此结束了，但是留下了很多值得继续探索的内容，让后续研究有动力、
有追求、有空间，这也不失为一种研究的意义。

傅树京

2022 年于首都师范大学

出 版 人　郑豪杰
责任编辑　颜　晴
版式设计　锋尚设计　孙欢欢
责任校对　贾静芳
责任印制　叶小峰

**图书在版编目（CIP）数据**

校长－教师互动行为研究 / 傅树京著. —北京：教育
科学出版社，2023.3
　　ISBN 978-7-5191-3356-6

　　Ⅰ.①校…　Ⅱ.①傅…　Ⅲ.①中小学－学校管理－
研究　Ⅳ.①G637

中国国家版本馆 CIP 数据核字（2023）第 006799 号

校长－教师互动行为研究
XIAOZHANG-JIAOSHI HUDONG XINGWEI YANJIU

| | | | | | |
|---|---|---|---|---|---|
| 出 版 发 行 | 教育科学出版社 | | | | |
| 社　　　址 | 北京·朝阳区安慧北里安园甲 9 号 | | 邮　　　编 | 100101 | |
| 总编室电话 | 010-64981290 | | 编辑部电话 | 010-64981265 | |
| 出版部电话 | 010-64989487 | | 市场部电话 | 010-64989009 | |
| 传　　　真 | 010-64891796 | | 网　　　址 | http://www.esph.com.cn | |
| 经　　　销 | 各地新华书店 | | | | |
| 制　　　作 | 北京锋尚制版有限公司 | | | | |
| 印　　　刷 | 唐山玺诚印务有限公司 | | | | |
| 开　　　本 | 720 毫米 ×1020 毫米　1/16 | | 版　　　次 | 2023 年 3 月第 1 版 | |
| 印　　　张 | 17.75 | | 印　　　次 | 2023 年 3 月第 1 次印刷 | |
| 字　　　数 | 261 千 | | 定　　　价 | 59.80 元 | |